细读元朝一百六十年

班布尔汗 著

华文出版社

图书在版编目（CIP）数据

细读元朝一百六十年 / 班布尔汗著. -- 北京：华文出版社，2021.6
　　ISBN 978-7-5075-5460-1

Ⅰ.①细… Ⅱ.①班… Ⅲ.①中国历史—研究—元代 Ⅳ.①K247.07

中国版本图书馆CIP数据核字(2021)第095252号

细读元朝一百六十年
XIDU YUANCHAO YIBAILIUSHI NIAN

著　　者：班布尔汗
出版策划：品　雅
责任编辑：戴云波　李中平
出版发行：华文出版社
社　　址：北京市西城区广安门外大街305号8区2号楼
邮政编码：100055
网　　址：http://www.hwcbs.com.cn
电　　话：总 编 室 010-58336239　　发 行 部 010-58336267　58336230
责任编辑 010-63426125
经　　销：新华书店
印　　刷：北京柯蓝博泰印务有限公司
开　　本：710×960　1/16
印　　张：20
字　　数：313千字
版　　次：2021年6月第1版
印　　次：2021年6月第1次印刷
书　　号：ISBN 978-7-5075-5460-1
定　　价：52.80元

版权所有　侵权必究

目录

第一章　蒙古帝国

"黄金家族"从何而来？——成吉思汗家族的源流　　002

兄弟相残为哪般？——成吉思汗为何会杀别克帖儿　　008

既是安答，也是仇敌——成吉思汗与札木合　　013

铁军如何炼成——蒙古铁骑养成法　　018

长春真人西游记——丘处机的选择　　023

"库里勒台"制度——窝阔台继位为何这么难？　　029

虚实参半的"监国公主"——阿剌海别吉　　034

帝国崩溃的肇始——拖雷之死　　038

你用剑征服，我用佛法征服——凉州会谈　　043

"四帝之母"不容易——唆鲁禾帖尼的隐忍与权谋　　048

是谁篡改了《蒙古秘史》？——蒙古汗位改宗之谜　　053

少林不仅在嵩山坳——漠北草原上的少林寺　　057

大理段家不会"六脉神剑"——忽必烈征大理　　062

隐秘的布局——忽必烈凭什么争汗位　　066

金莲川幕府——忽必烈凭什么当皇帝　　071

兄弟阋于墙——忽必烈与阿里不哥争位之战　　076

"世界大战"——蒙古各汗国的合纵连横　　083

第二章　元朝前期

号称继承，实是开创——忽必烈与元朝　　092

超级学习机——灭宋功臣伯颜　　097

骂名背后是好汉——真实的张弘范　　104

确实空前，却非绝后——元朝的疆域　　112

最符合周礼的城市——元大都　　117

"圣裔"成就的文治典范——赛典赤治滇　　123

远东第一位罗马教廷大主教——孟高维诺　　128

元朝有"九儒十丐"吗？——元朝儒生的生存状态　　133

元朝是怎么"人分四等"的？——元朝的任官制度　　136

科举不兴逼出来的文学——"最自然"的元曲　　141

未得善终的元代"萧何"——王文统　　147

三大权臣都是棋子——阿合马、卢世荣、桑哥的悲喜剧　　153

从"兄弟"到"翁婿"——元朝与高丽　　160

神风只是传说——元朝征日本　　166

热带雨林中的噩梦——元朝征安南　　171

慵懒中成就治世——元成宗铁穆耳　　176

毫无意义的战争——征讨八百媳妇国　　180

皇后与宰相的争斗——成宗之后的帝位之争　　185

白衣宰相——李孟的野望　　189

军人皇帝的改革——元武宗与"至大新政"　　194

太后身边的男人——铁木迭儿　　199

复举与易储——元仁宗的心思　　205

少年君相——元英宗与拜住　　210

孤独无依的结局——南坡之变　　214

玩平衡木的高手——泰定帝　　219

大内战——两都之战 223

"世间骨肉可相逢"——明文禅替 229

第三章　元朝后期

郁郁不得志的"雁门才子"——萨都剌 236

权臣也会是忠臣——太平王燕帖木儿 241

奎章阁里的影子——文艺皇帝的无奈 246

元代没有蒙古奶茶——元人饮茶风俗 251

为挡煞迎立的天子——元惠宗的即位 255

因自卑而倒行逆施——权臣伯颜 260

昏君也曾励精图治——元惠宗的更化改制 265

"开河变钞祸根源"——元末大乱开始 269

魂断高邮——脱脱之死 274

末世大清洗——元廷的父子内讧 279

豪商、官僚、军阀——元代第一官商蒲氏家族 285

中国最早的商团武装——泉州亦思巴奚军 290

逃与守——"汗八里"的末日 295

高峰后的低谷？——元代人口到底有多少？ 300

元代地球村传奇——跨国豪商宰相孛哈里 303

元人真发现了澳大利亚吗？——儒生旅行家汪大渊 308

第一章

蒙古帝国

"黄金家族"从何而来？

——成吉思汗家族的源流

当蒙古铁骑如旋风一般横扫欧亚大陆之时，世界上的很多人都感到惊诧和费解：他们是谁？他们从何处而来？

在西方，各种传说纷纭而起，有的人认为他们便是著名的"约翰长老国"，要与基督教势力东西夹击伊斯兰；随着蒙古铁骑踏破中东欧，他们又被认为同当年的匈奴王阿提拉一样，是上帝对人间施以惩罚的"上帝之鞭"。

相对于西方人的完全摸不着头脑，中国人对蒙古人并不陌生。当他们还没有成为草原的主人，仅仅是一个弱小的游牧部落之时，中国的史料中便已经有了他们的踪迹。

在《旧唐书·室韦传》中，蒙古人第一次出现，唐人称之为"蒙兀"；《新唐书·室韦传》中则称之为"蒙瓦"，并指出其源于额尔古纳河流域的山地。

从唐朝被记入史书后，蒙古人便在汉文史籍中不断出现，只是记音各有不同，粗略统计便有二十余种，如蒧劫子、梅古悉、漠葛失、毛割石、毛揭室、毛褐、萌古、萌古子、蒙国斯、蒙古斯、盲骨子、蒙古里、朦辅、忙豁勒等。元代之后，其发音被确定为"忙豁勒"，名称被定为"蒙古"。

南宋著名的学者洪皓，在出使金朝时被扣留十五年，其间便了解到蒙古人的事迹。回国后，他在《松漠纪闻》中记道："盲骨子，《契丹事迹》谓之朦骨国，即《唐书》所谓蒙兀部。"当然，洪皓并没有能够预料到，日后将金朝和南宋这对世仇先后消灭，使之统一为元朝的，便是这个"盲骨子"。

不过，无论是毫无所闻的西方还是早知其名的中国，对于蒙古的族源及其名字的含义都不甚了了。一般有"银子""孱弱和纯朴""诚实坦白""傲慢勇敢""不可战胜""同火人"等多种解释，但都是一家之说，无法获得广泛的认可。及至近代，日本学者白鸟库吉以语言学、民俗学为基础，指出蒙古应是"永恒长存"的意思，这与我国诸多学者的研究成果不谋而合，但终究未能成为世界学术界的共识。

名称的意义尚且如此复杂，蒙古人的族源就更是说法种种，争论未决，主要有匈奴说、突厥说、吐蕃说、东胡说四种说法。

目前，突厥说和吐蕃说已经式微。突厥说以蒙古语中保存了许多突厥语词汇为主要证据。但从552年（西魏废帝元钦元年）至840年（唐文宗开成五年）的二百八十余年间，突厥、回纥先后在大漠南北建立政权，而两族均是突厥语族，其语言必然流传于被统治的各部，蒙古语中保留有突厥语言词汇，不足为奇。究其根本，蒙古属于阿尔泰语系蒙古语族，突厥属于阿尔泰语系突厥语族，是不可混同的两大语族。两个语族的地域分布及各自包括的民族也都不同，以个别词汇相同而将两大语族认同为一，并不准确。

吐蕃说则更是被轻易驳倒。其证据是藏传佛教传入蒙古之后产生的诸多史书。众所周知，藏传佛教成为蒙古人的普遍信仰是在明代中叶，可这些史书因为宗教信仰，为了彰显祖先的神圣，将蒙古起源与佛教相联系，这样的证据何足为凭呢？

因此，现在最为重要的观点，是匈奴说和东胡说。蒙古国学界主要认可的是匈奴说，而中国学界多倾向于东胡说。两种学说都有很多证据，也有难以解决的问题，且其中都有政治因素在起作用，使得互相都无法说服对方。

学术界没有定论，读者便也不必过于拘泥，只需要知道，蒙古人并非是从天而降、地裂而出的，数千年来，他们有着复杂的演化历史，当匈奴、鲜卑、突厥、回纥等强大的游牧汗国兴起时，他们便是这些汗国的属民，一直默默无闻。而在13世纪，因为种种机缘和时势，更因为自身的努力和奋斗，终于脱颖而出，成为草原的领导者，并以蒙古为名，整合了所有的游牧民，形成一个新的民族并开创了一个新的时代。

虽然蒙古人的起源在学界是争论不休的问题，但对蒙古人来说，这根本没什么可争论的。蒙古人的"圣经"《蒙古秘史》中早有记载，他们是天父腾格里在人间的后裔，是感天而生的苍狼白鹿的子孙。

《蒙古秘史》开篇便写道："奉天命而生的孛儿帖·赤那，同他的妻子豁埃·马阑勒，渡过大湖而来，来到斡难河源头的不儿罕·合勒敦山扎营住下。"这对夫妻便是蒙古人的始祖。

孛儿帖·赤那是蒙古语"苍狼"的意思，豁埃·马阑勒则是"白鹿"的意思。因此蒙古人自称是苍狼白鹿的子孙。不过，苍狼并非真是一头狼，白鹿也并非是一只鹿，而是两个人名或是氏族名。

孛儿帖·赤那和妻子豁埃·马阑勒是"渡过大湖而来"，到布尔罕山繁衍生息的。那他们原本是从哪里来的呢？《蒙古秘史》中没有记载，但拉施特的《史集》中，则记载了蒙古人祖先来源于"额尔古涅·昆"，而后西迁漠北草原的传说。

在传说中，蒙古的先祖被敌人打败，仅剩两对夫妻，他们被迫出逃，遁入额尔古涅·昆。

额尔古涅·昆拔地而起，高耸入云，四周是悬崖峭壁，走无路、攀无径。但为了生存，四人昼夜不停地登山跃涧，披荆斩棘，扯藤挂萝，向上攀登。磨破了手指，扎烂了脚掌，饥食野果，渴饮泉水，终于登上了顶峰，在深山中居住下来。经过数百年繁衍生息，逐渐形成了乞颜、涅古思两个氏族，人口不断发展，不知不觉间，乞颜与涅古思两个氏族中已分出了七十个分支。

又不知过了多少世代，蒙古人中出了一位有威望的氏族长，这就是孛儿帖·赤那。此时，蒙古各部人多地少，资源贫乏，已经无法在深山中生活下去了。孛儿帖·赤那与夫人豁埃·马阑勒在仲秋时节，召集各氏族头领商议，如何走出山谷，另寻谋生之路。

在天神的指引下，人们宰杀了七十头牛，用整张牛皮做了七十个大鼓风箱，堆积了九百车木炭，清理了九九八十一个矿洞口。孛儿帖·赤那带领全体属民叩拜天神，亲自点燃了木炭篝火，七百名风箱手轮流拉起鼓风箱，九百个运炭手轮番加薪添炭。不大一会儿，烈焰熊熊，火光冲天，崇山峻岭红光普照。大火整整烧了七七四十九天，矿石融化了，铁水流淌出来将山石燃烧得坍塌下去一大块，险峻的峭壁出现了一个大豁口。这坑洼不平的豁口一直延伸到山麓，为全族铺设了一条下山的通道。

蒙古人便通过这条通道，从深山中走出，来到了水草丰美的草原，从深林狩猎民转变为草原游牧民。

传说中的"额尔古涅·昆"，便是今额尔古纳河之东的山地。综合史书记载的传说，反映出这样的史实：蒙古民族的发祥地是在额尔古纳河一带的崇山密林中，随着岁月的推移，从氏族发展成部落，部落不断繁衍，他们沿着额尔古纳河走出世代所居的山林。其中有两个以狼和鹿为图腾的姻族从呼伦贝尔草原，向西迁徙到斡难河源头的布尔罕山一带，从此这一广阔的地域成为蒙古诸部活动的中心。

这个迁徙活动大致开始于8世纪。蒙兀室韦部众向外迁徙后组成相当大的部落集团，分为尼伦蒙古和迭儿列勤蒙古两大分支。为何蒙古人会有两大分支，《蒙古秘史》中有着神奇的记载。

当孛儿帖·赤那和豁埃·马阑勒来到布尔罕山之后，便开始繁衍后代。他们的儿子名叫巴塔赤罕，在巴塔赤罕后经过了十二代，传到了兄弟二人，哥哥名叫都蛙·锁豁儿，弟弟名叫朵奔·蔑而干。

兄弟二人十分友爱，弟弟一直没有娶妻，哥哥便四处为他留心。一天，都蛙·锁豁儿看到有一队人来到自己的牧场，便和弟弟前去询问是否有待嫁的姑娘。正好，这队人中的老者有一位美丽的孙女阿阑·豁阿，于是都蛙·锁豁儿便为弟弟张罗，准备了聘礼，迎娶了阿阑·豁阿。

朵奔·蔑而干和阿阑·豁阿结合后，情投意合，生活美满，养育了不古讷台、别勒古讷台两个儿子。

可惜，美好的日子总是短暂的，不久，朵奔·蔑而干便去世了。而在之前，朵奔·蔑而干的哥哥都蛙·锁豁儿也撒手人寰，他的四个儿子没有遵循父亲的教导，抛弃了叔叔一家。现在朵奔·蔑而干一死，阿阑·豁阿只能独自带着两个儿子艰难度日。

孤儿寡母过日子本已不容易，没多久又生出了枝节：阿阑·豁阿又生了三个儿子不忽·合塔吉、不合秃·撒勒只、孛端察儿。

父亲已经去世，母亲却怀孕生子，不古讷台、别勒古讷台两人心怀不满，认为三个弟弟是野种。

见到儿子们有了嫌隙，阿阑·豁阿把他们聚集在一起，先拿出五支箭让他们折断，单只箭很容易就折断了，五支箭捆在一起却无法折断。她用这种方式告诉儿子们，兄弟齐心，其利断金；若是不和、分离，便会被各个击破。之后，她又对长子和次子解释道，自己并没有与外人私通，三个孩子是自己"感光而生"，是闪耀着日月之光的金色神人将金光照入自己腹中而孕育的。

于是，阿阑·豁阿后三个儿子所繁衍的部落被称为"尼伦蒙古"，意为纯洁的，感光而生的，属于"神之子"。而前两个儿子所繁衍的部落便被称为"迭儿列勤蒙古"，意为普通出生，是"人之子"。阿阑·豁阿也因为这段神迹，被蒙古人尊为"圣母"。

"尼伦蒙古"的部落主要有孛儿只斤、札只剌、泰赤兀、撒只兀、哈答斤、巴阿邻、照烈、那也勒、忙兀、主儿乞、赤那思等，他们大都分布在斡难河、克鲁伦河上游及两河之间的肯特山一带。

"迭儿列勤蒙古"的部落主要有弘吉剌、亦乞列思、兀良哈、斡勒忽讷兀惕、豁罗剌思、也里吉斤、许兀慎、速勒都思、伯岳吾、不古讷惕、别勒古讷惕等，大都游牧于呼伦湖周围及其西南之地。

尼伦和迭儿列勤这两大分支合称为"合木黑蒙古"，意即全体蒙古人。日后成为大蒙古国缔造者的成吉思汗，属于尼伦蒙古的孛儿只斤部落，其祖先便是阿阑·豁阿感光而生的最小的儿子孛端察儿。

按照这一记载，所谓"黄金家族"是包括所有尼伦蒙古部落的贵族的，他们都可以自称"金色神人后裔"。而成吉思汗在统一草原、建立"大蒙古国"之后，只将自己的孛儿只斤家族定为"黄金家族"，并定下铁律——"非黄金家族不得称汗"。

在成吉思汗时代，"黄金家族"是指成吉思汗父亲也速该的后裔，也就是成吉思汗及其兄弟们，因此在法律上，凡是也速该后裔均有成为"大蒙古国"可汗的资格。"大蒙古国"的汗位继承实行贵族大议会"库里勒台"选汗制度，前代可汗只有指定权，并无决定权。因此成吉思汗去世后，虽然汗位都是在其子孙中传承，但其弟弟家族也曾试图染指汗位。

忽必烈建立元朝后，学习汉法，实行嫡长子继承制。虽然因为种种原因，这一制度没能完全实行，但也出现了一个结果，那便是只有忽必烈的子孙才是"黄金家族"，甚至只有忽必烈所立的太子真金的子孙才有皇位继承权。

可以说，"黄金家族"步步缩小的过程，便是蒙古步步集权，从贵族共和走向皇族集权的过程。

兄弟相残为哪般？

——成吉思汗为何会杀别克帖儿

从8世纪开始，居于额尔古纳河中下游的蒙古人逐步向蒙古高原推进，一直到9世纪40年代，他们始终是个狩猎部落。之后，蒙古部受到突厥畜牧业生产技术的影响，才逐渐过渡成为游牧部落。

10世纪以后，蒙古各部迁居三河之源，也就是斡难河、克鲁伦河和土拉河流域。各部之间也开始了互相兼并，强大的部落用武力征服弱小的部落，迫使他们做属民，一些弱小的部落则放弃自己的部族名称，归服于某一强大的部落，组成非血缘关系的新部落。

成吉思汗的十世祖孛端察儿，便是依靠武力吞并其他部落，从穷人成为富人，后又成为部落首领的。

到12世纪，蒙古已经是草原上举足轻重的大部落，成为草原群雄之一。与蒙古部并立的，还有其他强有力的大部族。其中最重要的，是克烈部、乃蛮部、蔑儿乞部、塔塔儿部和汪古部。

克烈部是突厥语系部落，占据着斡儿浑河、土拉河及哈剌和林一带，东接蒙古，西接乃蛮，北邻蔑儿乞，南接沙漠。克烈部这个部族实力雄厚，其可汗被称作"古儿汗"（即众汗之汗）。他们接受了基督教支派聂斯托利派的传教，其上层贵族及部分属民都成为聂斯托利派教徒。

乃蛮部也属于突厥语系诸族，其先祖为唐代的吉嘎斯。其部占据阿尔泰山、哈剌和林、阿雷·昔剌思山、阔阔·也儿的石山一带以及也儿的石河流域,建立了文明程度较高的政权。他们信仰基督教聂斯脱利教派,以畏兀儿文为自己的文字,首领被称为"古失鲁克汗"或"不亦鲁黑汗"。

蔑儿乞部是辽代阻卜诸部落之一,属于蒙古语系部族。部落分为兀都亦惕、兀洼思、合阿惕三部,史称"三姓篾儿乞惕"。这三个部又各分为若干分支,形成势力庞大的部落联盟。他们的驻牧地在色楞格河中游、斡儿浑河下游地区。

塔塔儿部与蒙古部同源,是以呼伦湖为中心游牧的一个强势部落,其名称有鞑靼、达怛、塔坦、达靼、达旦等不同的汉字写法。唐朝时,塔塔儿一度成为草原各部族的泛称。待到契丹崛起,塔塔儿势力逐渐衰弱,其名称也逐渐失去泛指北方草原游牧民族的地位,演变成为一个部落名称。塔塔儿由阿亦里兀惕、备鲁兀惕、察阿安、阿勒赤、都塔兀惕、阿鲁孩六大部组成,是12、13世纪草原政治生活中非常活跃的角色。

汪古部的族源众说纷纭,有蒙古系、突厥系和多系融合等说法。比较权威的论断认为在元代汪古部主体有四大家族,除了身为部长的阿剌兀思剔吉忽里家族之外,还有赵氏、马氏和耶律氏。阿剌兀思剔吉忽里家族自称"沙陀雁门节度使之后",赵氏家族自称"其先居云中塞上",马氏家族自称出自"西域聂斯托里贵族",耶律氏家族自称来自"西域帖里薛人"。虽然四大家族来源看似不一,但都是突厥分支后裔,因此汪古部源自突厥人。汪古部世居阴山南北,有四千帐。金朝崛起后,他们成为金朝北部的屏藩,为金朝镇守界壕。

四面都是强敌,生活在三河源头的蒙古人自然也不能再一盘散沙,必须团结起来。于是,在12世纪,蒙古人第一次建立了国家。

12世纪初,蒙古各部在三河源头召开了"库里勒台",也就是大议会,共同推举合不勒为可汗,因为"在蒙古诸部中,他'名声'昭著,很受尊敬",建立了"蒙古国"。

合不勒汗是孛端察儿的八世孙,成吉思汗的三世祖,其建立的"蒙古国"可称为"第一蒙古国",以区别于日后成吉思汗所建立的"大蒙古国"。这个"第一蒙古国"的疆土主要包括斡难、土拉、克鲁伦三河流域,是一个残存着浓厚的氏族制的军政合一的早期奴隶制国家。可汗对于各部只有非常有限的指挥权,而无绝对的权力。即便如此，因为合不勒汗的卓越能力，蒙古也成为草原上无人敢小看的强者。

女真人建立金朝后，不但以迅雷不及掩耳之势灭了辽和北宋，而且大力向北方草原扩张，塔塔儿等部落先后被降服，但以克烈、蒙古为代表的抵抗派坚决不肯屈服，与金朝的征服大军连番激战。合不勒汗屡败金军，甚至于1147年（金皇统七年）逼迫金朝议和，割让克鲁伦河以北的二十七个团寨给蒙古。

合不勒汗去世后，蒙古的强势难以继续，继任其位的俺巴孩汗被塔塔儿人和金朝皇帝联手害死，继承俺巴孩汗位的忽图剌汗虽然是个万人难敌的大力士，但在与塔塔儿和金朝的战争中也再难取得如合不勒汗般的胜利。

忽图剌汗去世后，成吉思汗的父亲也速该便成了蒙古的首领。

也速该是合不勒汗建立的"第一蒙古国"的最后一任领导者，奇怪的是，他没有称汗，被尊称为"巴特尔"，也就是英雄。

按照《史集》的说法，忽图剌汗去世时没有提出汗位继承人。很有可能俺巴孩汗的孙子塔里忽台被授予了"酋长之位与领导之权"，但也速该因为更有名声和威望而领导了部落，因此他没能有"汗"的称号。

也速该领导蒙古各部后，"曾多次与其他蒙古部落，其中包括塔塔儿部落作战，同时也与乞台（金朝）的异密和军队作过战"。这使他"名声很高，受到所有人们的承认和尊敬"。

1162年，也速该征讨塔塔儿人获得大胜，俘虏其贵族铁木真兀格，而正在此时，其长子出生，也速该便给长子取名为铁木真，这便是日后的成吉思汗。

铁木真的童年因为有英武的父亲的庇护，还是无忧无虑的。在母亲的精心抚养和仆从们的细心照料下，他茁壮成长，不过几岁就能骑马射箭。在一次打猎的过程中，认识了蒙古札答阑部的贵族子弟札木合，二人意气相投，结为"安答"（类似义兄弟）。

可这一切，在铁木真九岁的时候戛然而止。

1170年，也速该被塔塔儿人设计毒死，蒙古各部各奔前程。泰赤兀部贵族塔里忽台等人本就对也速该巴特尔不满，"早在心头种下了仇恨和报复的种子"，于是将铁木真和他的母亲、兄弟抛弃，还把也速该巴特尔的部民全部强行赶走。

也速该巴特尔的死，标志着由合不勒汗建立的蒙古国至此崩溃。泰赤兀部占据了斡难河流域，札答阑部占据了额尔古纳河流域，主儿乞部占据了克鲁伦河流域，其余各部落如弘吉剌部、哈答斤部、撒勒兀部等较为弱小的部落则分别依附于各大势力。

父亲猝亡，国家解体，部众流散，铁木真一家沦为赤贫的流浪者。所幸，这个家族的女家长诃额仑夫人是一位坚强的女性，她"沿着斡难河上下奔走，采集杜梨、野果，日夜辛劳"，抚养孩子们。在困苦的生活环境中，诃额仑夫人经常告诫儿子们要为父亲报仇，并恢复祖业。

在母亲的教导下，铁木真和他的二弟哈撒儿、三弟合赤温、幼弟帖木格及异母弟别克帖儿、别勒古台，小小年纪就自己动手钓鱼打猎，一面获取食物，一面磨练自己的意志。

艰难的生活总会使人愤懑、敏感，会做出一些可怕的事情。年幼的铁木真也不能例外。因为食物短缺，异母弟别克帖儿几次抢夺铁木真和二弟哈撒儿钓到的鱼和射猎的云雀。诃额仑夫人几次劝说也没有作用，铁木真忍无可忍，和二弟哈撒儿一起，用弓箭射死了别克帖儿。

这样的兄弟相残，对这个已经风雨飘摇的家庭来说是雪上加霜。诃额仑夫人对铁木真大加痛斥，说他是"生吞猎物之莽魔""自冲其影之海青""食其羔踵之雄驼"，完全是自残骨肉的愚蠢行为。在"除了影子没有朋友，除了尾巴没有鞭子"的孤苦之中，竟然骨肉相残，是十分愚蠢的。

这出杀害兄弟的惨剧，成为铁木真终身的遗憾与污点。后世史家也多有批判，认为为食物就射杀兄弟是残忍的行为。但也有史家指出，别克帖儿虽然是别妻所生，但很有可能年长于铁木真，在家族处于风雨飘摇的时刻，他的作为并非仅是争夺食物，而是以庶长子身份争夺家族族长的地位，这对于铁木真来说是不可容忍的。年幼的铁木真还没有经过历练，因此采用最简单的方式处理了家族内部的纷争。

甚至还有史学家给出另一个解释，即铁木真的母亲诃额仑夫人并非正妻，而是别妻，别克帖儿的母亲才是正妻。证据便是，诃额仑夫人是也速该抢亲得来的妻子，别克帖儿的母亲则是正常迎娶的妻子，虽然草原上抢亲是习俗，但毕竟抢亲会引发复仇，属于非正常状态，那么抢来的妻子的地位应该低于正常迎娶的妻子。

如此一来，便不是铁木真压制庶长子夺权，而是铁木真以庶长子的身份夺了嫡长子的权。

无论原因如何，这出惨剧可说是当时草原乱世的缩影。《蒙古秘史》中，用诗一样的语言描绘了那个残酷的时代："有星的天空旋转，诸部落混战，没有人进入自己的卧室，都去互相抢劫。有草皮的大地翻转，诸部落纷战，没有人睡进自己的被窝，都去互相攻杀！"不仅是各部落之间在仇杀征战，即使家庭之中，也会因权力之争而流血。

别克帖儿在临终前留下了这样的遗言："在除了影子别无朋友，除了尾巴别无鞭子的时候，你们为什么想要这样呢？请不要断绝灶火，不要撇弃别勒古台。"这个遗言对铁木真有着很大的震撼，再加上母亲的斥责，他为自己的行为深深后悔。之后，他果然对别勒古台格外看顾，完全没有将其视为庶弟，对其很是爱护信任。这位与铁木真不是一奶同胞的兄弟遂成为铁木真日后重要的助手，为其霸业立下汗马功劳。以至于在称汗建国后，铁木真曾有这样的话："有别勒古台之力，哈撒儿之射，此朕之所以取天下也。"

既是安答，也是仇敌

——成吉思汗与札木合

与其他帝王一样，成吉思汗的一生中，也有无数炮灰对手来衬托他的辉煌。在有关他的历史叙述中，这些对手有的庸懦，有的无能，有的缺乏智慧，都符合炮灰的设定。但有一个人例外，在众多史籍中，这个人的形象都十分正面。尤其是《蒙古秘史》，在这部作为元朝时期秘藏宫中只给皇室子孙阅看的"秘本"中，对这个人的记述也没有贬低。可见成吉思汗及其子孙对这个人甚至是欣赏的。

这个人就是札木合。

札木合是成吉思汗的"安答"。安答被译为"义兄弟"，不过，这个翻译并不准确。安答之间并无长幼之分，也并非"异姓兄弟"，更像是一种朋友的升华版。在草原上，男人之间互称安答是一种神圣的誓约，要守住"二人从今往后宜彼此相顾，彼此永勿以恶语相侵而相弃"的誓言，在紧要关头还要将生命托付给对方。

而札木合是成吉思汗自幼便结拜的安答。

成吉思汗十一岁时，与札木合"在斡难河冰上一起打髀石玩的时候，两人就互相称为安答了"。第二年春天，两人"再次互相结为安答"。

两个孩子，两次结为安答。人们在童年时都会有极为亲密的玩伴，也会效仿大人结拜，但这种结拜总是游戏性质的，难以持久。当长大成人时，要么已经形同陌路，要么只是喝酒时作为笑谈。

成吉思汗和札木合并不是这样，他们的友情经受住了时间的考验。

成吉思汗十七岁的时候，娶了与自己有婚约的孛儿帖为妻。可新婚生活不到一年，孛儿帖便被仇家蔑儿乞部抢走了。

此时成吉思汗身边的部众只有几百人，根本无法与拥有数万骑兵的蔑儿乞部相抗，他只好去寻求帮助。与他有交情又有实力相助的，是克烈部与札木合的札答阑部。

克烈部的脱斡邻勒汗是成吉思汗父亲也速该的安答。当年，也速该统领着蒙古各部，是威震一方的英雄；脱斡邻勒却被自己的叔叔夺走了克烈部的统治权。也速该为安答出头，出兵帮助脱斡邻勒夺回了汗位。成吉思汗在结婚之时，将妻子的嫁妆，一件极为珍贵的黑貂皮皮袄送给了脱斡邻勒，并拜其为义父。向克烈部求助，可谓既有前恩，又有新缘，所以脱斡邻勒出兵两万相助。

对于札木合，成吉思汗却没有父辈留下的恩情，也没有珍贵的礼物相赠，而且两个人的身份此时也天差地别。成吉思汗的父亲也速该死后，蒙古各部各奔前程，而大部分部落都投奔在札木合的麾下。此时札木合的札答阑部足可调用两万骑兵，是草原上的强部。成吉思汗此时却是个连妻子都保不住的弱小者。

成吉思汗能够凭借的，只有幼年时两人结为安答的情分。

札木合用行动证明了友情的可贵。他不但毫不犹豫地出兵一万相助，还做出了让人感动的表白："得知安答的家被洗劫一空，我的心都疼了！得知他心爱的妻子被夺走了，我的肝都疼了！……我祭了远处能见的大纛，我敲起黑牤牛皮的响声鏊鏊的战鼓，我骑上乌骓快马，穿上坚韧的铠甲，拿起钢枪，搭上用山桃皮裹的利箭，上马去与合阿惕篾儿乞惕人厮杀。"

札木合成为联军的统帅，击破了蔑儿乞人，为成吉思汗夺回了妻子。

后人看书觉得简单，但打仗不是游戏，谁也不能保证必胜，如果失败后果可能极为严重。能搭上自己一半的身家，为朋友去踏上胜负难料的战场，有几人能够做到呢？

在这之后，成吉思汗和札木合一起放牧，"重申安答之谊"，进行了第三次结拜。也许因为前两次结拜是在童年，这一次，则是要以成年人的身份来结拜，为的是让友谊更加牢固。

然而，成年人的世界有太多利益，要维持友谊，远比童年时艰难。札木合麾下的部众，很多都是成吉思汗父亲也速该的旧部。成吉思汗若想重振家业，就需要让这些部众回到自己身边，而札木合自然也无法坐视自己被削弱实力。两个人的矛盾无法化解。

终于有一天，札木合似乎不经意地对成吉思汗说道："安答！靠近山扎营住下适于牧马；靠近涧水扎营住下适于牧羊。咱们在哪里扎营呢？"

札木合的意思是，放羊的人与放马的人终究无法同路，我们还是不要凑在一起，各奔前程吧。

成吉思汗也明白，自己和安答分手的时候到了。他连夜率部离开了札木合。

在此之后，两人的矛盾越来越深，从成吉思汗称汗时札木合的恶言相向，到札木合族弟因盗马被成吉思汗的部将所杀，再到双方对垒的"十三翼之战"。

不过，在一系列争斗中，似乎两人心中都有着诸多不忍。"十三翼之战"中，札木合取得了胜利，但面对损失惨重、仓皇退入哲列捏峡谷的成吉思汗败军，他并没有乘胜追击、斩尽杀绝，只是淡淡说了句"我们迫使他们躲避到斡难河的哲列捏峡谷里去了"，便撤军回营。成吉思汗在获得了众多贵族的归附之后，实力大增，却在长达三年时间中都没有予以报复。

虽然决战在所难免，但还是让它越迟越好吧。

到了1201年，该来的一切终于还是来了。

这一年，合答斤部、撒勒只兀惕部、塔塔儿部、朵儿边部、亦乞列思部、翁吉剌部、斡罗剌思部、篾儿乞部、斡亦剌惕部、泰亦赤兀部等十一个部落首领在阿勒灰河立誓结盟，拥立札木合为"古儿汗"，也就是众汗之汗，准备向成吉思汗发起全面的进攻。

如果札木合没有称汗，双方虽是敌人，却未必要生死相搏。而他和成吉思汗一样都成为可汗后，两位安答也就注定要有一个死在对方手里。

毕竟，天无二日，国无二君。

"十三翼之战"时札木合能够取胜，但这一次，他已注定失败。虽然他"雄勇有大意，能用其民，时人以为贤，称之曰薛禅（蒙古语，意为睿智）"，但他并没能改变自己部下的组织方式，仍是贵族的松散联合。而成吉思汗则已经开始了打乱原有组织形式、排挤旧贵族、不分身份提拔将领的举措，而且利用主宰战利品分配而加强了集权。两股势力的角逐，往往不是取决于谁人多势众，而在于谁能够更大程度地动员力量。当札木合的部队中贵族们可以在战况不利时自行撤退，而成吉思汗的部队却在军令的制约下在任何情况下都死战到底的时候，战争的胜负就不再有悬念了。何况，成吉思汗背后，还有他义父，克烈部脱斡邻勒汗的帮助。

在阔亦田（今呼伦贝尔盟陈巴尔虎旗海拉尔河北岸支流莫尔根河之北的辉腾山及其附近辉腾村一带），双方激战的结果很快见了分晓。札木合的十一部联军被彻底击溃，他也从古儿汗成了到处寄人篱下的流亡者。

但他毕竟是被称为"薛禅"的能人，即使失去了势力，仍给成吉思汗带来无尽的麻烦。在他的运作下，克烈部与成吉思汗反目，让成吉思汗遭到了生平最惨重的失败。在他的怂恿下，蒙古高原西部的乃蛮部东进与成吉思汗争夺霸权，使得成吉思汗不得不在需要休整时发动决战。

可札木合作为成吉思汗唯一看重的对手，他都未能摆脱自身局限而获得胜利，其他势力又能有什么胜算？札木合也看出大势已不可阻挡，最终放弃了。在成吉思汗最后歼灭乃蛮部的战斗中，他在乃蛮部塔阳汗（也译为"太阳汗"）的身边大肆夸耀成吉思汗的强大，使得乃蛮军心大乱，然后自己悄然走掉了。

走之前，札木合给成吉思汗送信："塔阳汗听了我所说的话，已吓得发昏，惊奔高山上去。安答，你要坚定。他们并无迎战的气象。我已离开乃蛮部。"也许，札木合是想送给安答最后一份礼物，然后远遁隐居。

性格决定命运，逃亡中的札木合仍然摆着贵族的架子，结果侍卫背叛他，将他绑送到成吉思汗面前。

面对自己的安答和仇敌，成吉思汗说道："如今咱俩又相会了，咱俩仍还相伴为友吧？以前咱俩互相依靠，都是大车的一条辕，你却产生了分离的念头。如今咱俩可以在一起，互相提醒忘记的事。熟睡不醒时，可以互相唤醒。你虽离我而行，终究还是我的有吉庆的安答。"

成吉思汗这番话既无责备，也无悲伤，更无胜利者对于失败者的傲慢和鄙夷，这时候的他，只想重拾童年友谊，希望安答还是安答。

但很多东西一旦丢失就无法追回。

札木合的回答既没有不甘也没有愤恨，更没有失败者的卑躬屈膝："想当年年轻时，咱俩互相结为安答。后来被外人挑唆，被他人离间，咱俩分离了。今安答你仍愿与我作友伴。但我以前能与你作友伴时，不曾与你作友伴；如今安答你已平定全国，兼并邻部，汗位已归属于你，天下已定，我与你作友伴又有何用？我若不死，只怕会使安答你夜里睡不安稳，白天不能安心，只怕会成为你衣领上的虱子，衣襟内的刺……安答你降恩吧，令我速死，以安安答你的心。安答你降恩处死我吧，但愿不流血而死去就好。"

在古今中外的历史中，很少有如成吉思汗和札木合一样，曾经肝胆相照，曾经生死相搏，而在一切尘埃落定时，仍能赤诚相见的对手。最终，成吉思汗处死了札木合，并将他厚葬。

当札木合入土为安之际，一段有关安答的传奇最终落下了帷幕。成吉思汗也彻底抛下了曾经的过往，开始走出草原，成为"世界征服者"。

铁军如何炼成

——蒙古铁骑养成法

在旅游热的今天，全国各地在宣传本地旅游景点的同时，还要推出本地区的特色美食，如果这种美食可以方便游客携带成为伴手礼相赠亲友，那更是要大力鼓吹。

于是，风干牛肉作为内蒙古旅游最"老少咸宜"的商品，在吸引游客时，往往都要加上一个前缀——成吉思汗军粮。

在人们的脑补中，数百年前，"世界征服者"成吉思汗率领着他的蒙古铁骑，就是一边嚼着牛肉干一边征战欧亚大陆的。因为有牛肉干这种古代"压缩饼干"，蒙古骑兵才能"来如天坠，去如顿逝"，摆脱了给养辎重对部队速度的拖累，如狂风一般击溃了所有敌人。

不过，战争从来都是艰苦和残酷的，要想不流血就得多流汗。蒙古骑兵当年忍受了今人难以忍受的艰苦，才能获得让后人瞠目的战争成就，实在不会如想象一般惬意舒服。

今天商店常见的风干牛肉，大部分都是成块状，用手一捏还有弹性，咬在嘴里虽然有些费牙，却绝对可以嚼得动。这样的牛肉干中还有不少水分，在正常环境下，过不了几天便会发霉。试想一下，当年的蒙古骑兵带着这样的军粮长途远征，没走几天便要吃长了毛的干肉，怕是不用等到达目的地，就要承受大量的非战斗减员了。

当年蒙古人的风干牛肉，不是用来嚼，而是用来喝的。

将牛肉切成条，搭在用木条搭制的棚子中，利用草原上的风将之风干，一直风干到如棉絮一般完全没有水分才算完成，然后将这些风干牛肉一层层压在皮囊之中。如果风干得够好，那么一整头牛的牛肉用一个随身携带的大皮囊便足以装下。

在行军中，人们要沿着水源地前进。只要有水，需要用饭时，取水煮开，从皮囊中揪出一点肉干，泡在开水里。已经纤维化的牛肉和开水顿时成为一碗牛肉汤，喝下去自然解渴疗饥。

这样的牛肉干确实如压缩饼干一般，是非常好的行军干粮，但大军以方便携带和充饥为目标，味道是顾不上的。若是真原汁原味地搬到现在，莫说外地游客，就是土生土长的蒙古人也难以下咽。

即使是这样的牛肉干，需要急行军时也只能作为辅助性军粮，因为毕竟需要水，需要烧火，而这两点却是实现出其不意的最大障碍。要有水，就要沿着有水的路线前进，那么行军速度就要打折扣；而为了食用肉干，还需要点火立灶，那么锅釜之类的器皿就是必备品，增加了行军负担。何况，按照古籍记载，当时蒙古军队是可以做到"屯数十万之师，不举烟火"的，肉干明显不是军粮首选。

蒙古骑兵军粮的主菜，其实是乳制品。蒙古人在平日生活时，便是"所食乳酪而已"，将牛奶酸化凝固，隔离出奶油后，经过装模、硬化、晾干，便形成了奶酪，俗称奶豆腐，分为酸味和无味两种。然后再切割成小块，晾晒坚硬，便可随身携带。这样的乳酪，如果牙口够好，可以直接嚼着吃，如果不想费牙，含在嘴里慢慢软化也没有问题。奶制品营养价值高，很小的一块便有饱腹感，而且硬化晾干后不容易发霉，即使表面长出霉，处理掉发霉部分仍不影响整块品质。

食物用乳酪来解决，饮水则靠马奶来解决。蒙古骑兵作战，每人自行配备马匹，经常携带两匹乃至三五匹战马，轮换骑乘，以保持较高的机动能力。在挑选战马时，下过马驹的母马备受青睐，因为这样的母马奶水充足，可以随时有奶水供应，"一牝马之乳，可饱三人"。蒙古马身材矮小敦实，脖子粗壮，腿短而粗，形象并不出众，以至于很多外地游客看到蒙古马都大呼失望，认为远不如大洋马高大漂亮。蒙古马虽然貌不惊人，但比起其他马种却有着惊人的忍耐力和环境适应能力。无论什么样的草料都可消化，恶劣的环境也不影响体质，一天最多可以奔跑80公里。如果进入严酷的环境中，水草都无法寻到，马奶无法供应，骑兵还可以从坐骑颈部的血管里吸一点血解决干渴，而马匹在被吸血之后，只要不是过量，仍能坚持奔跑。

因此，蒙古骑兵赖以快速行军的法宝，是大量可以换乘的马匹，而行军的军粮，主要是乳酪和马奶，至于牛肉干，只能算调剂。

当然，虽然蒙古骑兵总被形容成"狂风""狂飙"，似乎速度是最大的优势。实际上，让部队快速投入战场，只是战术的一种。在敌人意想不到的时间突然出现，打乱敌人的部署，摧折敌人的士气，这只需要少量部队便可完成。大军团则没有必要在速度上过于较真，只需比其他军队快一些便可以了，大规模的蒙古军队的饮食相对要丰富得多，虽然仍需要乳酪、马奶，但干肉是可以经常享用的，而且还有新鲜的肉食改善生活。

新鲜肉食的主要来源，其一是随军的牲畜，其二便是狩猎所得。当蒙古大军出动时，以行李大车和驮载牲畜、畜群构成的辎重队相伴随，也就是"粮食固只是羊马随行，不用运饷……随行羊马自食"。大量的牲畜跟随着军队前行，只要有牲畜，新鲜的肉食自然是可以提供的。如果随军牲畜即将食用完毕，那么就需要狩猎来补充，"食羊尽则射兔、鹿、野豕为食"。蒙古人不仅是牧人，还是猎手，"自春徂冬，旦旦逐猎，乃其生涯"。在行军过程中，狩猎不但可以补充食物，也是作战的演习。

蒙古高原干旱缺水，自然条件恶劣，因此蒙古人养成了吃苦耐劳、不喜浪费的习惯。蒙古人在行军中，对于食物极为珍视，不会有丝毫浪费，"以肉乳猎物为食，凡肉皆食，马、犬、鼠、田鼠之肉，皆所不弃"，而且"他们也把暂时来不及细啃的骨头放在袋子里，以便以后可以啃它们，不致浪费食物"。

就是靠着这样的军队补给方式，再加上蒙古骑兵的忍耐力，成吉思汗时代的蒙古军团才能够长途远征。而当进入敌人国境的时候，另外一种补给方式便会发生作用，那便是"因粮于敌"。

所谓"因粮于敌"，便是在敌方国土上收集粮草，对敌方百姓进行抢掠，

"才犯他境必务抄掠"。据记载,蒙古军十分残暴,所到之处破坏严重,便是因为这种补给方式。这样不但解决了自己的给养,还能打击敌方经济,甚至可逼迫敌方野战而寻机歼敌,亦即"胜敌而益强"。当然,这种因粮于敌的补给方式,在古代世界无论东西方都差不多,之所以蒙古军被描绘得最为可怕,不过是因为攻略的地方太多,影响最大。

在人们的印象中,蒙古骑兵靠着上述补给方式,靠着骑兵的战斗力,才得以征服世界。实际上,这样的补给方式及作战方式,在草原上早已有之,草原游牧民的吃苦耐劳也向来如此,为何成吉思汗却能够成为"世界征服者"?

所有的一切,必须有高效的组织力才能真正发挥威力。

成吉思汗的先祖们,已经建立了疆土主要包括斡难河、土拉河、克鲁伦河三河流域的蒙古汗国,其建立者成吉思汗三世祖合不勒汗多次击败过欲图征服蒙古的金朝大军,但是,当时的蒙古骑兵只能进行反击战,只有在金军进入蒙古高原腹地时,才能依靠地利予以战胜,最多只能袭扰金朝边境,若说深入金朝国境却力不能及。成吉思汗的叔祖忽图刺汗是著名的勇士,关于他的传说,如古希腊大力神赫拉克勒斯一般神奇。据说,"他的声音非常洪亮,当他怒吼时,即使隔开七座山也能听到。他的食量惊人,一顿饭吃一整头羊一大碗酸马奶都不饱。他的力量更是无与伦比,双手像熊掌一样有力,任何一个强壮的人在他面前,都如木杆一样不堪一击,会被他轻易撕成两半"。即使这样的如神话般的勇士,率领蒙古骑兵也只能在金朝边境战胜金军后便撤退,并无继续进军的能力。

究其原因,便是当时的蒙古部乃至草原其他部族,都是贵族家族率领自己属民的松散联合,可汗于各部只有非常有限的指挥权,而无绝对的权力。这样的组织形式,草原上小规模的以争夺牧场财物为目的的战斗还可以应付,面对外来的征服军队,为了生存也可体现出勇敢坚韧。但若说长途远征,到数千里之外去作战,即使承诺会有极为丰富的战利品,也是做不到的。

而到了成吉思汗时期,成吉思汗打乱原有组织形式,不分身份贵贱地提拔将领,并将原本的所有人各自收集战利品的规矩改为由可汗分配,从而加强了集权,使得无论贵族还是平民乃至奴隶都唯可汗马首是瞻,组织力和动员力远远超过了其祖上时代。也正是靠着这一点,他最终扫平群雄,统一蒙古高原。

在对外扩张时，成吉思汗的组织化管理更为严密，他对全体部众进行了分工管理，组成了多个强悍精干、忠实可靠的权力机构，分别掌管军事、兵器、乘骑、警卫、侦查、牧养牲畜和宫帐事务等，并设立万户、千户、百户、十户制度，以千户为主要单位，所有臣民重新整编，层层隶属于由自己提拔任命的官员，组织动员力更上了一个层次。各百户、千户听从大汗的命令出征，受大汗封授，其下部民向各自千户负责，受其管理，千户内从十四岁到七十岁的男子无论出身贵贱必须服兵役，随时奉命跟随各自百户、千户出征作战，"上马则备战斗，下马则屯聚牧养"。军队出征作战，除辎重物资外，家属也随军移动，留在前线后方不远处，辎重家属所在便称为奥鲁。战士们的家属也负有各种职责，除了看守运输辎重外，男人们制造弓箭、帐幕、车子及各种马具，妇女们则挤奶、酿造奶油、缝制皮毛等。

原本散沙化的草原游牧民从而成了可以任成吉思汗如臂使指的纪律化军队，再加上牧民原本具有的骑射本领和吃苦耐劳的素质，一支铁军便产生了。

可以说，成吉思汗的蒙古汗国是一个完全军事化的帝国，所有人被完全动员起来成为这个军事机器的一部分，全力为战争服务。若非如此，蒙古人的便携式给养方式，以及快速机动的作战方式，最多只能自保，要想冲出草原去征服世界，是完全不可能的。

长春真人西游记

——丘处机的选择

伊朗史学家志费尼在他所著的《世界征服者史》中，曾对成吉思汗的宗教态度有过评价，认为"他没有偏见，不舍一种而取另一种，也不尊此而抑彼；不如说，他尊敬的是各教中有学识的、虔诚的人"。

成吉思汗信仰的是萨满教。萨满教信仰的核心是"万物有灵"，无论是天、地、日、月、山、水、火等自然事物，还是熊、虎、貂、蛇、鹰等动物，一切均有灵魂，人们的生老病死、悲欢离合都受到神灵的影响。在萨满教中，也有着主宰一切的主神，这便是"天神"或者"长生天"。对天的崇拜是信仰中最重要也是最核心的，因为天诞生万物及诸神，世间的一切都由天来主导。

长生天是主宰一切和包容一切的，在这样的信仰基础上，成吉思汗对其他宗教的接纳与包容在历史中达到空前绝后的程度。

成吉思汗制定的《大札撒》（"札撒"意为"法典"）中明确规定："尊重任何一种宗教信仰，任何一种宗教都不得享有特权。每个人都有信仰宗教的自由。"并且免征托钵僧、诵古兰经者、法官、医师、学者、献身祈祷与隐遁生活者的租税与差役，免除祭神寺庙及居住于该等寺庙之僧人的一切租税，以示尊敬。

成吉思汗及其子孙都与当世最著名的宗教人士有过交往，而且大多数时候都留下美谈。而最早参与互动的宗教人士，便是道教全真派第五任掌教丘处机。

拜金庸《射雕英雄传》《神雕侠侣》所赐，原本只在宗教界声名显赫的丘处机在民间社会也有极大知名度。不过，与小说中刚烈勇猛、武艺高强的侠客形象不同，历史上的丘处机则是一位清静无为、道行高深的道教高人。

1148年（南宋高宗绍兴十八年，金熙宗皇统八年），丘处机生于山东登州栖霞县一个农人之家，字通密。自幼失去双亲，由兄嫂抚养成人。

1166年，18岁的丘处机开始修道，独自到山东文登县西北的昆嵛山烟霞洞修行。翌年，全真教创始人王重阳到山东宁海县传道，收丘处机为徒，赐道号长春子。丘处机拜师虽晚，却因勤勉好学、虔诚机敏而深得王重阳的器重，迅速成为王重阳七大得意弟子之一。

1170年正月，王重阳仙逝，丘处机为其师守墓长达三年之久。守孝结束后，丘处机便在宝鸡磻溪自修六年，后又去陇州龙门山龙门洞潜修七年。这十三年的苦修，丘处机坚持穴居、乞食，以禁欲断情、苦己利人、清静无为修行根本。苦修结束后，他出山传道，很快声名大振，皈依者摩肩接踵。

全真教在北方传播极为迅速，甚至到了"南际淮，北至朔漠，西向秦，东向海，山林城市，庐舍相望，什百为偶，甲乙授受，牢不可破"的程度。而全真教的发展壮大，丘处机居功至伟，后世评价"是教也，源于东华，流于重阳，派于长春，而今而后，滔滔溢溢，未可得而知其极也"。

当时丘处机虽不是全真教的掌教，却是全真教中名声最大、信众最多的道人，而他的声名也引起了金朝朝廷的注意。1188年（金大定二十八年），金世宗诏请丘处机赴燕京（今北京），敕馆于十方大天长观。

与金庸小说中的描写不同，丘处机对金朝并没有什么刻骨仇恨，相反，对被后世称为"小尧舜"的金世宗很崇敬，他欣然奉诏至燕京主持"万春节"醮事。在燕京期间，丘处机多次与金世宗面谈，丘处机"剖析天人之理，演明道德之宗，甚惬上意"。离开燕京时，金世宗特赐钱十万作为供养，丘处机道家本色，予以拒绝，反而得到金世宗赞赏。

1189年（金大定二十九年），金世宗去世，丘处机特撰《挽世宗词》悼念：

> 哀诏从天降，悲风到陕来。
> 黄河卷霜雪，白日翳尘埃。
> 自念长松晚，天恩再诏回。
> 金盘赐桃食，厚德实伤哀。

既获得民间信仰，又有皇室推崇，丘处机已经是全真教的代表了。1203年，全真教第四任掌教刘处玄去世后，丘处机毫无争议地接任，成为全真教第五任掌教。成为掌教后，丘处机使全真教的影响进一步扩大，全真教成为中国北方居于主导地位的道教教派。

然而，随着金世宗的去世，继承其位的金章宗对日益壮大的全真教十分警惕，着手予以压制。先是以"惑众乱民"为名，"禁罢全真及五行、毗卢"。之后，"又禁太一混元受箓、私建庵堂者，并禁止王亲及三品以上官员与之往来"。

面对打压，丘处机回到故乡栖霞隐居起来。而金章宗的作为使全真教与金朝朝廷原本融洽的关系遭到破坏，也为日后丘处机面见成吉思汗埋下了伏笔。

1206年，成吉思汗统一草原各部，建立"大蒙古国"，随后便开始了对金朝的征伐。

金朝从建立以来，与蒙古人互相攻伐百余年，虽然蒙古曾在合不勒可汗时击败过金朝，迫使金朝割地赔款，但更多的时候，占有优势地位的金朝总是能将蒙古人击败、屠杀、侮辱，成吉思汗的祖先俺巴孩汗和斡勤巴儿合黑亲王被金熙宗钉死在木驴之上，金朝更是每三年便发兵向北剿杀一次蒙古的男女老幼。

双方的仇恨，注定要在成吉思汗时代予以清算。

公元1211年（蒙古太祖六年，金卫绍王大安三年），成吉思汗来到蒙古的圣山不儿罕山，"脱帽，解带搭于肩，三次以头叩地"，祈祷道："长生天在上，朕决意整顿军马，为被金王卑鄙残害致死之斡勤巴儿合黑亲王与俺巴孩汗报此血海深仇。天若许朕复仇，则助朕一臂之力，命下界所有人神齐集而助我一战。"

是年九月，蒙古铁骑扬鞭南下。金朝虽有百万大军，却早已腐朽不堪，"军政不修几三十年，阙额不补者过半，其见存者皆疲老之余，不堪战阵"。蒙古军势如破竹，连下金朝北疆边城，破居庸关直至中都城下。

到了国破山河碎的时候，金朝朝廷又想起丘处机来。此时的皇帝金宣宗已经被逼得迁都南京（汴京，今河南开封），面对一筹莫展的局势，希望得到"神仙"的指点，于是多次遣使诏请丘处机进京商讨国是，并赐给"自然应化弘教大师"之号，可丘处机已经对金朝不抱希望，婉言谢绝。

与此同时，南宋的宋宁宗也多次遣使诏请丘处机为南宋效力，他也辞不赴命。

丘处机拒绝金、宋皇帝的延请，并不是因为清静无为，否则他为何会与金世宗有良性互动呢？作为一教掌教，要为自己教派的生存和发展负责，所谓"不依国主，法事难立"，总要获得当权者的支持。只是丘处机已经看出，无论是颠顶混乱的金，还是苟安软弱的宋，都不会是日后的主角，而曾经地处偏远、时人不知其名的蒙古人，倒是蒸蒸日上，大有并吞天下之势。

而在戎马倥偬间的成吉思汗也早已得知"丘神仙"的大名，虽然他此时开疆拓土，所向无敌，但毕竟已经年老，有着对生命逝去的恐惧，因此希望得到长生不老的法术或仙药。于是，成吉思汗也派人延请丘处机。

对于成吉思汗的邀请，丘处机起先也是拒绝的。成吉思汗与金、宋皇帝不同，没有因拒绝而作罢，先后三次相邀，并在给丘处机的信中说道，"朕心仰怀无已，岂不闻渭水同车，茅庐三顾之事，奈何山川悬阔，有失躬迎之礼"，并表示，他延请丘处机，目的是"或以忧民当世之务，或以恤朕保身之术"，只要丘处机愿意与他相见，他会"亲侍仙座，钦惟先生将咳唾之余，但授一言，斯可矣"。

如此诚意相请，丘处机不好再拒绝，于是起身前往漠北草原，面见成吉思汗。

然而，当丘处机动身之时，成吉思汗已经率蒙古大军西征，不在漠北草原了。已经年过古稀的丘处机得知这一情况后，决定留在燕京等成吉思汗东返后陛见，并自草《陈情表》奏请成吉思汗裁决。

可成吉思汗没有允准，再次下诏恳切催促丘处机西行。

经过考虑，丘处机决定不顾年迈体衰，西行谒见。

如果说，接受成吉思汗的邀请，从山东前往燕京，丘处机的考虑是出于身为全真教掌教，为自己的教派争取权力支持的话，那么，不顾自己七十三岁的高龄万里西行，就不再是简单的政治上的考量，而是出于出家人的慈悲与坚持。在决定冒险启程时，丘处机一定想到了成吉思汗诏书中的那句"以忧民当世之务"。在启程时，他给燕京的道友留下了一首诗，或可是他心境的写照：

> 十年兵火万民愁，千万中无一二留。
> 去岁幸逢慈诏下，今春须合冒寒游。
> 不辞岭北三千里，仍念山东二百州。
> 穷极漏诛残喘在，早教身命得消忧。

1221年（金兴定五年、南宋嘉定十四年、蒙古太祖十六年）二月八日，丘处机踏上征途。虽然此次西行有成吉思汗的官员一路护送，但行程数万里，跨高山，过大河，穿沙漠，只能靠畜力和双腿，其中的艰辛也可想而知。

丘处机一行经宣德（今河北宣化），越野狐岭至呼伦贝尔，再沿克鲁伦河向西，穿越蒙古高原、金山，经别失八里（今新疆吉木萨尔）、昌八剌（今新疆昌吉）、阿力麻里（今新疆伊犁）、塔剌思河、塞蓝（今哈萨克斯坦奇姆肯特）、霍阐没辇（今锡尔河）、撒马尔罕、碣石（今乌兹别克斯坦沙赫里·沙勃兹），然后越过有"疯狂的河流"之称的阿姆河南行，终于在1222年初夏到达大雪山（今阿富汗兴都库什山），谒见了成吉思汗。

成吉思汗一见丘处机，便开门见山地求取长生之术："真人远来，有何长生之药以资朕乎？"丘处机也不隐瞒，直接回答自己只有养生之道而无长生之药。成吉思汗虽然遗憾，却也十分欣赏他的诚实，从而十分礼遇，尊称他为"神仙"，赐爵"宗师"，掌管天下宗教。

两人相处了一年之久，丘处机不断地对成吉思汗讲授"敬天爱民"的道理，指出"少杀戮，减嗜欲"才是长生之道，并提出"欲一天下者，必不嗜杀人"，成吉思汗都欣然接受。

丘处机以止杀为念劝谏成吉思汗，从而留下了"一言止杀"的佳话。

其实，"一言止杀"是后世的美化，成吉思汗在见过丘处机之后，其征服世界的脚步并未停止，其子孙更是不断征战，几乎征服了当时已知世界的三分之二。战争是免不了杀戮的，战争机器一旦开动，即使其发动者想要"止杀"都难以办到，又岂能因丘处机一言而止？

丘处机的劝谏也并非没有作用，之后蒙古军的作战，尤其在中原一带，无端杀戮确实有所减少。据《元史》记载，在成吉思汗生前最后一战，也就是灭亡西夏的战争中，成吉思汗病重，在临终前留下遗言："朕自去冬五星聚时，已尝许不杀掠，遽忘下诏耶。今可布告中外，令彼行人亦知朕意。"

虽然，这个"止杀"未必与丘处机直接相关，但又何尝不能说是丘处机当年种下的心锚呢？

1224年，七十七岁的丘处机返归燕京，将燕京太极宫修缮后作为自己的居住地。成吉思汗亲自为其改名"长春宫"，这里从此便成为全真教的祖庭，即今天北京的白云观。1227年，八十岁的丘处机在长春宫去世，道教信众和百姓将他的诞辰正月十九定为"燕九节"。

同年，成吉思汗也离开人世，但君王与教主的故事还远没有结束。丘处机之后，与蒙古可汗乃至元朝皇帝互动的宗教人士源源不断，虽然教派不同，信仰各异，但似乎都与丘处机和成吉思汗的交往有着一般的情节——以"弘法"为初衷，以"安民"为成果。

"库里勒台"制度

——窝阔台继位为何这么难？

公元1227年，大蒙古国的缔造者成吉思汗病逝。

在大蒙古国之前，一个游牧帝国在其伟大的领袖死后，总会出现动荡甚至战乱，但成吉思汗是不会有这个担心的。在他生前，他已经让自己所有的儿子和重臣认可了自己所定的继承人，而这个继承人文韬武略均属上乘，能力与威望都毫无问题。

这个继承人，便是他的三子窝阔台。

但窝阔台没有在成吉思汗去世后立即继承汗位，而是在三年之后才成为大蒙古国的第二任大汗。三年中，大蒙古国的执政者是窝阔台的四弟，成吉思汗的幼子拖雷。

按照传统，大汗即位应该召集所有宗王召开"库里勒台"（大议会），虽然成吉思汗生前定下了继承人，这个规矩也是必须遵守的。而在库里勒台召开之前，按照"幼子守灶"的规矩，拖雷理所当然地出任监国。

1229年八月初，在怯绿连河（今克鲁伦河）的曲雕阿兰之地，大蒙古国决定第二任大汗的库里勒台召开了。

成吉思汗诸弟、诸子，各大家族的贵族及众多重臣都参加了大会。在进行了三天的欢庆和盛宴之后，大会正式开始讨论立汗问题。

按说，成吉思汗生前已经定下了继承人，只要大会一召开，窝阔台应该很顺利地成为大汗才是，但是这个大会竟然开了四十天都没有结果，贵族们"每天都换上不同颜色的新装，边痛饮，边商讨国事"，好像光专注于吃喝，就是不决定谁来继位。

而原本应该当仁不让的窝阔台，面对诸多宗王的推戴，也在大会上一再地推辞汗位："尽管成吉思汗的命令，实际上是这个意思，但是有长兄和叔父们，特别是大弟拖雷汗，比我更配授予大权和担当这件事，因为按照蒙古人的规矩和习俗，幼子乃是家中之长，幼子代替父亲并掌管他的营地和家室……我怎么能在他活着时，并当着他们的面登上合罕之位呢？"

这就奇怪了，当年成吉思汗确定窝阔台为继承人时，不但术赤和察合台公开宣布愿意服从窝阔台，拖雷更是表示："我愿在父汗指定继位的兄长身边，把他忘记的事情告诉他，在他睡着时叫醒他。作应声的伴从者，做策马的长鞭。应声不落后，前进不落伍。我愿为他长途远征，愿为他短兵搏战。"完全没有以幼子的身份争夺储位的意思。怎么到了这个时候，窝阔台反而拿出幼子守灶的传统，认为拖雷更有资格即位呢？

窝阔台并不是真的谦虚，而是看出了大会上的诡异气氛，那个曾经表示无条件支持自己的弟弟拖雷已经变了，享受了三年至高权力的他已经对自己的即位持保留态度了。而宗王们也"多归心拖雷"，所以才会四十多天不能议定。窝阔台只能以退为进，用谦逊来稳住局势，同时，他请父亲的老臣耶律楚材出面去说服拖雷。

耶律楚材是成吉思汗的近臣，专司问卜，成吉思汗对他非常信任，不直呼他的名字，而是以"吾图撒合里"，也就是"长胡子"的昵称来称呼他。虽然他此时还算不得位高权重，但成吉思汗的儿子们都很尊重他，也敬畏他能够预测天意的本事。

耶律楚材也深知，再这么拖下去，弄不好会酿成大乱。他秘密地会见了拖雷，对他晓以利害："此宗社大计，宜早定。"拖雷还是不太情愿，推托说："事犹未集，别择日可乎？"耶律楚材道："过是无吉日矣。"

同时，耶律楚材又面见了成吉思汗的次子察合台。此时，成吉思汗的长子术赤已经去世，大蒙古国第二代贵族中，察合台地位最尊，获得他的支持，对窝阔台即位至关重要。耶律楚材对察合台道:"王虽兄,位则臣也,礼当拜。王拜,则莫敢不拜。"察合台本就和窝阔台亲密,听到此言"深然之"。

终于,出于对天命的恐惧,也因为二哥察合台属意于窝阔台,拖雷放弃了争夺汗位的企图,主动迎请窝阔台即位,"察合台汗拉着窝阔台合罕(即'可汗')的右手,拖雷汗拉着左手,他的叔父斡赤斤抱住他的腰,把他扶上了合罕大位"。

成吉思汗是大蒙古国的缔造者,在蒙古人心中是神明一般的人物。尤其在去世前,已经定下自己的继承人。那为何还要召开库里勒台,以至于出现这么多的波折呢?

这就要说说库里勒台制度了。

虽然成吉思汗在他所制定的《大札撒》中规定:"如果任何人由于骄傲,自行其是,想要当皇帝,而不经过诸王的推选,他就要被处死,决不宽恕。"明确了库里勒台选举可汗的权力,但这个权力不是他赋予的,而是传统形成的。

作为游牧民族的蒙古人,在其形成"第一蒙古汗国"时,便实行库里勒台制度,凡有大事,如可汗继任人选,对外征伐,贵族犯罪处理,乃至祭祖祭天,都要召开贵族大议会的库里勒台来商定。这是原始氏族社会的遗存,也是草原封建制的必须,所有贵族均有参与国家大事的权利和义务,这才能保证所有贵族对国家的忠诚,维系贵族间的团结。毕竟,游牧生活是难以将各部落长时间聚集在一起的,如中原王朝一般实行君主集权,并衍生出适合集权的复杂官僚制度,也力有不逮。

库里勒台最重要的一项职能,便是选举可汗。周良霄先生将蒙古选汗"国礼"的整个程序和仪式概括为:"在全体贵族参加的库里勒台上,公推大汗。被推选者照例再三辞让,然后表示接受。君臣之间确立盟誓,履行传统的宗教仪式,由贵族中之代表按一定仪式拥新汗登上皇位。最后是新汗大行赏赐,全体参加者欢宴庆祝。"

前任可汗可以指定自己心仪的继承人,但这个继承人若要真正即位,必须得到库里勒台上全体贵族的拥戴才行。因为可汗要治理国家,要保护贵族们的利益,一个能力不足或是得不到大多数人认可的可汗很可能会造成国家的动乱甚至分裂。前任可汗心仪的人，未必能获得所有人的认可，能力也未必合适。

在"第一蒙古汗国"时期，可汗的继承基本上不是父死子继或者兄终弟及，继任者或者是前任可汗的弟弟，或者是侄子，总之都是要保证成年的有能力的人成为可汗，比如合不勒汗去世后，其堂弟俺巴孩汗继任，俺巴孩汗去世后，其侄子忽图拉汗继任，忽图拉汗去世后，其侄子也速该继任。

这个传统到了成吉思汗建立"大蒙古国"之时曾试图有所修改，虽然他保留库里勒台选汗的权力，但也凭借自己无可比拟的权威，要求所有贵族宣誓保证自己选定的继承人继承汗位。但反观窝阔台即位的艰难，可知成吉思汗的安排也只是涉险过关。

毕竟传统的力量是很大的，虽然成吉思汗在建国过程中，将大量旧贵族清除，打散原有部落体制，加强了集权。但在这个过程中，他也建立了由自己儿子、兄弟、重臣、姻亲所组成的新的贵族集团。贵族们仍然坚持黄金家族共产观念和传统贵族共治原则，大蒙古国的政治制度，"虽然形式上权力和帝国归于一人，即归于被推举为汗的人，然而实际上所有的儿子、孙子、叔伯，都分享权力和财富"。库里勒台不仅有选举可汗的权力，国家的重大军政要务决策，特别是涉及诸王属地属民事务时，也需要举行库里勒台与诸王共议决定。

可以说，大蒙古国的最高权力并不是属于可汗，而是属于库里勒台。甚至有学者指出大蒙古国称为帝国或者汗国并不准确，而要称之为"贵族共和国"。即使是成吉思汗，也无力更改千百年的传统。从他开始，历任可汗都在不断用兵四处扩张，这虽然有对领土财富的追求，恐怕也有保持国家的军事体制，以便让作为可汗的自己掌握更多独断权力的用心。

不过，库里勒台制度虽有"民主""共和"的味道，大议会的议事却并无完善的机制。看似所有贵族重臣都有发言权，但真正具有发言权且能保证议事走向的，往往取决于贵族家族的军事实力，只要几个掌握重兵的大家族保持一致，那么即使议题违反了众意，也可被通过。久而久之，库里勒台也就成为军事实力的隐形较量，看似民主的议会，往往有着场外的血腥杀戮，故而也被称为"流血的民主"。

这么一来，由库里勒台选举而出的可汗，无论在法统（先可汗指定）上还是在民意（议会选举）上，合法性都不那么充足，权力的传承还是要归结于武力，纷争、动荡乃至最后的分裂和内战也就是不可避免的了。

大蒙古国从成吉思汗开始，统一只维持了五十四年，而从它崩溃的版图上崛起的元朝和四大汗国，或多或少都曾试图改变库里勒台制度，将贵族封建制度变为中央集权制度，然而，这种改变都不够彻底，皇权的难以稳固是困扰所有国家的问题。

无心插柳，未能稳固的皇权虽然伴随着纷争与动乱，却也给民间带来宽松与生机，政府对民间干预较少，文化开放，商业繁荣，社会活力旺盛成为当时的特色，从而在历史上留下了尚武、宽大、重商、兼收并蓄的时代标志。

虚实参半的"监国公主"

——阿剌海别吉

成吉思汗是一个合格的父亲，他的四个儿子性格各异，各有缺点，但在他的教导之下无一不成大器。而他的女儿们，虽然不能如自己兄弟一般驰骋沙场，但也为父亲的事业做出过不凡的贡献，比如扯扯干公主、阿勒阿勒屯公主等。不过，毕竟幕后的功绩比不上前台，这些公主往往不为人所知，史籍中对她们也语焉不详。

可有一个例外，那便是成吉思汗的三女儿，被称为"监国公主"的阿剌海别吉。

在传说中，这位公主可谓威风八面，她是成吉思汗远征时委任的监国，可以在成吉思汗不在的时候处理国政，为父亲营造了稳定的后方。而且，她曾被委派掌管阴山以南的帝国领土，连成吉思汗最为倚重的大将，经略中原的"太师国王"木华黎，也要受其节制。1974年，考古人员在内蒙古呼和浩特市武川县五家村征集到铜印一方，上有"监国公主行宣差河北都总管之印"的字样，后被考证为阿剌海别吉公主的官印，似乎证实了关于她的传说。

传说和真实之间总是有着差距，考察史料，我们就会发现，阿剌海别吉公主的真实生平虽不如传说中那么辉煌，但也足以算得上历史上不世出的巾帼英雄。

成吉思汗虽然用兵如神，但也非常明白"不战而屈人之兵，善之善者也"这句真理。如果可以不用兵，他愿意用任何怀柔的手段获取胜利。他用联姻手段获取的胜利并不比用战争得到的少,叶尼塞河流域的"林木中百姓",以及畏兀儿诸城邦便是因为他将女儿下嫁而归附,兵不血刃,拓地万里。

而阿剌海别吉公主也是在成吉思汗这样的方略之下嫁于汪古部,换来了汪古部的归附,这不但为成吉思汗消灭乃蛮部统一蒙古高原平添极大助力,更是为日后消灭金朝、入主中原打开了大门。

汪古部是突厥沙陀部后裔,世居阴山两麓,领地跨大青山南北,山北统治区域相当于今四子王旗,达尔罕茂明安联合旗,卓资县,武川县,察哈尔右翼前、中、后旗广大地区;山南统治区域相当于今呼和浩特市,和林格尔县,托克托县,土默特左、右旗;东达乌兰察布市西部;西至乌拉特中旗东部的广大地区,统治中心在今天的达尔罕茂明安联合旗的敖伦苏木古城,辽朝时被称为乌尔古。金朝崛起后,他们臣服于金,隶属金朝西北路招讨司。金朝建立后,他们正式成为金朝北部的屏藩,为金朝镇守界壕。成吉思汗即将统一蒙古时,汪古部首领阿剌兀思剔吉忽里看到金朝衰败不堪,便主动归附成吉思汗。为了表彰他的功绩,成吉思汗将三女儿阿剌海别吉公主嫁给他,互称"安答和忽达",既是朋友又是亲家。

按说,虽然贵为公主,但既然嫁为人妇,便应相夫教子,安然度日才对。可一场又一场突如其来的政治风潮将阿剌海别吉公主一步步地推向前台。

汪古部虽然归附成吉思汗,但毕竟做了金朝百余年的臣属,内部仍有着强大的亲金势力,时刻想着叛蒙归金。阿剌海别吉公主出嫁不久,1207年,汪古部便爆发了一场政变,阿剌兀思剔吉忽里遇害,部中大乱。阿剌海别吉公主年纪轻轻便成了寡妇,所幸成吉思汗立即出面稳定了汪古部,并命公主再嫁于阿剌兀思剔吉忽里的长子不颜昔班,并以不颜昔班为汪古部首领。

不颜昔班与公主年貌相当,并和父亲一样是坚决的亲蒙派,在任汪古部首领时,曾随成吉思汗出征西夏,立有军功。有这么一位丈夫庇护,公主似乎可以过上幸福安定的生活了。

然而,天不遂人愿。公主嫁给不颜昔班仅四年后,1211年,汪古部再次发生内乱,亲金派势力又暗杀了不颜昔班。阿剌兀思剔吉忽里的侄子镇国裹挟公主及不颜昔班的幼弟孛要合一起逃亡金朝的属地云中。这次逃亡,公主吃了不少苦头,史载"夜遁至界垣,门已闭,诉于守者,缒垣以登",十分狼狈。而到达云中后,他们也没得到金朝皇帝的善待,于是镇国再次叛归蒙古。

成吉思汗对不颜昔班的遇害非常恼怒,《史集》中记载,成吉思汗曾降旨道:"是谁杀死了我们的亲家,把凶手带来,让他血债血偿!"镇国下跪禀告道:"全体汪古人彼此合谋杀死了他,如果全部杀掉,有什么好处?"成吉思汗说:"那就把下手杀他的人带来吧。"便将凶手的全部族人杀掉了。虽然成吉思汗知道不颜昔班之死与镇国脱不了干系,但为了汪古部的稳定,只能睁一只眼闭一只眼,并让阿剌海别吉公主再次嫁给了镇国,封镇国为北平王,继任汪古部首领。

短短数年之间,公主经历了两次变乱,三次改嫁,心中的苦楚是不言而喻的,但这也使她有了坚毅、临危不乱的性格。镇国成为首领后,汪古部终于不再反复,成为成吉思汗忠心的臣属。不颜昔班的幼弟孛要合跟随成吉思汗西征中亚,而镇国和公主留守故地,配合太师国王木华黎经略中原。

镇国的年寿也不长,在1216年至1217年之间便病逝,阿剌海别吉公主虽然与他有一个儿子聂古台,但年龄太小不能主政,于是公主正式成为汪古部的监国。对于她监国时的政绩,后人评价为"明慧有智略,祖宗征伐四出,尝摄留务,军国大政,率咨禀而后行,师出无内顾之忧,公主之力居多"。认为她是成吉思汗西征时大蒙古国的监国的说法,便是从这条记载而来。

不过,蒙古帝国、元朝时期,载有明文的有三位监国:其一是成吉思汗西征时,以他的幼弟帖木格为监国;其二是成吉思汗去世,窝阔台汗即位前的三年中,以拖雷为监国;还有就是元朝灭亡时,元惠宗逃离大都,以淮王帖木儿不花为监国。前两位是遵循蒙古"幼子守灶"的传统,第三位则是依照汉地王朝皇帝出巡,亲王监国的传统。而无论如何,一个已经出嫁的公主,是不可能被指派为监国的。阿剌海别吉公主所监之国,是她的夫家汪古部,而汪古部的孛要合跟随成吉思汗西征,才有"尝摄留务,军国大政,率咨禀而后行,师出无内顾之忧"的说法。当时,南宋出使蒙古的赵珙便在他的《蒙鞑备录》中记载,公主是"领白鞑靼国事,日逐看经,有妇女数千人事之。凡征伐斩杀,皆自己出",所谓白鞑靼,是汉地对汪古部的称呼。

虽然阿剌海别吉公主只是汪古部的监国，但成吉思汗赐给她"监国公主行宣差河北都总管之印"，所谓"行"便是兼任，所谓"宣差"便是钦差，也就是说，她是在汪古部监国的同时，以钦差的身份兼任河北都总管的职务，被授予协助木华黎经略中原的重任。因此，我们便可看到，在当时的中国北部，监国公主的各项作为：

1217年，公主率汪古部人马进兵代州，游骑到达坚州时，金朝官兵望风而逃，民众推举刘会、王兆二人为首领，向蒙古军投降。公主颁下"懿旨"，封刘会为骁骑将军、坚州都元帅兼节度使，王兆为昭武将军、坚州左副元帅；1219年，公主派遣将领不华收取河东地区，汾州西河县人李佺召集乡人归降，被授予汾州左监军之职；1221年，太师国王木华黎进攻山西、陕西，途经汪古部封地丰州时，公主派人犒赏三军。

1224年，跟随成吉思汗西征的孛要合回到了汪古部，为了汪古部的稳定，公主再次下嫁孛要合，以其为汪古部首领。此时孛要合十七岁，而公主的年纪已经比较大了，她显示出了自己的大度和贤明，给孛要合"进姬侍，以广嗣续"。这些姬妾为孛要合生下了君不花、爱不花、拙里不花三个儿子，公主对他们视如己出，尽心抚育。君不花、爱不花后来先后继任汪古部首领，跟随蒙哥汗、元世祖忽必烈南征北战，均有功劳。

随着第四次出嫁，阿剌海别吉公主逐渐淡出了前台，在史籍中最后一次出现是在1228年。这一年，大将王檝"奉监国公主命，领省中都（今北京）"。此时，成吉思汗已经去世，窝阔台汗尚未即位，正是拖雷监国之时。公主仍能命大将"领省中都"，可见其权势依然不减。而当窝阔台汗正式即位后，她才彻底隐于幕后。

帝国崩溃的肇始

——拖雷之死

1206年,成吉思汗建立"大蒙古国",而短短五十四年之后,大蒙古国却在军威最为鼎盛、疆域最为广大之时,分崩离析。

虽然在此之后,蒙古人在世界范围的影响还要延续二三百年之久,但帝国的分裂仍然给后世留下了惊叹和遗憾。

可以说,草原王朝制度的种种不完善,使得大蒙古国在建立之初就埋下了分裂的种子。但分裂得如此之快,尤其是在国势看似达到顶峰时分裂,却要源于一个人的死。正是这个人在迷雾中的离世,给大蒙古国的分裂砍下了第一道血痕。

这个人,便是成吉思汗的第四子拖雷。

蒙古帝国第二代人物中,拖雷可算是最为杰出的。

成吉思汗时代,拖雷便随着父亲南征北战,西征之时,三个月内便攻占了呼罗珊全境(意为"太阳升起的地方"。大概包括今伊朗东北部、阿富汗和土库曼斯坦大部、塔吉克斯坦全部、乌兹别克斯坦东半部的吉尔吉斯斯坦小部分各一部分地区)。拖雷不但能力非凡,而且因为他是成吉思汗嫡子中的幼子,有蒙古传统的"守灶"之权,是为"灶主",可以继承父母最大的遗产,所以在帝国第二代中,实力最为雄厚。

可是也因为拖雷能力超群而又实力雄厚,也就严重影响了成吉思汗去世后大蒙古国内部的政治平衡。

成吉思汗所设定的制度是集权与分封并行，一面加强中央的权力，一面则以分封制加固成吉思汗兄弟、子孙的羁绊，从而使得曾经松散的草原游牧部落成了令行禁止、团结一心的军事帝国。但是，这样的制度在成吉思汗去世后，问题就显现了出来。成吉思汗在世时，四个儿子和四个弟弟都围绕在他身边，以他为核心为共同的目标而奋斗。成吉思汗去世后，无可争议的重心不复存在，兄弟子侄所得的封地军队便成为各自争夺权势的资本，危机便愈演愈烈。

成吉思汗的四个儿子，长子术赤与四子拖雷感情最好，但与次子察合台水火不容，只有三子窝阔台与其他三个兄弟关系都还算亲善，为了帝国未来的稳定，成吉思汗选择了三子窝阔台为自己的继承人。

但是，拖雷作为幼子，有守灶之权，麾下兵马最多，因此在成吉思汗去世、窝阔台即位之前，他理所当然地执掌帝国中枢，做了三年"监国"。到了1229年，蒙古帝国所有贵族勋臣召开库里勒台（大议会），决定第二任大汗。按说，窝阔台是成吉思汗生前选定的，会议只要简单表决一下便可，但竟然开了四十天都没有结果。原因便是拖雷监国三年，已经使得贵族们"多归心拖雷"了。幸亏精通占卜又足智多谋的耶律楚材从中斡旋，才使得窝阔台登上了可汗宝座。

窝阔台汗登基的困难，使得窝阔台与拖雷原本和睦的关系崩坏了。仅仅三年后，拖雷便付出了代价。

1231年，窝阔台汗誓师伐金，拖雷作为主力从征，以四万铁骑进行战略大迂回，借道宋境在钧州三峰山与金军主力决战，一举全歼金军十五万之众，使得"金之精锐尽于此矣"。曾经雄霸东亚的大金帝国，至此已回天无力，灭亡只是时间问题了。

三峰山之战后，亲征的窝阔台汗返回蒙古草原，拖雷与他同返。而就在回师途中的1232年六月，拖雷突然死于军中。

关于拖雷的死因，各种史书都记载，是因为"巫水"。

《元史》的记载是："五月，太宗不豫。六月，疾甚。拖雷祷于天地，请以身代之，又取巫觋祓除衅涤之水饮焉。居数日，太宗疾愈，拖雷从之北还，至阿剌合的思之地，遇疾而薨，寿四十有阙。"

意思是1232年六月，窝阔台汗患病，到六月已经病势危殆。拖雷向长生天祈祷，愿意用自己的性命换取三哥的生还，然后饮下了巫师也就是萨满为窝阔台汗准备的用于解除病痛的"巫水"，几日后，拖雷染病而死。

在《史集》中，记载的内容完全一样，只是过程更为详细生动："合罕（按指窝阔台）病了几天并开始有了好转，拖雷汗来到了他的床头，珊蛮（即萨满——编者注）便按他们的习俗施行了巫术，在一大钵水中洗涤了他的病身。拖雷汗由于对其兄所怀有的炽爱，便拿起了那只钵，诚挚地祷告道：'长生天神啊！你无所不管，并且知道，如果有罪的话，那也是我做得最多，因为在征服各地区之时杀害了那么多人，俘掳了他们的妻子、儿女，使他们痛心。如果你是为了他的善良和英勇要把窝阔台合罕取去，那么，我更善良，也更英勇些，请饶了他，不要召去他，把我召去吧！'他说了这些话后，诚挚地祷告着，喝掉了那洗病的水。窝阔台合罕痊愈了，拖雷汗便在得到允许之后动身了。过了几天，他就得病去世。"

也就是说，当窝阔台汗患病危急之时，出于对他的爱，拖雷向上天祷告，以身代之，喝下了祛病的巫水，结果代替哥哥一病而亡。这是一个有关于兄弟之情感人至深的故事。

然而，在《蒙古秘史》中，故事的梗概虽然差不多，却多了一些情节：

窝阔台……驻营于龙虎台。在那里，他得了病，口不能言。

得病难过时，人们让巫师占卜，他们说："金国的土地神、水神，因为他们的百姓、人口被掳，各城被毁，所以急遽为祟。"占卜时，许神以百姓、人口、金银、牲畜、替身禳之，神不答允，为祟愈急。

占卜时，又问神："可以用亲人作替身吗？"这时，作祟放慢了，窝阔台合罕睁开了眼睛，索取水喝，问道："怎么啦？"巫师奏禀说："金国的土地神、水神们，因为他们的地方和水被毁，百姓、人口被掳，急遽作祟，占卜时许神以别的什么为替身禳之，神作祟愈急。"又问："可否用亲人做替身，作祟就放慢了。如今听凭圣裁。"

窝阔台降旨说："如今朕身边的宗王有谁？"

宗王拖雷正在他身边，就说："……让我来代替我的合罕兄长吧。……我面貌美好，身材高大，可以侍奉神。巫师你来诅咒吧！"说着，巫师就诅咒了，把诅咒的水让拖雷大王喝下。

拖雷坐了片刻，说道："我醉了，等我醒过来时，请合罕兄长好好照顾孤单年幼的侄儿们、寡居的弟媳吧！我还说什么呢？我醉了。"说罢出去，就去世了。

《蒙古秘史》中多出来的情节有两个，第一是用宗王来代替窝阔台汗去死，并非拖雷自己提出，而是巫师提出，窝阔台汗同意，而拖雷正好在身边，于是成为代大汗而死的人。第二是拖雷并不是如《元史》《史集》中所记载的一段时间之后才病逝，而是喝下巫水后马上就死亡了。

相对而言，《蒙古秘史》成书年代更近，所记载的应该更接近事实。而这事实是极为黑暗与恐怖的。

窝阔台汗如此凑巧地得病，巫师如此凑巧地提出要用大汗的亲人代死，拖雷如此凑巧地正好在窝阔台汗身边，而当拖雷死后，窝阔台汗又凑巧地病愈了。

这一个又一个的凑巧，几乎可以指向一个答案：这是窝阔台汗与巫师自编、自导、自演的逼杀，拖雷在无奈之下被迫喝下了其实是毒药的巫水，含恨而死。

至于窝阔台汗为什么这么做，原因很简单：拖雷的实力本就过于强大，摄政三年后差点让窝阔台不能即位，而灭金之战中又立了首功，其威望如日中天，即使不会威胁窝阔台汗的地位，也必然会威胁他子孙的地位。那么，用这种方式除去这个隐患，对窝阔台汗来说是最安全也是最不容易留下骂名的。

也许会有人说，这是阴谋论，历史明明记载这是兄弟友爱，为什么就不能相信人性之真善美？

那么，还有其他证据。

拖雷是代替窝阔台汗而死，对窝阔台汗有救命之恩。何况他留下遗言，希望窝阔台汗照顾自己的寡妻幼子。那么，窝阔台汗是怎么报答兄弟的呢？

他先是将拖雷家族的逊都斯两个千户及雪尼惕一个千户拨给自己的次子阔端。后来更是想强迫拖雷的妻子唆鲁禾帖尼改嫁给自己的长子贵由，以便名正言顺地将拖雷系所有财产、军队划归自己的家族管辖。

兄弟替你而死，你却欺负他的孤儿寡母，兄弟友爱又在哪里呢？窝阔台汗并不是一个无端欺凌弱小的人，对于唆鲁禾帖尼的逼迫，是削弱拖雷家族的既定方针，而这方针的第一步当然就是除掉这个家族的掌门人拖雷。

拖雷的死，使窝阔台汗除掉了心腹之患，但是他也给自己的子孙制造了一个可怕的仇敌——拖雷的妻子和儿子们。窝阔台汗在位十三年，去世后其长子贵由即位，在位三年。贵由去世后，窝阔台家族内讧，拖雷的遗孀唆鲁禾帖尼联合术赤家族，利用库里勒台，一举将拖雷的长子蒙哥推上大汗宝座。

这次蒙古汗位的改宗，使得成吉思汗诸子家族之间连表面的和睦都难以维系，蒙哥汗对窝阔台家族及支撑窝阔台家族的贵族重臣进行了血腥清洗，虽暂时稳住了政局，却也埋下了自己去世后，各大家族刀兵相见的隐患。

当拖雷饮下巫水之时，成吉思汗一力维持的黄金家族的亲情友爱便荡然无存，代之而起的是权谋、武力和杀戮，帝国的根基已经崩坏，最后的分裂不可挽回。

你用剑征服，我用佛法征服

——凉州会谈

成吉思汗所制定的《大札撒》中，对所有宗教都予以保护，并不允许各宗教之间的恶性竞争。所以无论是大蒙古国时期还是之后的元朝，历任可汗和皇帝都会与当时著名的宗教人物有良性互动，成吉思汗与道教真人丘处机留下了"一言止杀"的佳话。到窝阔台汗时，与蒙古皇室互动的最著名宗教人物是藏传佛教高僧萨迦班智达。

"萨迦班智达"并不是名字，而是一个尊号，萨迦是藏传佛教的一个教派，班智达意即"学富十明学的大学者"，合起来便是"萨迦派的大学者"。要说清这个尊号的由来，则要从吐蕃帝国的崩溃说起。

吐蕃帝国是公元618年在青藏高原建立的帝国，帝王称号是"赞普"。其鼎盛之时，不但雄霸青藏高原，而且占据河西走廊，与唐朝和阿拉伯帝国争雄于中亚，甚至曾攻陷过唐都长安。

到第十任赞普掌国之时，吐蕃帝国陷入深刻危机。这位赞普名叫墀达摩吾东赞，于838年即位。他雄心勃勃，即位后很有些作为，但在841年，因感到国内佛教势力太大，影响赞普权力，他便进行了极为残酷的灭佛运动。而佛教传入吐蕃近两百年，早已根深叶茂，无论贵族还是平民都虔诚信仰。墀达摩吾东赞的作为造成了帝国内部的分裂和动乱，他自己也在灭佛一年后被佛教僧人暗杀。

因墀达摩吾东赞的灭佛举动，后世将之称为朗达玛，亦即"妖魔附身之人"。他死后,他的两个儿子纳德斡松与赤德云丹彼此为敌,各据一方,互相争权攻伐。

双方的混战被称为"乌约之战",长达二十三年之久,战火绵延,民不聊生。而在人祸发生的同时,天灾也接连不断,地震、旱灾、虫灾此起彼伏,百姓不堪其苦,终于揭竿而起,使得吐蕃帝国的政权彻底崩溃。

平民和奴隶大起义将吐蕃帝国原有的行政建制全部摧毁,但起义军也未能建立统一政权。所以在起义的高潮过后,便形成了千百家豪族星罗棋布的局势。原王室在遭到起义军的毁灭性打击后,残余者四处逃遁,建立起许多政权。青藏高原遂进入长达四百年的割据时期。

在这个时期,藏区各地"各自为政,不相统属"。赤德云丹家族占据拉萨一带,形成"拉萨王系",后移至山南桑耶寺。纳德斡松的后代则分别在阿里和后藏建立政权,形成"阿里王系""亚泽王系"和山南的"雅隆觉阿王系",以及在青海湟水流域建立青唐政权的"唃厮啰王系"。

帝国崩溃,被打压的佛教从而再次获得复兴和弘传,各地封建主都借助佛教以安定地方。藏地佛教进入"后弘期",并与本土宗教苯教相结合,形成了真正意义上的藏传佛教。同时,由于藏区的四分五裂,佛教在其传播过程中又形成众多教派,如宁玛、噶当、噶举、萨迦等。随着这些教派的形成和发展,佛法再度逐渐成为当时的主流文化和民众的心理依靠,藏族社会也随之暂趋于相对稳定和安宁。

其中,萨迦派创始于1073年,因该教派主寺萨迦寺所在地呈灰白色,故得名萨迦(藏语意为白土)。又由于该教派寺院围墙涂有象征文殊、观音和金刚手菩萨"三怙主"的红、白、蓝三色花条,故俗称为"花教"。

萨迦派历史上有著名的"萨迦五祖",其中,萨迦四祖贡噶坚赞,便是著名的萨迦班智达。

朗达玛灭佛时,藏地佛教遭到毁灭性打击,佛教信徒为了传承法脉,不得不娶妻生子,在家族中秘传。因此,"后弘期"的藏传佛教各派基本上都是家族传承。萨迦派也不例外,其教主传承在昆氏家族,而贡噶坚赞便是萨迦派第一祖贡噶宁布大师的最小儿子柏钦沃波的长子,原名班丹顿珠。

班丹顿珠于1182年出生，自幼便在父亲柏钦沃波、伯父札巴坚赞座前学习，受密宗诸灌顶教导口诀，闻习若干医典要诀，并受居士戒，取法名贡噶坚赞。22岁那年（1204），又拜当时入藏的克什米尔佛学大师释迦室利为师，受比丘戒，正式成为一名僧人。

贡噶坚赞极为聪慧又修行刻苦，不但精通佛学，还在工艺学、星象学、声律学、医学、修辞学、诗歌等方面均有极深造诣。因此，在他六十岁时，不仅获得"班智达"这一大学者称号，而且成为第一位享誉整个藏族地区的"班智达"，无论是各地封建主，还是其他教派僧人，都对他礼敬有加，尊称他为"萨迦班智达"。

就在萨迦班智达的威望如日中天之时，他人生中最大的挑战来临了：蒙古大军兵临西藏。

1229年，窝阔台继蒙古大汗位后，集中精力攻灭金朝，遂将西夏故地及甘青部分藏族地区封赐给他的第二子阔端。阔端遂率部驻守河西走廊的要地凉州（今甘肃武威）一带，管理今甘肃、青海、宁夏、内蒙古西部、新疆东南部、陕西等广大地区。

阔端受命统治西夏故地和指挥西路进攻南宋，这使他对南下的通道环境十分在意，因为如果要攻取四川，便需要巩固对甘青藏区的统治以保障南下大军的侧翼，而要巩固甘青，则需要彻底控制西藏。于是，约在1239年，阔端派部将多达那波带领一支蒙古军，从甘青藏区出发，前往西藏。

多达那波率军入藏，在蒙古史籍中都没有记载，可见军队规模不大。阔端派遣这支部队的目的，并非是要他们武力攻取西藏，而是在武力威慑之下，寻找足以代表西藏的人物，促使西藏臣服于大蒙古国。

蒙古军经藏北草原从当雄沿着乌鲁龙曲河到达旁多后，将打击目标锁定在了杰拉康寺。

杰拉康寺属于噶当派寺庙，位于今拉萨市林周县西部的春堆乡虎头山水库的西边，杰拉康西南有路可通堆龙德庆县（今拉萨堆龙德庆区）的玛乡再到楚布寺，南面越过郭拉山口就到拉萨北面的夺底沟，东北有路通达隆寺和热振寺，东面有路直通墨竹工卡，是一个重要的交通路口。打击这里，可以有效地震慑周边各势力。

开战前，多达那波派出一支偏师去攻打热振寺，因为这座寺庙也属于噶当派，可以阻止其支援杰拉康寺。

蒙古军到来之时，杰拉康寺的住持刚刚去世，新的住持没有推举出来，因此正是寺院人心纷乱的时候。饶是如此，寺中僧兵仍进行了顽强抵抗。可数百年来，西藏各地虽有小规模武装冲突，都是类似于械斗一般，既不激烈也不正规，这与大军团作战相差不可以道里计。面对此时所向无敌的蒙古军，僧兵可说毫无胜算。仅一天战斗便结束了，热振寺、杰拉康寺被焚毁，抵抗的五百余僧人战死。

一战就使得两座名寺毁灭，五百僧人死难，这破坏程度远超出了西藏的僧团和地方势力之间的互斗，也展现了蒙古军可怕的战斗力。这对西藏各教派的僧俗造成了巨大的心理震撼。

多达那波在战斗胜利后，控制各处要隘，拆除堡寨，并设立驿站供应物资。同时着手修复杰拉康的佛殿，以此向西藏僧俗表示怀柔。多达那波也通过侦查，了解了西藏各地重要人物的信息，写信给阔端，指出："在边地西藏，僧伽以噶当派最大，最讲脸面的是达隆的法主，最有声望的是止贡派的京俄，最精通教法的是萨迦班智达，从他们当中迎请哪一位，请颁明令。"

阔端接到信后，结合自己之前得到的情报，认为应该请一位在宗教上地位很高，而在世俗权力上并不很大的人物商讨西藏的归附最为有利，于是回信道："今世间的力量和威望没有能超过成吉思汗的，对来世有益的是教法，这最为紧要，因此应迎请萨迦班智达。"并让使者携带自己的信函并"白银五大升，镶缀有六千二百粒珍珠之珍珠袈裟，硫黄色锦缎长坎肩、靴子，整幅花绸二匹，整幅彩缎二匹，五色锦缎二十匹"，前往迎请萨迦班智达。

萨迦班智达此时已年过花甲，但在接到阔端的信函后，还是决定前往。临行前，有人问他："你究竟有何神通本领？请不要隐瞒说真心话。此外，你前往蒙古地方有何好处？"萨迦班智达答道："我对佛法无限敬信感戴，对经典之义略有所知，心生现观续部然而不大。我为何前往蒙古供施处？若不去的话，军队即来。若军队来此，就会给雪域西藏带来灾难。为饶益众生和牲畜，只好暂时前去，无他裨益。总之，为饶益众生，敢于牺牲自己的生命。"（《萨迦世系史》）

1244年，六十二岁的萨迦班智达带着两个侄子，年仅十岁的八思巴和年仅六岁的恰那多杰起身前往凉州。

萨迦班智达一行走了近三年时间才到达凉州，这倒不仅是因为路途遥远艰险，而是萨迦班智达沿途拜访各地高僧大德和地方实力派，与他们倾心交谈，商讨西藏归附的细节，以达成共识。待他到达凉州时，已经基本上可以说代表西藏的各派势力了。

1246年八月，萨迦班智达一行抵达凉州。恰逢阔端去蒙古本土参加贵由继位蒙古大汗的庆典，他们又在凉州暂且等候了一段时间。1247年，阔端返回凉州，即与萨迦班智达会面，两人正式开启了著名的"凉州会谈"。

阔端对萨迦班智达的到来十分高兴，在他看来，萨迦班智达是"以头来归顺，他人以脚来归顺，汝系因我召请而来，他人则是因恐惧而来，此情吾岂能不知"，这为会谈定下很好的基调。

经过反复磋商，双方终于达成一致意见，西藏正式归附大蒙古国，有上缴贡品、维护驿站、服徭役兵役等义务，而大蒙古国则保护佛教，维持各僧俗势力原有的权利。萨迦班智达因为用自己的医学知识治愈了阔端的病痛，使得阔端对他十分信服，礼敬有加。在萨迦班智达刚见到阔端时，他的宫廷中最受尊重的是也里可温（基督教）教士和蒙古萨满，佛教僧侣只能坐在他们的下首。而萨迦班智达改变了这一格局，佛教遂居于基督教和萨满教之上。阔端还在凉州为萨迦班智达专门修建了一座寺院作为驻锡地，这座名为幻化寺的寺院遗址在今甘肃武威的白塔村。

萨迦班智达与阔端的"凉州会谈"不仅使西藏走出了从吐蕃帝国崩溃后封闭的状态，从此进入亚洲大格局之中，而且是藏传佛教大举东传的开始。虽然萨迦班智达于1251年便病逝于凉州，没能将教法进一步东传，但他的侄子，被称为萨迦第五祖的八思巴接过他的衣钵，使藏传佛教发扬光大。

日后，八思巴成为元世祖忽必烈的上师，受封"大宝法王"，使得萨迦派成为元朝宫廷信仰。从八思巴开始，历代萨迦法王都是元朝国师，并掌管天下佛教，前后有十四代之多。而在元朝之后，明清两代藏传佛教都在内地有着广泛影响，与汉地的汉传佛教相互交流，使得藏传佛教不再仅仅是西藏地区藏民族本身的信仰，而成了众多民族更广大地域的共同信仰。

"四帝之母"不容易

——唆鲁禾帖尼的隐忍与权谋

古代的各个民族,无论其文化和生产方式如何,男尊女卑的观念均普遍存在。而在十三世纪崛起的蒙古民族,虽然靠的是男人们的刚强,但在这刚强背后,总有女性的温柔和智慧起着重要作用。蒙古民族对于女性有着超越其他民族的尊重和重视,其起源的传说中,便有阿阑·豁阿夫人以母亲身份"五箭教子",而不同于其他民族,如吐谷浑、日本等,其"折箭教子"的记载是体现在父亲身上。

蒙古妇女在儿女、家庭生活、财产分配上,与丈夫有同等的权力,在家庭内部的事务上,丈夫要与妻子商量着处理。在大蒙古国建立和扩张的过程中,蒙古妇女更是担负着极为重要的职责。在贵由汗时期出访蒙古的意大利传教士柏郎嘉宾在其《柏郎嘉宾蒙古行纪》中记载:"男子除了从事造箭或照料畜群的某些轻微劳动外,一般均不参加任何其他劳动。"而"他们的妻子从事各种劳动,如缝制皮袄、衣服、鞋、马靴和各种皮货,甚至还会驾驭大车和进行维修,为骆驼装驮,在一切工作中都很敏捷和迅速。所有的女子都在家中大权独揽,某些人还像男子一样射箭"。宋人赵珙在出访蒙古后,著《蒙鞑备录》,其"妇人"条中记载,蒙古人"其俗出师,不以贵贱,多带妻孥而行,自云用以管行李衣服、钱物之类。其妇人专管张立毡帐、收卸鞍马、辎重、车驮等物事,极能走马"。

可见,蒙古民族人口不过百万,一旦爆发战争,青壮男人均要成为士兵,而国家管理、军队后勤等，都是由女性来承担。当时和后世很多人都惊讶于蒙古人何以能够用如此少的人口征服大半个世界，其中蒙古女性可谓居功至伟。

作为统治阶层的蒙古贵族女性，其地位崇高，影响力巨大，在军国大事上更是有着不凡的表现。她们辅助丈夫，教育子女，并经常在历史的关键时刻起到男人所不能起到的作用。

在众多对历史产生过重大影响的蒙古贵族女性中，唆鲁禾帖尼可说是最杰出的一位，也是最具代表性的一位。

唆鲁禾帖尼是拖雷的妻子，是蒙哥、忽必烈、旭烈兀、阿里不哥的生母。蒙哥是大蒙古国第四任大汗，忽必烈是元朝开国皇帝，旭烈兀在西亚开创了伊儿汗国，阿里不哥1260年在蒙古本土被部分宗王贵族推举即位，并和忽必烈争位达四年之久。由于她的这四个杰出的儿子都做过帝王，因此她被称为"四帝之母"。

唆鲁禾帖尼是克烈人，其父亲是克烈部贵族札合敢不。在成吉思汗统一之前，克烈部是蒙古高原上最为强大的部落。克烈部的可汗脱斡邻勒是成吉思汗的义父，在草原上被尊为"古儿汗"，即众汗之汗，还被称为"也客汗"，也就是大汗，后来被金朝皇帝封为王，因此被称为"王汗"。有这么多尊号，可想而知其曾经的辉煌。

随着成吉思汗的崛起，克烈部不可避免地与蒙古展开争夺霸权的战争，最终战败亡国。克烈部灭亡后，其可汗脱斡邻勒的弟弟札合敢不向成吉思汗投降，成吉思汗为了表示优容，便让札合敢不的女儿嫁给了自己的幼子拖雷，成为拖雷的正妻。

虽然嫁给拖雷使得自己地位尊贵，再加上连连生下儿子，正妻的地位也很巩固，但毕竟是亡国臣虏之女，唆鲁禾帖尼一直以低调和顺为准则。她的父亲札合敢不后来又因不满自己的地位而叛逃，更使得她这个女儿处境尴尬，不得不更加谨慎小心，凡事循规蹈矩，不越雷池。

可命运似乎总和唆鲁禾帖尼过不去，当她年纪渐长，儿子们逐渐成才，丈夫也成为大蒙古国最有权势的人，原本以为可以岁月静好、安然度日之时，又一场噩耗却突然降临——丈夫拖雷不明不白地暴死。

众多史书都在试图说明窝阔台和拖雷这对兄弟之间十分友爱，拖雷最后还主动喝下符水替窝阔台"升天",从而丧失了自己的生命。实际上,因为拖雷是成吉思汗的幼子,有着"守灶"之权,继承的军队和部众最多,自己又骁勇善战,已经直接造成了对窝阔台的威胁。很多史家推测,拖雷之死,很可能是窝阔台假借天意的谋杀。

按照蒙古的传统,"夫死以后,带领年幼子女的寡妇,全权掌握家庭财产,直到儿女长大成人以后,各自婚嫁为止,因此寡妇享有其丈夫的地位与权力"。唆鲁禾帖尼不得不接过丈夫的重担,成为拖雷家族的大家长。

拖雷实力雄厚,因此才被窝阔台汗所忌。如今拖雷虽死,其家族实力并未削减,窝阔台汗自然不能心安,于是下令将拖雷家族属下的逊都斯两个千户及雪尼惕一个千户拨给自己的次子阔端。

这种擅自改变家臣归属的做法,立即遭到了拖雷系众臣的强烈反对。拖雷麾下的万户长、千户长聚集在拖雷遗孀唆鲁禾帖尼面前,指出这些属民是成吉思汗诏敕给拖雷家族的,窝阔台汗的做法是"违背成吉思汗诏令"的行为,要到窝阔台汗那里去抗议,而唆鲁禾帖尼为了避免和可汗的直接冲突,劝阻众臣才平息了事态。之后,唆鲁禾帖尼主动割让逊都斯两个千户及雪尼惕一个千户,以换取家族的安宁。

仅仅几个千户的归属并不能彻底削弱拖雷家族的势力。窝阔台汗为了一劳永逸,便想强迫唆鲁禾帖尼改嫁给自己的长子贵由,以便名正言顺地将拖雷系所有财产军队划归自己家族管辖。

这一次,关系到拖雷家族的存亡,唆鲁禾帖尼不再让步了。她绵里藏针地回复说希望能够抚养拖雷的孩子们到成年之后再考虑改嫁的事,委婉地予以拒绝:"怎么能违悖诏命呢!但我有一个愿望,要抚养这些孩子,把他们带到成年和自立之时,竭力使他们受到良好的教养,彼此不分开,相互不离弃,从他们的同心同德中得到好处。"

在政治斗争中辛苦周旋之余,唆鲁禾帖尼非常重视对于子女的教育,"考虑他们和丈夫留下的军队的食品和装备时,建立了严格的核算措施,使任何欺骗都不可能得逞"。

波斯史学家志费尼在他的名著《世界征服者史》中,记载了唆鲁禾帖尼治家的风范:"至于她对她儿子们的约束和管教,虽则他们每个都是汗和具有智力的人物,而且就机智聪慧说胜过了所有的王子,然而,每因发生驾崩,他们等候新汗时,她不允许违反或变动旧的律令和札撒,尽管在事实上,他们有发号施令和裁决的特权。因此例如说,当贵由汗被推上汗位并且追查有哪些宗王违反了札撒和既定法令、擅发牌子和札儿里黑时,她下令把可汗去世后颁发的每道敕令和牌子收回。于是在库里勒台上,当着所有人的面,他们颁发的有关征税和任免税吏的敕令,被放在诸王面前,人人都感到难为情,唯有别吉和她的儿子们除外,他们没有丝毫违背法令,而这是因她的大智、自行约束和对事情后果的斟酌,哪怕贤明和老练的男人都忽略这些的。"

这样的严格教育,给拖雷的孩子们以极深的影响。蒙哥在日后成为大汗后,立即便扭转了窝阔台汗、贵由汗时期财政窘迫、政出多门、中央软弱无力的局面,不但控制滥赏,整顿财政,而且事必躬亲,"凡有诏旨,必亲起草,更易数四,然后行之"。这样的勤政,中国历史上恐怕也只有秦始皇、明太祖和清世宗可以相比。忽必烈更是"思大有为于天下",最终完成了"使一个分崩离析了370年之久的中华之邦重新走向统一",缔造了前无古人之大一统王朝的伟业。旭烈兀则在波斯建立了绵延近百年的伊儿汗国,成为"堪称蒙古统治的最优秀的典范",被称为"伊朗诸朝代中的一个组成部分"。而阿里不哥虽然争位失败,但也是不甘居于人下,希望成为有所作为的人物。

作为一个贤明的女性政治家,唆鲁禾帖尼的不凡还在于不但保住了丈夫的遗产,成功教育了子女,而且在帝国的各派势力中折冲樽俎,获得了极高人望,为儿子夺取最高权力铺平了道路。

1241年,窝阔台汗去世,窝阔台家族爆发汗位继承之争。唆鲁禾帖尼趁机支持贵由继承汗位,扭转了家族的危机。贵由才能有限,在位时间又短,对拖雷系已经没有了威胁。到他去世时,汗位传承又出现了问题,唆鲁禾帖尼联络成吉思汗长子术赤家族的掌门人拔都,使他支持自己的长子蒙哥。同时,"她恩赐她的族人和亲属,犒赏军队和百姓,获得了各方面的拥戴,因此使所有人听从她的旨意,并在每人的心灵中种下了感情和恩义,以致贵由汗死时,大部分人对于把汗国的权柄交给她的儿子蒙哥可汗,一致赞同,同心拥戴"。终于,她一举掌控了帝国中央权力，让蒙哥成了蒙古帝国第四任大汗。

值得一提的是，唆鲁禾帖尼不但深谙政治权术，还有着长远的政治眼光。她敏锐地看到了随着汉地领土的不断增加，仅用蒙古贵族不能有效治理汉地，于是在自己的能力范围内，她开始了对汉人的重用。当时，真定藁城是拖雷系的采邑地，而藁城有著名的董氏家族。董氏家族的家长董俊早年便投降蒙古，在灭金战争中立有大功，被木华黎封为龙虎上将军、行元帅府事、左副元帅，其部众号为"匡国军"。董俊有九子，分别为文炳、文蔚、文用、文直、文毅、文振、文进、文忠、文义。其中董文用学问很好，文武双全，被唆鲁禾帖尼专门擢拔重用，所谓"时以真定藁城奉庄圣太后汤沐，庚戌，太后命择邑中子弟来上，文用始从文炳谒太后于和林城"。

在母亲的影响下，忽必烈倾心于汉法，将唐太宗李世民看作自己的偶像。"上（指忽必烈）之在潜邸也，好访问前代帝王事迹，闻唐文皇为秦王时，广延四方文学之士，讲论治道，终致太平，喜而慕焉"。从而"始居潜邸，召集天下英俊，访问治道，一时贤士大夫云合辐辏，争进所闻"，在他身边"论定大业，厥有成宪"，聚集了一批"亡金诸儒学士及一时豪杰知经术者"，这些人才对他日后夺取汗位，创立元朝起到了决定性作用。

正是有了唆鲁禾帖尼这样的母亲，拖雷的四个嫡子都成了大器，在世界舞台上叱咤风云，建立了不亚于父祖的功业。

不过，儿子们都不甘于人下，乃至于为了权势手足相残，这恐怕是唆鲁禾帖尼始料未及的了。

是谁篡改了《蒙古秘史》?

——蒙古汗位改宗之谜

1248年,大蒙古国第三任大汗,窝阔台汗的长子贵由去世。大蒙古国的汗位再次空悬。

贵由汗在位不过三年,而他的即位实际便是其母亲乃马真皇后否定窝阔台汗遗愿的产物,因此其在位期间帝国动荡不宁。

贵由其人能力平平,并不被窝阔台汗所看好,本不在继承人的人选之列。窝阔台汗本属意于第三子阔出,但阔出先于窝阔台汗而死,于是窝阔台便将阔出的长子失烈门保养于自己身边,准备立为继承人。然而,窝阔台汗在1241年12月11日暴死,没有来得及公布其为继承人。

窝阔台汗去世后,其正妻木格皇后也随之病死,按照在新大汗确立前由长妻主政的传统,窝阔台汗的第二皇后乃马真皇后主持政务。在这个特殊的时刻,乃马真皇后充分展现了她的聪明,"用巧妙和狡猾的手腕,她控制了一切朝政,并且施给各种小恩小惠,请客送礼,赢得了她的族人的欢心,顺从和愉快地听着她的吩咐和指令,而且接受她的统治"。

在掌控了朝政后,乃马真皇后否定了窝阔台汗生前的决定,也取消了窝阔台汗另一个很有能力的儿子阔端的继承权,将自己的长子贵由推上汗位。

然而,贵由在登上汗位后,没有大的作为,施政紊乱,政出多门,《元史》记载:"诸王及各部又遣使于燕京迤南诸郡,征求货财、弓矢、鞍辔之物,或于西域回鹘索取珠玑，或于海东楼取鹰鹘，驲骑络绎，昼夜不绝，民力益困。然自壬寅以来，法度不一，内外离心，而太宗（窝阔台汗）之政衰矣。"

非但如此，贵由与术赤家族的大家长——术赤的次子拔都关系很恶劣，他的即位遭到术赤家族的抵制，甚至拔都都不出席"库里勒台"。而贵由也是在他率兵西进，意图偷袭拔都的途中蹊跷去世。帝国的局势已经在悬崖边上，稍一倾斜便是分裂。

贵由汗暴死，其母亲乃马真太后又早于他而死，窝阔台家族没有了强有力的大家长。贵由的皇后海迷失虽然宣布摄政掌控了朝政，但非常无能，"大部分时间单独与珊蛮们在一起，沉溺于他们的胡言乱语中而不认真治理国家"，贵由的两个儿子忽察和脑忽则各自为政，和母亲对抗，窝阔台家族一片混乱。

而拖雷家族的大家长唆鲁禾帖尼却在此时"恩赐她的族人和亲属，犒赏军队和百姓，获得了各方面的拥戴，因此使所有人听从她的旨意，并在每人的心灵中种下了感情和恩义"，准备为自己的儿子蒙哥争取大汗汗位了。

当然，仅靠拖雷家族的力量，还不足以抢夺窝阔台家族的继承权。唆鲁禾帖尼向拔都伸出了求援之手。而本就属意于蒙哥的拔都自然要全力以赴，他非常积极地参加了"库里勒台"，不但带了"整个术赤家族"参与投票，还带了三万大军。

在"库里勒台"上，拔都开宗明义："宗王们之中，只有蒙哥合罕耳闻目睹过成吉思汗的札撒和诏敕，只有立他为合罕，才有利于兀鲁思、军队和我们这些宗王们！"同时，他还拉拢了察合台的孙子哈剌旭烈一起提出应该立蒙哥为汗。这么一来，成吉思汗四子家族中，有三个站在蒙哥一边，窝阔台家族虽然声称"帝位应当是我们的，你怎么能把它给别人呢"，但拔都断然回绝："既然对此已有成言，就无论如何也不能取消它了。"

于是，蒙哥顺利即位，成为大蒙古国第四任大汗。

蒙哥的即位，标志着大蒙古国的汗统从窝阔台系转移到拖雷系。对于这次改宗，虽然有着武力的护持，也有很多贵族衷心拥护，但也为大蒙古国的最后分裂钉下了最后一颗钉子。

因为，拖雷系夺取汗位，其实是改变了成吉思汗的遗言，在法统上有相当的问题。

在《蒙古秘史》中,有关成吉思汗选定窝阔台为继承人的记载中,当窝阔台已经被确定为将来的大汗后,曾经和父亲成吉思汗有过这么一番对话。

窝阔台说:"如果今后我的子孙中出了尽管裹上草,牛也不吃,裹上油脂,狗也不吃的不肖子孙,出了麋鹿敢在他面前穿越、老鼠敢跟在后面走的无能子孙,那又怎么办?"

成吉思汗的回答是:"窝阔台的子孙中如果出了即便裹上草,牛也不吃,即便裹上油脂,狗也不吃的不肖子孙,难道朕的子孙中连一个好的也不会有吗?"

这番对话,成为日后拖雷家族抢夺汗位的合法性基础。既然圣祖成吉思汗都说,如果窝阔台的子孙中没有成器的,可以从其他子孙中选出大汗,那么在窝阔台家族人才凋零之际,拖雷家族挺身而出,岂不是遵照祖训,顺理成章吗?

不过且慢,如果仅有《蒙古秘史》,这就没什么问题,但把其他史书中的记载和《蒙古秘史》一对照,问题就出来了。

在《史集》中,有多处的记载与《蒙古秘史》不同,尤其在写到蒙哥继承汗位,受到忠于窝阔台家族的札剌亦儿部贵族额勒只带的质疑时,更是直接与《蒙古秘史》完全相反。

看到诸多宗王推举蒙哥为大汗,额勒只带站出来反对,说道:"你们曾全体一致决定并说道:直到那时,只要从窝阔台合罕诸子出来的,哪怕是一块臭肉,如果将它包上草,牛不会吃那草,如果将它涂上油脂,狗不会瞧一眼那油脂,我们仍要接受他为汗,任何其他人都不得登上宝位。为什么你们另搞一套呢?"虽然蒙哥的支持者们对这样的指责不以为意,但也承认额勒只带的话是真实的,忽必烈便回答:"是有过这样的约言……"

也就是说,在窝阔台汗登基之时,各家族宗王所发下的誓言,是永保窝阔台家族的汗位永固的。也就是说,虽然也要有"库里勒台"选举可汗,但候选人只能在窝阔台的子孙中找,成吉思汗其他儿子的子孙并无参选权。

《史集》的作者拉施特是伊朗人,是拖雷之子旭烈兀在伊朗建立的伊儿汗国的宰相,虽然伊儿汗国与元朝休戚与共,但他所效忠的伊儿汗廷并不是大汗之位的直接受益者,因此也就没有为尊者讳而故意篡改历史的必要,所以能够记载下对拖雷家族不利的"证言"。

用这条证据，我们可做如下推理：

首先，额勒只带作为臣子，绝不敢在各宗王面前伪造成吉思汗的遗训，忽必烈更不会承认，因此可以推定，额勒只带的话是真实的。

其次，如果额勒只带所说是真实的，那么《蒙古秘史》中的记载便不真实了，因为如果成吉思汗指出可以由其他家族的子孙来代替窝阔台家族，那么所有宗王在窝阔台登基时所发的誓言便是违背圣祖遗训，这对将成吉思汗视为神明的蒙古人来说是不可想象的。

再次，窝阔台汗即位时，其实力与拖雷相比是处于劣势的，他绝不敢，也没有力量让所有人违背成吉思汗遗训来向自己发誓。

于是，可以得出结论，《蒙古秘史》中成吉思汗指认继承人的记载，是被篡改了的。而篡改者，便是夺取了汗位的蒙哥。

那么，蒙哥汗为什么可以被定为嫌疑人呢？因为《蒙古秘史》的截止年份。

《蒙古秘史》的最后一章，写道："汇聚一起举行了极为隆重盛大的最高国事会议后，鼠儿年七月……写毕此书。"这个鼠儿年，曾被认为是1240年，也就是窝阔台汗去世前一年。但这一年大蒙古国并无大事发生，拔都的西征大军还远在欧洲，根本不可能召开国事会议。那么，还比较合适的鼠儿年便只有1252年，这一年正是蒙哥登基为汗的年份，在他登基的"库里勒台"结束后，《蒙古秘史》也结束了。为了彰显自己的合法性，蒙哥在记载自己祖父言行的史书中篡改一点内容，并不是什么不可理解的事。

不过，书面的东西可以篡改，可以蒙蔽千百年之后的人，却无法掩得住当时人们的悠悠之口，更无法改变成吉思汗诸子家族从此离心内斗的现实。

蒙哥即位后，处死了海迷失皇后、窝阔台的孙子失列门及其母亲，流放了贵由的儿子忽察和脑忽，更先后处死支持窝阔台家族的重臣勋贵百余人，进行了大蒙古国立国以来从未有过的政治大清洗，这才勉强维持住了政局稳定。然而在七年之后，随着蒙哥的去世，各大家族各自为政，封疆自治，再也没有人能够将庞大的帝国重新统一了。

少林不仅在嵩山坳

——漠北草原上的少林寺

金庸大师的《倚天屠龙记》中，有个很有趣的情节。在主线故事开始前的七十余年前，少林寺中一名偷学武功的火工头陀在寺中一年一度的达摩堂大校上发难，恃武击毙当时的达摩堂首座苦智禅师，更杀伤一众僧人后逃走。少林寺中数十位高手寻遍大江南北均无所获，引得寺中高辈僧侣为此事大起争执，互责互咎。罗汉堂首座苦慧禅师因对众人推诿之态大感悲愤，一怒之下远走西域，就此开创了西域少林一派。

在小说中，西域少林也曾高手辈出，但在主人公张无忌出世之时，已经专于精研佛法，不再传承武功。倒是火工头陀的后人给张无忌带来不小的麻烦。

西域少林是金大师脑补出来的传奇，笔者少时看到这段，也曾脑补在西域的伊斯兰的海洋之中，矗立着一座少林寺，该是什么样子。

随着阅读增多，笔者才知道，张无忌及其太师傅张三丰所处的宋元时代，西域西部虽然已经伊斯兰化，但在东部仍是佛国，库车、吐鲁番还都是佛寺林立、香烟缭绕的佛教中心。若真有少林高僧西行，在西域建一座少林寺，不是多么突兀的事情。

当然，西域确实没有过少林寺，但在真实历史中，在比西域更不可思议的地方，蒙古高原的北部，漠北草原之上，却曾经有过一座规模宏大的少林寺，而且是嵩山少林寺的住持亲自修建并驻锡的。

小说中的西域少林寺是分裂的产物,现实中的漠北少林寺却是少林寺重新振兴的产物。

1206年,成吉思汗统一蒙古高原各部,建立"大蒙古国",并很快便开始了对占据中原的金朝的进攻。一时间,中原大地到处战乱不断,生灵涂炭。

按照金大师小说中的观点,少林高僧、全真道长这些得道高人,都要挺身而出,与蒙古军殊死相搏来拯救黎民苍生。但这是金大师把高僧、道长当成梁山好汉,是误解。高僧和道长们都是宗教徒,他们首先要考虑的,是传播自己的宗教,让自己的教门在乱世中存活下去甚至发扬光大,所以面对当时天下无敌的蒙古大军,他们要做的是传教而非武力对抗。虽然他们也要慈悲为怀,普度众生,但要解救黎民,让蒙古统治者接受自己的教义,减少或者消除战争暴行,才是宗教徒济世救民最好也是见效最快的方法。

于是,道教全真教第五任掌教丘处机率先出手,于1220年以七十三岁高龄毅然西行,与正在西征的成吉思汗相会。

释道两教一向在争取信众上互争雄长,如今道教捷足先登,佛教自然也要跟上。

自从唐武宗发动"会昌法难"之后,汉传佛教各宗都大为衰落,而禅宗一枝独秀,成为佛教主体,衍生出五家七宗。而在宋元之际,北方以曹洞宗为盛,南方以临济宗为盛。临济宗高僧海云法师便是较早向蒙古传法并获得成功的禅宗高僧。

这位海云法师俗姓宋,山西岚谷宁远(今山西岚县)人。自幼出家,拜禅宗高僧中观禅师为师,十一岁受具足戒。十九岁时,中原地区已经是蒙古大军的天下,海云先后面见了木华黎、史天泽、李七哥等蒙古军将帅,颇受赏识。后与师父中观一起,面见了成吉思汗。成吉思汗对师徒二人十分尊敬,尊称为"大长老"和"小长老",赐中观"慈云正觉大禅师"尊号,赐海云"寂照英悟大师"尊号。中观禅师圆寂后,海云更为蒙古皇室尊崇。1235年,蒙古第二任大汗窝阔台选试天下释道,印简海云被推为住持。1251年,蒙古第四任大汗蒙哥命他掌管全国佛教事务。

全真教得势之后,大力打击佛教,不但侵占佛寺,还拿出《老子化胡经》

之类的经书,将佛教说成是老子西去教化胡人产生的宗教,即所谓"佛本因道而生",将佛教压制于道教之下。海云法师要比全真道长们胸怀大得多,虽然也要反击道教对佛教的压制,但对于儒释道三教中的儒家,则是无私给予帮助。1236年,孔子第五十一代孙孔元措拜托海云向窝阔台汗陈情,希望准予袭衍圣公,并免差役。印简海云通过自己的影响力,使孔家这一要求得到满足。在这之后,颜回后裔颜家和孟子后裔孟家也都在海云的帮助下免除了差役。而且,海云法师还对日后的元世祖忽必烈讲述只有"求天下大贤硕儒",才能"安天下"的道理,并将自己的徒弟子聪留在忽必烈身边担任幕僚。这位子聪和尚,便是日后元朝开国功臣之一,集政治家、建筑家、天文学家、水利专家等众多身份于一身的奇人刘秉忠。

与海云法师同时受到蒙古皇室尊崇的禅宗高僧,还有曹洞宗高僧万松行秀禅师。行秀禅师是河内之解(今河南洛阳一带)人,俗姓蔡,十五岁在邢州(今河北邢台)净土寺出家,到磁州(今河北磁县)大明寺参见曹洞宗高僧雪岩慧满,成为其嗣法弟子。

行秀禅师"儒释兼备,宗说精通,辩才无碍",因此弟子满天下,他最著名的一位俗家弟子便是耶律楚材。耶律楚材在成吉思汗时代便出仕蒙古,虽然未能成为高官,但因为精通占卜之学,受到成吉思汗及其诸子的尊敬,常常能在重大决策上发挥作用。到了窝阔台汗时代,蒙古效法汉法,设立中书省,启用耶律楚材为中书令。虽然中书令的地位在大断事官之下,但其掌握着宣发号令、朝觐贡献和敷奏之权,再加上耶律楚材还兼管中原诸地赋调,位高权重。

行秀禅师有这么一位弟子在朝,原本可以如海云法师一样成为高级僧官,但一来行秀禅师生性淡泊,二来年事已高,因此将自己的入室弟子雪庭福裕禅师推荐给蒙古皇室。而海云法师虽然与行秀禅师不是同一宗派,但都属禅门,出于传播佛法的考虑,也大力举荐雪庭福裕,使之为蒙古皇室所青睐。

这位雪庭福裕禅师,便是漠北少林寺的建立者。

雪庭福裕禅师是太原文水(今山西文水县)人,俗姓张,二十二岁出家,拜行秀禅师为师从学十年,"才学博赡,道德丰盈",终成一代高僧。在受到海云、行秀两位的推荐后,福裕备受蒙古皇室尊崇,1242年,受命住持禅宗祖庭少林寺。

因为中原战乱，少林寺遭到损毁，福裕用六年时间修复了寺院，发展壮大了少林寺的经济，还以曹洞宗二十世祖的身份使曹洞宗正式回归禅宗祖庭，确立了少林寺的法脉传承，并重建各地废毁寺院二百三十六处。1248年，福裕奉诏驻锡哈剌和林的太平兴国禅寺，后受蒙哥汗召见，奉命"总领释教"。

哈剌和林是蒙古帝国的首都，由窝阔台汗于1235年在鄂尔浑河岸边建成。该城南北约四里，东西约二里，蒙古大汗的万安宫在城之西南角，有宫墙环绕，周约二里，按照西方使者的记载，哈剌和林"有两个地区：一是萨拉森人区，市场就在这个区里。许多商人聚集在这里，这是由于宫廷总是在他附近，也是由于从各地来的使者很多。另一个是契丹人区，这些契丹人都是工匠。除这些地区外，还有宫廷书记们的若干座巨大宫殿，十二座属于各种不同民族的异教徒的庙宇，两座伊斯兰教寺院，一座基督教徒的教堂。城的周围环绕着土墙，并有四个城门"。其中所谓"契丹人"，其实就是中原汉人，当时西方人称中国为"契丹"。而所谓"十二座属于不同民族的异教徒庙宇"，主要是佛寺和道观。

太平兴国禅寺规模最大，是由皇室供养的佛寺，寺庙的住持先是海云法师，海云法师于1257年圆寂后，福裕便成为住持。

福裕被授予"都僧省"的官职，管理天下释教。但他毕竟是禅宗高僧，更在意如何传播自家法脉。既然受到皇室支持，他便在各地修建少林分院，分别在哈剌和林、燕蓟、长安、太原、洛阳分设为"五少林"，而哈剌和林城的少林寺被称为"北少林"。

关于北少林是重新修建的一座寺院，还是将太平兴国禅寺改称为少林寺，佛教界和学术界还有争论。但少林寺正式在漠北草原出现，是确定无疑的。福裕一面主持嵩山少林寺，一面也主持哈剌和林的少林寺，他此时自称"和林上都北少林寺嗣祖雪庭野人"，长期驻锡北少林寺。

福裕禅师弟子众多，"得嗣法小师"有三十人，"度门弟子"千余人，至于"从他受戒者不计其数"。有不少弟子，就是在哈剌和林的北少林寺收的。比如觉印禅师，便是在北少林寺中剃度受戒，被称为"北少林觉印禅师"。还有慧定禅师，在三十五岁追随福裕禅师出家，也是在哈剌和林的北少林寺受具足戒。

而福裕禅师是否将少林功夫也带到了漠北，在哈剌和林北少林寺中兴起"漠北少林一派"，史无明载，不好妄断。

福裕禅师在蒙古帝国时期便地位显赫，到忽必烈建立元朝后，更是水涨船高，忽必烈封其为"诸路释教都总统"，地位仅在帝师、国师之下，尊称为"少林寺长老雪庭福裕"，并请他主持元大都（今北京）的大万寿禅寺，也就是今天的潭柘寺。1275年，雪庭福裕禅师圆寂，弟子们在嵩山少林寺为他修建了灵塔——"宣授都僧省、少林长老、特赐光宗正法大禅师裕公塔"，俗称为福裕塔，是少林寺塔林中规制最大的。而元朝廷也授予福裕大司空、开府仪同三司、晋国公，可谓哀荣备至。

少林寺因为福裕禅师的努力而重新振兴，福裕禅师也被称为"少林中兴之祖"。但他一手兴建的"五少林"命运各不相同：修建于天津蓟县（今天津蓟州区）盘山的少林寺又被称为"法兴寺"，一直到清代仍然存在，后逐渐破落，直到近年才由嵩山少林寺出资重建；修建于福裕禅师家乡太原文水的少林寺，又被称为"报恩寺"，也存到清代；修建于长安的少林寺埋没无考；洛阳少林寺被人认为其实就是嵩山少林寺。

至于哈剌和林的少林寺，命运可能最为悲惨。元朝建立后，哈剌和林失去首都地位，成为岭北行省的省会，但因为丝绸之路的畅通，哈剌和林作为商路枢纽，继续繁荣。到1368年，元朝灭亡，元皇室北遁，史称北元，哈剌和林又成为北元首都。1380年，由明将沐英率领的明军攻破哈剌和林，为了显示军威，明军纵火焚城，大火足足燃烧了二十五天，百里之外，红光映天。这座草原名城经历了一百四十五年的风雨，从此成为断壁残垣。城中的众多佛寺，无论是太平兴国寺还是北少林寺，全都在大火中焚毁。

虽然毁于大火，但哈剌和林毕竟还有遗址，若是能保存到今天，通过考古发掘，北少林寺的面目可能还要清晰一些。然而在1586年，漠北草原的喀尔喀蒙古首领阿巴岱汗在哈剌和林修建额尔德尼召，漠北缺少建筑材料，阿巴岱汗便从哈剌和林遗址上就地取材。这么一来，漠北草原出现了金碧辉煌的额尔德尼召，但哈剌和林城的遗址也遭到毁灭性破坏，包括北少林寺在内的众多传奇，便无奈地湮没于绿草清风之中，难以见其全貌了。

大理段家不会"六脉神剑"

——忽必烈征大理

蒙古还是小部落时，便是用战功来衡量一个统治者是否称职的。成吉思汗时代，几乎所有的大型战役，可汗本人都要亲临阵前。成吉思汗缔造了一个无往不胜的"战神传说"。窝阔台汗亲自指挥了灭金之战，并发动了对欧洲的"长子西征"。贵由汗也曾独立指挥征伐辽东之地，擒获东夏国主蒲鲜万奴。

以此相较，蒙哥汗便相形见绌了——在长子西征中，他率领着拖雷家族军团参与其中，虽也不乏战功，但并没有独立指挥战役。而且在占领罗斯诸城邦后他便被召回本土，后面攻破波兰、匈牙利等国家的硬仗他自己没有参与。

如前所述，蒙哥的汗位是经过激烈斗争获得的，如果没有足以超越先人的功业，他终究难以安心。

因此，他从即位之初便酝酿了一个宏大的征服计划：其一，是要灭亡南方的南宋王朝；其二，则是发动再一次的西征，征服西亚诸国。

西征问题不大，从成吉思汗开始，蒙古大军已经数次西征，轻车熟路。而要南下征服南宋，面对水网纵横的江南地貌，不熟悉水战的蒙古军就颇费周章了。

于是，蒙哥汗决定沿用父祖灭金的战略，进行大迂回包抄，先取西南地区，"借路云南，图我（南宋）南鄙"。而要"借路云南"，首先便要控制云南。

此时的云南，不是南宋领土，而是"大理国"地盘。

大理国可算是中国古代各边疆政权中知名度最高的一个了，这当然要拜武侠大师金庸先生所赐,那"东邪、西毒、南帝、北丐"的传奇曾经不知让多少"金粉"为之痴迷。在小说中,大理国的段氏皇帝个个武艺高强,有"六脉神剑""一阳指"等绝技。

不过,历史上的大理国可没那么威风,其太祖段思平在云南建立大理国后,一直以儒治国,以佛治心,关注于内政,在当时世界上不显山、不露水的。无论宋朝同不同意,大理历代皇帝都奉宋皇为宗主,对内往往被权臣制约,可说"南帝"做得都不怎么舒服。待传到十二代上德帝段廉义时,出现权臣杨贞义之乱,上德帝被杀。而另一权臣高智濂又起兵杀了杨贞义,扶立上德帝之侄段寿辉为帝,是为上明帝。按说高家也算是霍光一类的人物,可忠臣没做多久,高智濂之子高升泰便废掉上明帝的儿子保定帝段正明(这就是《天龙八部》中段誉的伯父)自立为王,并改国号为"大中"。

可能真是天佑大理,高升泰只当了一年"大中王"便一命呜呼。临死前也感到自己悖主篡位于心有愧,于是恢复大理国,立保定帝之弟段正淳(《天龙八部》中段誉的父亲)为帝,高家则做了"中国公",掌握实权。

待到蒙哥汗决定"借路云南"的时候,大理国主已经传到了第八代段兴智,依然是傀儡,真正的当家人是高升泰的后人第十四代"中国公"高祥。君臣二人都没什么才能,国家衰弱不振,内忧有丽江的麽些蛮(现摩梭族的祖先)割据和建昌府段氏自立府主不听调遣,外患则有云南西部和缅甸腊戍一带的金齿诸国逐步蚕食国土。本来已经应接不暇,蒙古大军又压境而来。

1252年,蒙哥汗委派自己的弟弟忽必烈南下攻打大理国。

蒙哥汗为了这次南征下了大投资,让名将速不台之子兀良合台统领西路军,诸王抄合、也只烈统领东路军,忽必烈自领中路军并担任总指挥。三路大军共十万之众,浩浩荡荡南下大理。而忽必烈也将姚枢、赵秉忠、张文谦、廉希宪等幕僚带在身边参赞军务。

既然要打云南,就要路过四川,可四川此时还是南宋国土,要是硬闯就成了伐宋而不是灭大理了。于是三路大军只好取道吐蕃。吐蕃在萨迦班智达的斡旋下,已经大部归附大蒙古国,但还有零星领主没有臣服。忽必烈这次借道,搂草打兔子,顺便将一些桀骜不驯者征服。没等进入大理国境,先和吐蕃人打了几仗，算是热身。

1253年十月，忽必烈的中路军和兀良合台的西路军进入大理国境，来到金沙江畔。史载忽必烈驻马江边，看着滔滔江水，凝神良久，直到随从提醒才回过神来。或许他是感到此番出征路途艰险，现在到达目的地，很有感触；又或许是看到江水奔流而感到年华易老，应尽快有所作为吧。

大理国主段兴智听闻蒙古军杀到，便想投降。这也怨不得他没骨气，虽然大理国表面上姓"段"，可自己和祖先都是权臣的傀儡，国家早就不是自己的了，何必冒险打仗呢？可"中国公"高祥坚决主战，理由正好相反，虽然自己不是皇帝，却是"太上皇"，大理国是自己的家业，怎能拱手让人？

高祥是实权派，他要抵抗，段兴智无力反对，只能跟从。可蒙古军的战斗力超强，大理军虽然在金沙江周边诸多城寨中英勇抵抗，却无法阻挡蒙古军前进的马蹄。十二月，忽必烈的中路军抵达大理国都大理城下，而兀良合台西路军也在攻破龙首关之后在城下与忽必烈汇合。

到了这个地步，要么投降，要么凭借倚苍山傍洱海的大理城防负隅顽抗。高祥却选择了最为愚蠢的方式，在斩杀了忽必烈派来招降的三个使者后，与自己的弟弟高和挟持着段兴智率军出城决战。这样的作为可算是自寻死路，一战下来，大理军几乎全军覆没，高祥、高和兄弟与段兴智逃走。忽必烈趁机发动攻城，原本固若金汤的大理城一夜之间就被蒙古军占领。

在搜索典册图籍过程中，三个使者的尸体被发现，忽必烈勃然大怒，想要屠城。张文谦、姚枢、刘秉忠等人急忙劝谏："杀使拒命者，其国主耳，非民之罪。" 忽必烈对他们一向言听计从，于是下令不许军队进城抢掠，大理国三百年的文明精华才算得以保存。

国都拿下了，可国主和权臣还没有抓获。这时，东路军也赶到了，于是忽必烈派大将也古率军追击大理国君臣，在姚州（今云南姚安）将高祥、高和兄弟斩杀，段兴智逃到陪都善阐（今云南昆明）。主宰大理国一百多年的高氏灭亡，大理国也就没有了主要抵抗力量。

1254年春，忽必烈留兀良合台继续追击段兴智和征讨不愿臣服的部落，并任命刘时中为宣抚使治理民政，自己率主力北返。

是年秋，兀良合台攻陷善阐俘虏段兴智，并将之送回漠北草原面见蒙哥汗。蒙哥汗表现得很大度，不但没有杀他，还赐给金符让他回云南帮助招抚其他部落。段兴智回国后全力帮助蒙古军平定云南各地，蒙哥汗大喜，赐他"摩诃罗嵯"称号（此为梵语，意思是"大王"），并让他管理云南各族。从段兴智之子段实开始，段氏从"大理皇帝"成为"大理总管"，掌管大元云南行省的大理路，成为云南中西部地区的实际统治着，传十一代后被明朝所灭。

段氏被权臣架空近两百年，倒是在亡国之后有了实权，其太祖段思平要是地下有知，真不知是该欣慰还是该苦笑。

隐秘的布局

——忽必烈凭什么争汗位

大蒙古国的崩溃，是在蒙哥汗去世后，当时忽必烈和阿里不哥之间发生争位之战，其他各家族趁机自立。而在争位之战中获胜的是忽必烈，虽然帝国崩溃，但他名义上继承了大蒙古国的正统，并被其他各汗国视为宗主。

按照即位顺序，忽必烈原本是没有资格成为大汗的。若按血统，他的哥哥蒙哥汗有自己的儿子；若按传统，有守灶之权的幼弟阿里不哥比他更有资格；若按战功，三十七岁前几乎毫无建树的他也不比其他兄弟更有竞争力。

但他最终成功了，因为他在漫长的默默无闻中，一直在夯实自己的根基，为日后的一鸣惊人做准备。

1215年，成吉思汗讨伐金朝的战争取得了决定性胜利，金朝的首都中都城被成吉思汗攻破。

中都城对于蒙、金双方都有极为重要的意义。金朝保有中都，可以"据腹心以号令天下"，中都一失，金朝领土被拦腰斩断，辽东与关内首尾不能相顾，从此再也无力恢复北部疆土，唯有依托潼关、黄河一线苟延残喘。曾经威名赫赫的大金王朝，离灭亡只有一步之遥。而成吉思汗的蒙古铁骑则彻底打断了金朝的脊梁，可以任意驰骋于中原大地了。

就在攻陷中都城不过百日之后，成吉思汗又有喜事临门，他的四子拖雷给他添了一个孙子，取名忽必烈。

虽然已经有了很多孙子，但此时已经五十三岁的成吉思汗听到家族添丁，仍然很高兴，特地前来看望。可当抱起这个孙子时，成吉思汗发现："我们的孩子都是火红色的，这个孩儿却生得黑黝黝的，显然像他的舅父们。"忽必烈的母亲是克烈部人，克烈部是突厥人后裔，皮肤黝黑，成吉思汗明显对忽必烈的肤色不满意，所以忽必烈也没有得到祖父特别的喜爱。

没有得到祖父的垂青，虽然是个遗憾，但也并不影响日后的前途。可是，忽必烈偏偏是次子（嫡次子），家族中的次子地位总是很尴尬，长子因为第一个出生而备受重视，幼子因为最后一个出生而备受宠爱，次子是不太受重视的。

所以，从忽必烈出生，到他三十六岁之前，我们在历史上几乎看不到他的身影，听不到他的声音。

1235年，继承成吉思汗事业的窝阔台汗发动了针对欧洲的"长子西征"，成吉思汗四个儿子家族都派出精兵强将。率领拖雷家族军团的，是忽必烈的大哥蒙哥，副将则是忽必烈的异母弟拔绰，身为家族次子的忽必烈此时已经二十岁，但他没有参与这次重要的征战。可见，莫说在整个黄金家族，就是在拖雷家族中，他也并不显山露水。

也许正是这种被忽视的境遇，使得忽必烈从小养成了沉稳、不张扬、爱用智谋的性格。

这样的性格，在忽必烈出生后第一次在历史上亮相时，便展露得淋漓尽致。

1224年，忽必烈九岁。这一年，成吉思汗结束了对中亚花剌子模帝国的西征，返回蒙古草原。在返回途中经过了爱蛮-豁亦（今新疆额敏县附近）之地，在这里举行了一次狩猎。忽必烈与时年七岁的弟弟旭烈兀一起来迎接祖父，并平生第一次参加了狩猎。两个孩子成绩不错，旭烈兀射杀了一只山羊，忽必烈射杀了一只兔子。按照蒙古传统，孩子第一次狩猎，长辈要在他们的拇指上擦拭油脂作为祝福。成吉思汗不顾征途劳累，亲自为两个孙子拭油。孙子见到祖父，总要表示亲昵。但表示的方式可就大相径庭了，旭烈兀狠掐了祖父的拇指，让身经百战的成吉思汗都疼得叫出了声，而忽必烈只是轻轻地抓住成吉思汗的大拇指。

一个九岁的孩子，在和祖父一起享受天伦之乐的时候，仍然谨慎小心，日后会有什么样的城府，也就可想而知了。

忽必烈的堂兄弟们在金戈铁马四处征战的时候，他虽然从未出现在历史舞台的前台，但是在一些不引人注意的地方展现了他的远见卓识，默默地为自己的未来一下一下夯实根基。

1242年，禅宗高僧海云法师北上蒙古草原传法，受到窝阔台汗在内的蒙古贵族的礼遇和款待。当贵族们都在为听法师讲经传法而忙碌时，时年二十七岁的忽必烈却注意到了法师身边的一位沙弥。

这位沙弥法名子聪，比忽必烈小一岁，虽身为佛门中人，却器宇不凡，学识广博。忽必烈与之深入交谈，发现其是不世出的奇才，于天文、地理、律历、占卜无不精通，天下事了如指掌。忽必烈于是向海云法师请求，将子聪留在身边作为自己的近侍。

这位子聪，便是河北邢州人刘秉忠，字仲晦，是日后为忽必烈出谋划策，对其建国称帝有着重要帮助的谋臣。

1247年，河东交城人张德辉被三十二岁的忽必烈揽于麾下，这位"博学有经济器"的贤才也从此成为忽必烈的重要谋臣。

1250年，河南许州人姚枢也在忽必烈的寻访之下来到他的身边，用自己的"王佐略"为忽必烈服务。

这些儒生，为忽必烈讲述了"以马上取天下，不可以马上治之"的道理，告诉他所谓金朝因为崇儒才灭亡是没有道理的，金朝勋贵掌权，儒者难以施展抱负，亡国的责任不该由儒者承担。他们还让他明白，治国平天下的要义，就在于做好"修身、力学、尊贤、亲亲、畏天、爱民、好善、远佞"这八件事。

别人在忙着打仗，忙着建立军功，忽必烈却在忙着招揽人才，丰富自己的人才库。别人对汉法、儒生不屑一顾，他却将他们引为心腹，旦夕不离。别人对汉地历史茫然不知，他却将唐太宗李世民看作自己的偶像："在潜邸也，好访问前代帝王事迹，闻唐文皇为秦王时，广延四方文学之士，讲论治道，终致太平，喜而慕焉。"

他的名声逐渐传扬各地，一大批"亡金诸儒学士及一时豪杰知经术者"纷纷向他投效，为他"论定大业"。

后人在看到忽必烈的这些作为时，因为知道日后历史的走向，所以会认为是理所应当，其实这种观点是后见之明。此时的大蒙古国，国势蒸蒸日上，军力天下无敌，无论儒家文明还是西方的伊斯兰文明、基督教文明，对他们来说至多只有"器物"上的可取之处，而绝无意识形态和政治架构方面的学习必要。在当时大蒙古国的大多数人眼里，忽必烈这是在浪费时间。

孙中山先生曾说过，人分为三种类型，先知先觉、后知后觉、不知不觉。忽必烈在当时的蒙古贵族中无疑算是先知先觉者，他已看出从窝阔台汗时代开始，蒙古传统的种种制度已经不适合统治一个如此巨大的帝国，要想使辉煌继续，必须用其他的方式。

究竟是什么样的方式，忽必烈已经隐隐有了答案。下一步，他要积累战功，扩充实力了。

1251年7月1日，拖雷的长子，忽必烈的大哥蒙哥在诸王的推戴下，成为大蒙古国第四任大汗。

打虎亲兄弟，上阵父子兵。在蒙哥继位的"库里勒台"上，几个弟弟包括忽必烈在内负责维持秩序，监视宗王和将领。待到仪式结束，大局底定，蒙哥就将几位弟弟都安排到要害地区，掌管实权。忽必烈是弟弟们中最年长、最有能力的，被委派掌管漠南汉地，以金莲川作为治所。

金莲川地处今天的内蒙古锡林郭勒盟正蓝旗闪电河（也称滦河）沿岸，原名为曷里浒东川。其地"龙冈蟠其阴，滦江经其阳，四山拱卫，佳气葱郁。都东北不十里，有大松林，异鸟群集，曰察必鹎者盖产于此。山有木，水有鱼，盐货狼籍，畜牧蕃息，大供居民食用。然水泉浅，大冰负土，夏冷而冬冽，东北方极高寒处也"，是绝佳的避暑胜地，辽代时便是皇帝和达官贵族们游猎避暑的所在。到金代，金世宗完颜雍选择夏宫时，来到此处，看到茂盛的金莲花"花色金黄，七瓣环绕其中，一茎数朵，若莲而小，六月盛开，一望遍地，金色灿然"，故将"曷里浒东川"更名为金莲川，在这里修建了凉陉离宫。

忽必烈为什么选择金莲川作为自己幕府的所在地？当然不是因为这里风景优美，气候宜人。而是因为这里"控引西北，东际辽海，南面而临制天下"，可以直接与大蒙古国东部宗王及"五投下"军团取得密切联系。

所谓东部宗王，是指成吉思汗四位弟弟（二弟哈撒儿、三弟合赤温、幼弟帖木格及异母弟别里古台）的封地。从成吉思汗起兵之日起，便向兄弟、部下们许诺："取天下了呵，各分土地，共享富贵。"待到统一蒙古高原并开始对外扩张之后，成吉思汗的诺言不折不扣地执行了，他采取分封诸王和千户、万户的领地制来赏赐为自己打天下的家人和部下。东道诸王的封地在东北西部草原地区，外兴安岭以南，大兴安岭南北，嫩江流域，以及洮儿河及东流松花江以北地区，因为地处帝国东部，因此被称为东部宗王。

这四大家族都是和成吉思汗一起同甘共苦创建帝国的至亲，实力极为雄厚，足可和西部宗王，也就是成吉思汗诸子家族（长子术赤、次子察合台、三子窝阔台及蒙哥汗所代表的四子拖雷）相抗衡。

而"五投下"军团，则是成吉思汗最信任的智将木华黎的札剌亦儿家族、成吉思汗岳丈弘吉剌家族、成吉思汗亲家亦乞烈家族，以及曾在蒙古帝国建立过程中立有巨大功勋的兀鲁兀、忙兀家族。大蒙古国分封给宗室、功臣的人民、土地，蒙古语称为"爱马"，汉译为"投下"。这五大家族的封地在西拉木沦河流域南北，直到今辽西大凌河中游地区，其麾下的军团是大蒙古国除汗廷直属军团外最为精锐的。

如果看地图，人们就会发现，忽必烈所选择的金莲川，与东道宗王、五投下的联络很是近便，尤其是比处在漠北的帝国首都哈剌和林近便得多。

虽然史籍中没有详细记载忽必烈是如何拉拢东道宗王和五投下军团的，但从结果来看，当他起而争位之时，他们都成为忽必烈最坚定的支持者。尤其是东道宗王，作为黄金家族的重要组成部分，是忽必烈有底气召开"库里勒台"的重要保障。

所以，忽必烈是从合法性、物资、军力、人才各个方面在为自己日后的夺位做准备，而且准备得非常充分。当蒙哥汗暴死在南征之路上时，忽必烈便可以迅速果断且毫不顾忌传统地自立为汗。

金莲川幕府

——忽必烈凭什么当皇帝

虽然忽必烈成为大汗时，大蒙古国已经分裂，而且终其一生分裂出去的汗国也有三个始终不承认他的大汗地位，但毕竟在名义上，他是大蒙古国的第五任大汗。

而且忽必烈还有另外一个身份——元朝的开国皇帝元世祖。这个身份不再是名义上的，而是货真价实。正如勒内·格鲁塞在《草原帝国》中所说："从蒙古人的观点来看，他在原则上（如果不是在现实中）始终如一地维护了成吉思汗帝国精神上的统一……当忽必烈在亚洲的其他地区成为成吉思汗的继承人时，在中国，他企图成为19个王朝的忠实延续者。其他的任何一位天子都没有像他那样严肃地扮演着自己的角色。"

身兼可汗与皇帝，既是草原之主，又是中原之君，这种身兼二职的情形在忽必烈之前不乏先例，比如唐朝，比如辽朝，但要身兼此二职是有时间差的。唐太宗李世民是先成为皇帝，之后成为天可汗。辽太宗耶律德光是先成为契丹可汗，入主中原之后才登基称皇帝。而忽必烈是在一开始，便既是可汗又是皇帝了。

可以说，他在准备争夺大汗宝座的同时，也已经开始准备做皇帝了。

这个准备，便是设立"金莲川幕府"。

在受命管理漠南汉地前，忽必烈就已经在四处寻访人才，加入自己的幕府。前文所说的姚枢、张德辉、刘秉忠便是他着意招徕的幕僚。而到蒙哥称汗、忽必烈出镇漠南汉地后，他既是大汗的弟弟，又是出镇的宗王，权力巨大，有充分的资源招募更多人才为己所用。无论是忽必烈本人还是身边的谋臣们，都开始加大积蓄力量的力度，尤其是对于人才的储备，更是四方延揽，不遗余力。很快，在藩邸旧臣的基础上，大批汉人文士聚集在了金莲川。

被忽必烈招入金莲川幕府的人士，可以考证的有六十余人。除了先前所说的刘秉忠、张德辉、姚枢外，又有赵璧、王鹗、张文谦、窦默、许国桢、郝经、许衡、商挺、刘肃、宋子贞、王恂、李昶、徐世隆、李德辉、张易、马亨、赵良弼、赵炳、张惠、李冶、杨焕等。再加上一直充任忽必烈王府宿卫的廉希宪、董文用、董文忠、贺仁杰、阿里海牙、谢仲温、姚天福、高天锡、谒只里、昔班、阔阔等，形成了文武兼备的人才库。

其中，姚枢、刘秉忠、张德辉、张文谦不但学识广博，而且足智多谋，是忽必烈的智囊；廉希宪、阿里海牙有勇有谋，是出征战场的将才；赵璧、郝经、马亨善于理财，帮助忽必烈掌管钱袋子；王鹗、徐世隆文采飞扬，作文倚马可待，是忽必烈倚重的笔杆子。有他们在身边，忽必烈想不成就一番大事业也是很困难的。这些人日后在大元朝廷中"布列台阁，分任岳牧"，成为大蒙古国向大元皇朝过渡时期的主要政治班底。

依靠这些人才，忽必烈开始着手治理久被战祸荼毒的中原地区，他派杨惟中、高挺、史天泽、廉希宪分别管理邢州（今河北邢台）、河南、陕西等地，"如邢州、河南、陕西皆不治甚者，为置安抚、经略、宣抚三司。其法：选人以居职，颁俸以养廉，去污滥以清政，劝农桑以富民。不及三年，号称大治"。

1256年，忽必烈命刘秉忠在金莲川相地形、建城郭，营造自己的固定大本营。刘秉忠选址于滦水之阳、龙岗之阳，认为两者合为重阳，是为最吉祥之地。这座城市便是日后的开平——上都城。当然，在这里筑城，并非仅是为吉祥，更是因为此处北连朔漠，南控江淮，是经营天下的根本所在。

如果把"金莲川幕府"看作忽必烈可以完全掌控的人才库，那么上述的众人确实可以囊括了。其实，"金莲川幕府"还有着一批看似不为忽必烈所掌控，实际上已经成为他政治、军事班底的人物，这些人便是汉地世侯。

所谓"世侯"，是指汉人地方实力派。在蒙古不停地打击金朝之时，因为金军的节节败退，尤其是迁都汴梁之后，中央朝廷逐渐失去了对各地的控制。一些地方上的豪门大户或者地方官员，便以"保卫桑梓"为名组织私军，割据一方。

成吉思汗时代，命智将木华黎为太师国王专门经略中原。木华黎是成吉思汗麾下"四杰"之一，不仅勇猛善战，而且"沉毅多智略"。他深知纯粹的军事手段是无法征服中原的，必须任用汉地豪杰，才能真正建立统治。于是，他对各地私兵将领和豪族首领释放友好的信息，对之采用招降手段，规定凡是纳土归降者，便任命为原地的地方长官，授予行省、领省、都元帅、副元帅之类的高官，后又授予万户长、千户长、百户长之类的蒙古官职，并且可以世袭。

各地土豪大多都是识时务的"俊杰"，除了少部分有着忠义之心外，基本上都接受了这种招降。于是，西京刘黑马、真定史天泽、顺天张柔、东平严实、济南张荣、益都李全、大名王珍、中山邸顺、河东李守贤、太原郝和尚、巩昌汪世显等人都接受了招降，成为大蒙古国的新贵。

这些人无不是统兵数万、辖地千里、专制一方的"土皇帝"，因为其爵位可以"父死子继，兄终弟及"，这些人便被称为"世侯"。

按照法律，这些世侯都要效忠于蒙古大汗，在封地收取的税款也要有相当部分上缴汗廷，军队也要随时听从大汗调遣。而忽必烈向蒙哥汗要了便宜治理中原的敕旨后，也就有了便宜和世侯们交往，将之纳入自己麾下的机会。

这些世侯虽然在蒙古人治下享受荣华，但毕竟还是汉人，忽必烈这个对汉法、儒生极为感兴趣的蒙古王爷对他们来说无疑会亲近很多。何况，县官不如现管，忽必烈是直接和他们打交道的皇亲，并且是掌管漠南汉地的最高长官，是不能怠慢的。于是，世侯们与忽必烈的关系逐渐紧密，他们是忠于汗廷还是忠于忽必烈，界限越来越模糊了。

而当忽必烈以汉法治汉开始全面实行之后，各地世侯更是成为其在各地施政的主力。到最后，他们已经和忽必烈形成了利益共同体，忽必烈的荣辱直接关系到他们的前途命运。

这一点，从蒙哥汗对忽必烈的打击——"阿兰答儿钩考"事件中可以看出端倪。

钩考，又称作理算，意思是财务审计，是中央政府对地方财政进行清理、核算的一种方式。这是避免地方截留钱谷，私设"小金库"。阿兰答儿是当时大蒙古国都城哈剌和林的副守，是蒙哥汗的心腹重臣。阿兰答儿对忽必烈治理的汉地进行财务审计，便是"阿兰答儿钩考"。

忽必烈的种种作为虽然较为隐秘，但大力延揽人才，笼络宗王重臣，乃至将汉地世侯收归己用的种种作为还是留下了太多的把柄。

于是，许多大臣和宗王都弹劾忽必烈，各种罪名归纳起来主要有两个：其一，"中土诸侯民庶翕然归心"；其二，"王府诸臣多擅权为奸利事"。有人告发，自然要调查，这两条罪名都是可以上升到"谋反"重罪的。以这样的罪名调查，就要做好诛杀弟弟的准备。蒙哥汗虽然"刚明雄毅"，却并非冷酷无情，他还不想彻底割舍骨肉亲情。于是，他以经济问题入手，对忽必烈治理的地区进行整顿，在1257年，开始了"阿兰答儿钩考"。

阿兰答儿其人在《元史》中被记载为性格苛刻横暴，擅作威福。这当然是因为忽必烈吃过他的亏，官方记载绝对不会有什么好评价。从整个钩考过程来说，阿兰答儿确实是残暴专横，对忽必烈的势力进行极力打击。不过，从蒙哥汗利益来说，阿兰答儿又可说是"铁面无私"，他不但严格执行了蒙哥汗的命令，还有所发挥，设置了专门的"钩考局"，列出一百四十二条条例，对于所有征商事宜不分巨细一律严查。

一时间，关中、中原一带与忽必烈关系密切的官员都被整肃了个遍。经姚枢、赵秉忠等人劝谏而成立的宣抚司、经略司、从宜府、行部等衙署全被取消。赵璧、马亨等官员被作为重点钩考对象，赵璧被多方罗织罪名，虽因其向来善待下属，无人告讦而作罢，但仍被处以罚款。赵璧两袖清风，拿不出钱来，所幸忽必烈代他偿还才得以免罪。

掌管税收却从不上交汗廷的马亨就没那么幸运了，他被逮捕押解至燕京关押。临行前，忽必烈为马亨送行，难过地说："你走了，我怎么帮你脱罪呢？"可阿兰答儿有汗命在手，忽必烈只能眼睁睁看着自己的忠臣被抓走。马亨在狱中饱受摧残，但坚不招供，阿兰答儿碍于忽必烈的面子最后也不得不将之释放。

至于世侯中与忽必烈走得近的史天泽、刘黑马也都被褫夺了行政官职，只因为是"勋旧"而没有被过分追究。史天泽主动提出"经略使司我实主治，是非功罪，皆当问我"，希望能保护一些下属官员，可惜却起不了什么作用。在阿兰答儿严厉的钩考之下,中下级官员被折磨致死者有二十余人,免职、罚款者不计其数。

面对如此局面,忽必烈的愤懑可想而知,但从钩考一开始,他的军政权力便被剥夺,他没有任何力量做出反抗,只能生闷气。姚枢见状,连忙进谏:"大汗既是王爷的君主,又是兄长,千万不要与他计较置气,不然会有更大祸患。王爷还是主动去觐见大汗,解释一切,消除大汗对您的疑心,才能长久安全。"忽必烈认为有道理,于是忍下怒气,主动前去觐见蒙哥汗。

是年十二月,经过多次请求,蒙哥汗终于同意召见忽必烈,兄弟二人在可迭烈孙之地相见。俗话说人怕见面,树怕扒皮,没有见到弟弟时,蒙哥汗自然可以下手狠一些,待到一见面,同母所生的亲情便不能不顾了。没等忽必烈做出解释,蒙哥汗便主动下令停止了钩考,对一些被关押的官员只是杖责一顿完事,安抚了一肚子牢骚的弟弟。

钩考虽然对忽必烈打击巨大,也使他暂时失去了权力,但无论是麾下的幕僚还是汉地世侯,都与他有了更深层次的患难之情。在日后,当忽必烈起而争位之时,他们都对之忠心耿耿,竭尽全力为其南征北战。

这恐怕是蒙哥汗及弹劾忽必烈的宗王们始料未及的了。

兄弟阋于墙

——忽必烈与阿里不哥争位之战

蒙古宪宗八年（1258）二月，蒙哥汗开始了对南宋的总攻击。大军分为两路，宗王塔察儿（成吉思汗幼弟帖木格之子）统率东路军攻打荆襄、两淮，蒙哥汗自己率西路军攻打四川。两路大军十万余人，声势浩大。

在出征前，忽必烈为兄长送行，并希望能够让自己参与南征。蒙哥汗却以忽必烈"腿有病"为借口，让他"留在家中养病"。忽必烈悻悻然返回。

当蒙哥汗一路上攻克诸多要塞逼近南宋四川的大本营重庆时，东路军的塔察儿却在攻打樊城失利后便顿兵不前，数月之中没有攻下一座城池。蒙哥汗大发雷霆，派使者申斥塔察儿，并选择换帅。

同时，忽必烈和他的参谋们也随时关注着前线的战事，听闻塔察儿失利的消息后立即上书蒙哥汗请求统兵。蒙哥汗虽然并没有解除对忽必烈的疑虑，但第一正是用人之际，第二毕竟血浓于水，于是下令："今可让他率领塔察儿诺颜的军队向南家思（南宋）边境推进。"

接到诏旨后，忽必烈先妥善安排了自己大本营的种种事项，然后带着众多谋臣侍从于蒙古宪宗八年十一月离开开平。蒙古宪宗九年（1259）七月十二日，忽必烈到达汝南，正式接手了东路军，因吸取了塔察儿顿兵樊城之下的教训，他将主攻方向设为江汉。

就在忽必烈接手东路军的同月，蒙哥汗暴崩于金剑山温塘峡（今重庆北碚区北温泉），有记载说他是身患痢疾，有记载说他是被炮石所伤。

九月一日，蒙哥汗猝死的消息传到军中，忽必烈命全军驻扎，为蒙哥汗举哀。很多下属提议立即北还，可是忽必烈拒绝了。他的考虑是：战斗刚刚打响，没有大的进展便回军，会有损自己的威望，自己要继承汗位，就必须有更大的战功。何况，他也不认为留守都城的幼弟阿里不哥有能力和自己争位。

于是，忽必烈挥军继续南下，与南宋军鏖战于鄂州（今湖北武昌）。而在十一月，还在准备继续进兵的忽必烈收到了一封信。

信是忽必烈的大妃察必派人送来的，向忽必烈通报了阿里不哥派人到漠南和中原抽调兵丁的消息，并用隐喻暗示道："大鱼的头被砍断了，在小鱼中除了你和阿里不哥以外，还剩有谁呢？你回来好不好？"

身边的谋臣们也纷纷进谏，请求忽必烈立即班师："阿里不哥已行赦令，令脱里赤为断事官、行尚书省事，据燕都，按图籍，号令诸道，行皇帝事矣。虽大王素有人望，且握重兵，独不见金世宗、海陵王之事乎！若彼果决，称受遗诏，便正位号，下诏中原，行赦江上，欲归得乎？"

时间紧迫，不容犹豫。忽必烈立即下令以进攻临安的名义撤掉围攻鄂州的军队，并开始整军北上。

阿里不哥是忽必烈同母所生最小的弟弟，虽然他是"灶主"，继承了拖雷和唆鲁禾帖尼大部分的部众，实力雄厚，而且是蒙哥汗南征之时，受钦命留镇都城主持庶政的"监国"，但第一在他上面有两个战功赫赫，实力也不弱于自己的哥哥，第二他从来没有单独领过军，拿不出什么像样的战功，所以并非一开始就觊觎汗位。但在大势面前，个人的选择往往不能自主。蒙哥汗的死讯一传到哈剌和林，汗廷上下很快便形成了一个拥立阿里不哥为新任大汗的集团。

集团的主要人物，首先是蒙哥汗的儿子们——阿速台、玉龙答失、昔里吉等，他们能力、威望都不足以竞争汗位，为了日后获得更多的好处，便决定拥立小叔叔阿里不哥。其次便是蒙哥汗生前宠信的大臣们，如阿兰答儿、孛鲁欢、浑都海等。他们明白，现在最有实力竞争汗位的是蒙哥汗的三个弟弟忽必烈、旭烈兀和阿里不哥。旭烈兀远在西亚，忽必烈是在当年"钩考"时被强力打压过的。对他们来说，阿里不哥是唯一的、最佳的人选。

于是，阿兰答儿和孛鲁欢作为说客来说服阿里不哥："忽必烈和旭烈兀二人出征去了，蒙哥合罕把大兀鲁思托付给了你，你有什么想法，难道你想让我们像羊一样被割断喉咙吗？"而跟随蒙哥汗南征的阿速台，更是带着大玉玺，千里迢迢赶回哈剌和林，交给阿里不哥。

权力的诱惑很少能有人拒绝，阿里不哥做出了与哥哥争夺汗位的决定。

正在鄂州鏖战的忽必烈之所以迅速回军，便是因为阿里不哥的第一招：派脱里赤到漠南诸州抽调兵丁，派阿兰答儿到漠北诸部抽调人马，以便控制漠南漠北的主力军队。

可惜，阿里不哥的图谋刚一开始，便走漏了消息。忽必烈的大妃察必便发觉了异状，她一面派使者责问，一面迅速通知了忽必烈。

是年闰十一月二十日，日夜兼程的忽必烈回到燕京，第一时间派出使者对弟弟进行斥责。

阿里不哥等人都没有想到忽必烈回来得如此之快，一时间慌了手脚，为了暂时安抚住哥哥，他只好派使者带着很多礼物前往，表示自己并无他谋。同时，他也提出请忽必烈回哈剌和林，参加库里勒台，商议汗位继承人选。

阿里不哥的支持者都在漠北，又掌握着和林实权，现在兄弟二人已经摊了牌，去和林开会可以说凶多吉少，但要是不去，便是理亏，在法统上也说不过去。

忽必烈左右为难。

谋臣的职责，就是在主君犹疑之时及时地提出建议。廉希宪、商挺立即进言，认为忽必烈不但不应该回哈剌和林，而且应无视传统，立即宣布继承汗位，"今若早承大统，颁告德音，彼虽迁延宿留，便明叛逆。安危逆顺，间不容发，宜早定大计"！

与此同时，成吉思汗弟弟的后裔们，也就是蒙古帝国的东道宗王也在塔察儿的带领下来到燕京。塔察儿是成吉思汗幼弟帖木格嫡孙，所领蒙古千户最多，是东道诸王之长。他倒向忽必烈，所有的东道宗王便都决定了将宝压在忽必烈一方，这也带动了合丹（窝阔台汗幼子）、阿只吉（察合台孙）、只必帖木儿（窝阔台次子阔端之子）等西道宗王。

谋臣的谋划，叔伯兄弟们的支持，使忽必烈下定了决心。中统元年（1260）

三月初，在金莲川滦河畔开平城召开了由忽必烈主持的库里勒台，他在会上宣布登基为大汗。

四月，晚了一步的阿里不哥在哈剌和林宣布继大汗位。两位大汗相差不到一个月相继出现，忽必烈向阿里不哥派出使臣宣布自己继位，希望他能够承认，可根本得不到回应。而阿里不哥向各地颁布诏旨表明自己的正统地位，忠于忽必烈的将领和官员也根本置若罔闻。

这个时候，忽必烈和阿里不哥已经不是兄弟，而是必须你死我活的竞争对手。大蒙古国也随之分裂为几大块：忽必烈基本上控制着漠南草原和中原汉地，阿里不哥掌握着漠北，窝阔台的后裔们分别支持二人，他们的封地也便分属两边，察合台汗国的监国兀鲁忽乃王妃和术赤汗国可汗别儿哥基本偏向阿里不哥，而远征西亚的旭烈兀则占据伊朗高原和小亚细亚"自帝一方"，等着哥哥和弟弟最后斗出个结果再表态。

祖宗的家业虽然分成几大块，但要争做家长的战斗主要是阿里不哥和忽必烈之间的事情。如果以军事实力来看，双方相差不大，而且阿里不哥略有优势，汗廷直属军团归其管辖。但忽必烈不仅有东道诸王和五投下支持，中原汉地的汉人世侯的军队和物资也是其坚定的保障。

战争的序幕，在秦陇地区拉开。

按照忽必烈的部署，是漠北为主，秦陇为辅，两路夹击。控制秦陇的原蒙哥汗南征军相当重要，直接关系到自己能否有个稳固的后防。中统元年（1260）四月初，忽必烈派廉希宪、商挺为宣抚使，赵良弼为参议，进入关中组织兵马。与此同时，阿里不哥所派的行尚书省官刘太平、霍鲁怀也来到关中宣抚各地。

兄弟二人都对关中很重视，动作也都很快，可阿里不哥输在自己没有哥哥在汉地世侯中的崇高威望。廉希宪等人派出使者招抚驻军六盘山的浑都海所部失败后，立即果断地联络西京万户刘黑马、巩昌总帅汪惟正两路世侯分头行动，将刘太平、霍鲁怀绞杀于西安，并先后擒杀蒙哥汗派驻成都的将军密里霍者、派驻青城的将军乞台不华，收领了川蜀兵马，完全孤立了六盘山浑都海所部。

中统元年（1260）八月，忽必烈大将八春、汪良臣与支持忽必烈的窝阔台汗幼子合丹合作，在甘州附近的耀碑谷全歼浑都海所部。经此一战，秦陇大定，阿里不哥被砍掉了一条臂膀。

与此同时，忽必烈也在漠北鏖战。

为了能尽快夺回蒙古本土和都城哈剌和林，确定自己的合法大汗身份，在廉希宪等人于关中奋战的同时，忽必烈征调驻扎在淮河的霸突鲁、兀良合台所部、汉军世侯军、诸宗王军共十五万之众，迅速向哈剌和林推进，并击败了阿里不哥派来阻击的军队。

哈剌和林城在忽必烈封锁物资供给之后，已经发生粮荒，物价暴涨，人心离散。阿里不哥困守危城已经是苦不堪言，闻听前方战败，连忙率部弃城，回到自己的封地吉尔吉斯。

以忽必烈用兵的惯例，一定会乘胜进兵，一举全歼阿里不哥残部。但此时的阿里不哥遣使向哥哥求饶，完全是一副小弟弟做错事的口吻，称作为弟弟因无知而犯罪，兄长可以审判，让自己去哪里就去哪里，待养壮了牲畜即去见忽必烈请罪。忽必烈不忍心过于相逼，认为"浪子们现在回头了，清醒过来，聪明起来，回心转意了，他们承认了自己的过错了"。于是派移相哥（成吉思汗二弟哈撒儿之子）领十万军队驻守哈剌和林，自己回到燕京。

中统二年（1261）秋，阿里不哥恢复了元气后，发兵前往哈剌和林，诈称是来投降，对戍守的移相哥军发动突袭。移相哥猝不及防，全军溃败，无奈之下只得南撤。蒙古正统的象征哈剌和林再次落到阿里不哥手中，为了尽快扩大战果，阿里不哥稍事休整后继续南下进逼忽必烈的大本营——开平。

忽必烈对弟弟的出尔反尔大为光火，再次御驾亲征，率以张柔为主的七个世侯所部及塔察儿、纳邻合丹等宗王之军迎战。十一月，与阿里不哥遇于昔木土脑儿之地。

阿里不哥能够夺得哈剌和林，全靠诈降和突袭，一旦与哥哥正面交锋，立即露出不善统兵的缺点。一战下来，阿里不哥麾下大将合丹火儿赤战死，兵士损失无算，全面溃败，奔逃五十余里。其部将阿脱等见大势已去，遂向忽必烈投降。

这一次，阿里不哥的本钱已经赔得十去七八，再也拿不出像样的部队了。忽必烈却再次放了弟弟一马，没有继续追击，说道："不要去追他们，他们都是些不懂事的孩子，应当使他们明白过来，后悔自己的行为。"但是，他对于弟弟的经济封锁毫不放松，各种物资，尤其是马匹和粮食都严禁买卖。

此时的阿里不哥虽然已经没有可能再和忽必烈争夺大汗宝座，但若是举措得当，如旭烈兀那样"自帝一方"还是有可能的。他却用一系列的昏招彻底把自己搞得山穷水尽。

为了应对哥哥的经济封锁，他派支持自己的察合台系宗王阿鲁忽（察合台第六子拜答儿之子）接管了察合台汗国，囚禁了原监国兀鲁忽乃王妃。他希望察合台汗国能够成为自己的大后方，可是阿鲁忽此人野心不小，稳定了察合台汗国内部之后，羽翼渐丰，就不再听阿里不哥的摆布了。

阿里不哥多次要求阿鲁忽支援武器和粮食，但阿鲁忽置之不理。愤怒之下，阿里不哥领兵攻打阿鲁忽，趁其不备，攻取伊犁河地区及察合台汗国的京城阿力麻里（今新疆霍城西）。阿鲁忽带领残部逃往忽炭（今和田）和可失哈耳（今喀什），不久又迁往撒马尔罕。

阿里不哥总算是有了相当富庶的根据地，若是仔细经营，也可为一方之雄。但他处置政事不公，任意杀害军民，属下诸王、那颜对他大失所望，相继离他而去。不久，阿力麻里发生饥荒，阿鲁忽趁机前来进攻，势单力孤的阿里不哥根本抵挡不住。

后有忽必烈，前有阿鲁忽，阿里不哥以现有的实力和谁都无法较量，只能向其中之一低头。相对于阿鲁忽，忽必烈是自己的亲哥哥，毕竟血浓于水。阿里不哥无奈地做出了自己人生当中最后一次重大的选择。

中统五年（1264）七月，阿里不哥来到开平向忽必烈投降。这场导致帝国崩溃的兄弟相残之战，终于尘埃落定。

投降者与受降者都对对方爱恨交织，阿里不哥与忽必烈相见时，双方都流下了眼泪。相对哭泣了很久，忽必烈才打破沉默，问道："我亲爱的兄弟，在这场纷争中谁对了呢，是我们还是你们？"阿里不哥的回答意味深长："当时是我们，现在是你们。"他并不承认自己称汗是错误的，明确地对哥哥表示：你是赢在实力上，而并非道理上。

忽必烈最后也没有难为这个弟弟，让宗王们会同审问后，认为阿里不哥是成吉思汗的子孙，应当予以宽恕。但阿里不哥在第二年便患病死去。

阿里不哥死了,帝国的崩溃却难以遏制。忽必烈的蒙古大汗注定要远远不同于他的前任,蒙哥汗之前,其他汗国与大汗的关系是君臣,从他开始却要成为盟主与盟员的关系。

当忽必烈以"中统"为年号登上大汗宝座时,蒙古帝国的历史便已经结束,而大元朝开始了自己的故事。

"世界大战"

——蒙古各汗国的合纵连横

战胜阿里不哥,仅仅是忽必烈帝王生涯的第一步。他马上就面临着另一个考验,即大蒙古国其他实力派对他的不承认乃至敌视。

成吉思汗的四个兄弟的家族是大蒙古国的东道宗王,现在已经完全拥护忽必烈。而西道宗王,也就是成吉思汗诸子的家族,情况却复杂得多。

当忽必烈与阿里不哥在帝国的东部激战之时,分布在帝国中西部地区的实力派们都在冷眼旁观,他们不知道谁会胜利,甚至也未必会在乎谁会胜利,他们更多考虑的是自己该怎么走下去。

但有一点他们是明确的:世界再不会回到父祖们的时代了。

让我们自西向东,依次说起。

首先是最西边的旭烈兀。

1253年,旭烈兀奉蒙哥汗之命率十五万大军西征,一路凯歌。1256年灭亦思马因派宗教国,1258年灭阿拉伯阿拔斯王朝,1260年灭叙利亚阿尤布王朝。下一步,旭烈兀准备进攻埃及。正当他要跨过西奈半岛,进入非洲的前夜,帝国的中心传来消息——蒙哥大汗在攻打南宋时去世。旭烈兀只得下令班师,只留下两万军队镇守叙利亚。

旭烈兀刚进入伊朗,便接到忽必烈和阿里不哥已经各自称汗互相攻伐的消息。而在他身后,埃及马木留克王朝苏丹忽都思率领十二万大军攻入叙利亚,在艾因贾鲁一战歼灭蒙古驻军，占领了叙利亚全境。

旭烈兀审时度势，决定留在伊朗静观其变，以"伊儿汗"为名控制伊朗、阿塞拜疆、小亚细亚的总督和将军们，"其势足以自帝一方"。

旭烈兀想"静"观，有人可不答应，那便是金帐汗国的可汗——别儿哥。

在蒙古帝国第一次西征后，成吉思汗将新征服的土地分封给了三个儿子。长子术赤的封地囊括额尔齐斯河以西，咸海、里海以北的钦察、花剌子模和康岭等蒙古国的领土。这个封国被称为"术赤兀鲁思"，也就是术赤汗国。

1225年，术赤病逝，次子拔都承袭汗位。1235年，作为大蒙古国"长子西征"的统帅，拔都统领各家的长子们率大军一路攻伐，连续征服俄罗斯诸国，破波兰、日耳曼、条顿骑士团联军，抵达多瑙河畔，攻陷匈牙利首都佩斯，直到窝阔台汗去世的消息传来，才引军东还。

回到封地后，拔都整合父亲的遗产和自己这次新征服的土地，建立了"金帐汗国"。其实拔都的封国还应该叫作"术赤汗国"，但因为其日后的历史大部分为俄罗斯人记载，而俄罗斯诸城邦的大公们按时向可汗缴纳贡税的时候，都是在草原上的金顶大帐中拜谒可汗，久而久之，金顶大帐给他们的印象刻骨铭心，"金帐汗"便成了拔都以后所有可汗的通称，"术赤汗国"也在俄罗斯编年史中成了"金帐汗国"并一直流传到现在。

拔都在1255年去世后，他的两个儿子撒里答、兀剌黑赤先后被蒙哥汗指认为继承者，但都在一年当中相继去世。随着两个王子的死，拔都的弟弟别儿哥继承了哥哥的汗位。

在旭烈兀西征之时，别儿哥汗奉大汗之命出兵相助，帮了旭烈兀不少忙。按照蒙古传统，打下来的土地要交给大汗按功劳分配，别儿哥汗满心等待着能够分到商业繁盛，人口众多，还有木甘草原的阿塞拜疆。同时，在出兵帮忙时，别儿哥汗还拜托旭烈兀，在打下巴格达后，千万不要杀死哈里发。因为哈里发是伊斯兰教徒的"教皇"，其生死是伊斯兰教徒别儿哥非常在意的。

可没想到，旭烈兀打下巴格达后，一口气把哈里发家族斩尽杀绝。别儿哥勃然大怒，可大汗蒙哥没有怪罪，他也只能忍气吞声。

待到蒙哥汗去世，旭烈兀"自帝一方"，对阿塞拜疆这块肥肉更不愿意松口，别儿哥汗没有了大汗的制约，便决定对这位堂弟大打出手了。

传统的力量还是强大的，别儿哥汗虽然已经准备好教训旭烈兀，可毕竟中央动态不明，作为帝国屏藩，他还不能贸然动手。

不过，有人可要比别儿哥汗决绝得多，属于那种早就心怀异志，终于找到机会的人。

这个人便是窝阔台汗国之汗——海都。

海都是窝阔台汗嫡幼子合失的儿子。当窝阔台家族失去蒙古大汗汗位后，海都被分封到海押立（今哈萨克塔尔迪库尔干与伊犁一带）。

在大势已定的情况下，窝阔台系其他宗王只求自保，不敢反抗。而海都是个桀骜不驯的枭雄，一直试图重夺大位。因此，在被迁到海押立之后，海都积极整备人马，暗中联络同系宗王和金帐汗国，随时准备掀起反旗。

蒙哥汗刚明雄毅，在位时牢牢掌握整个帝国，海都的反叛只能停留在计划上而没有机会实施。待到蒙哥汗死去，忽必烈和阿里不哥兵戎相见，海都立即开始了行动。

忽必烈和阿里不哥争位之初，海都实力并不强大，但他迅速表明立场，站在阿里不哥一方，并积极劝诱窝阔台系其他宗王与自己统一战线。打的旗号是维护蒙古传统，实际上是促使拖雷系内讧，趁机恢复窝阔台系的势力。在他的折冲樽俎之下，窝阔台系最有实力的宗王，封地在原窝阔台汗国首都叶密立的贵由汗幼子禾忽改变了投奔忽必烈的初衷，归于阿里不哥麾下。

当阿里不哥与忽必烈打得不可开交之时，海都则通过种种手段，整合原窝阔台汗国土地，等到阿里不哥战败的时候，除了中原汉地窝阔台系宗王的封地之外，窝阔台汗国原有领土全部被海都控制。

而海都的崛起，最直接感到威胁的是察合台汗国。

察合台汗国在察合台时代的领土是西辽旧地，包括天山南、北麓与裕勒都斯河和玛纳斯河流域及今日阿姆河、锡尔河之间的地区。但主要是草原牧场，中亚地区的城市和农业地区由大汗汗廷直辖。

1241年，察合台病故，将汗位传给自己的孙子合剌旭烈。可合剌旭烈只当了五年可汗，在1246年继位的蒙古帝国第三任大汗贵由便借口不当舍子传孙，将他废黜，改立与自己友善的察合台第五子也速蒙哥为察合台汗国之汗。

贵由汗去世后，也速蒙哥与窝阔台系诸王一起反对选立蒙哥为大汗。结果，蒙哥还是成了新任大汗，并且刚一即位，便命拥护自己的合剌旭烈回国复位。合剌旭烈在途中病逝，其妻兀鲁忽乃回到阿力麻里，出示大汗诏书，杀也速蒙哥，自任监国。

到忽必烈与阿里不哥争位之时，兀鲁忽乃监国原本冷眼旁观，结果阿里不哥派阿鲁忽回到察合台汗国，将她囚禁，夺取了汗位。

阿鲁忽不是不识大势的人，当他看到阿里不哥斗不过忽必烈时，便又倒向忽必烈。忽必烈对阿鲁忽大加赏赐，阿鲁忽也积极对付阿里不哥，弄得阿里不哥顾此失彼，狼狈不堪。不过，阿鲁忽不会忠于阿里不哥，却也不会死心塌地忠于忽必烈，去维护帝国的统一。他以察合台正统后裔自居，积极地想要扩充察合台汗国的疆土。

对忽必烈还不能翻脸，自己西方的金帐汗国似乎要好对付一些。

于是，阿鲁忽把眼光投向了金帐汗国控制的阿姆河以北之地。

而当阿里不哥战败投降，忽必烈取得了"大汗"名位之后，事情似乎有机会再回到过去，1264年，忽必烈第一时间向各汗国派去急使，召他们在祖先发祥地斡难——怯绿涟之域重新召开库里勒台。

事情出奇的顺利，别儿哥、阿鲁忽和旭烈兀都表示愿意出席。忽必烈非常高兴，将开会时间定在了1267年。虽然海都拒绝与会，但如果大会能够顺利召开，帝国将重新整合，海都一个人是翻不起大浪的。

可是，忽必烈忽略了一个重要问题——大蒙古国作为一个统一国家的基础，在他和阿里不哥争位之时，已经不复存在。

虽然大蒙古国实行分封制，但为了维持统一，各汗国的行政权、军事权很大程度还属于中央直辖。而没有分封给儿子们的土地和城市，则由达鲁花赤（中央派往地方的镇守官）管理，直接向汗廷负责。到窝阔台汗时代，更是确定了行省制度，各行省的官员全部由汗廷委派，且不许世袭。这些穿插于各封国之间的行省，也是对封国的有效监视和制约。

然而，随着忽必烈和阿里不哥的内战，当初的行政系统全都乱了套。金帐、察合台、窝阔台的汗王们迅速吞并朝廷直辖的行省土地，当地官员要么被驱逐，要么服从于新主人，各汗国汗王一跃而成为自己封地的真正"国家首脑"。等到忽必烈降服弟弟的时候，各汗国已经完全具备了独立国家的所有要素。

这样的情形下，即使能够召开库里勒台，也已经于事无补了。大会还在筹备，各汗国就已经大打出手。

首先动手的是金帐汗别儿哥。1264年，别儿哥攻入伊儿汗国国境，旭烈兀率军迎击，两军在打耳班交战。两军互有胜负，都付出了惨重代价，两家从此成为世仇。

大家都僵持着，谁也不好先动手，既然有人动手了，别人自然不再客气。紧接着出手的便是阿鲁忽。就在别儿哥和旭烈兀在西方的打耳班打得头破血流之时，阿鲁忽率军挺进河中，兵锋直指金帐汗国在中亚的领地。

别儿哥正在和旭烈兀较劲，冷不丁背后被插了一刀，几个月内，阿鲁忽横扫阿姆河以北及呼阑河以东草原，将这里的金帐汗国势力一扫而光。

别儿哥本想着抢夺伊儿汗国的阿塞拜疆，结果只把旭烈兀的部队杀伤不少，一寸土地也没得到，倒被阿鲁忽抢走偌大一块地盘。可要说率军东进和阿鲁忽算账，又怕旭烈兀趁机报仇，西线再出事，真是进退两难。

不过，别儿哥在阿鲁忽身后也有自己的盟友，既然自己不能动手，便可以让这个盟友助拳。

这个盟友便是海都。别儿哥派人给海都送去大量给养辎重，请他出兵攻打阿鲁忽。海都迅速采取了行动，向着阿鲁忽的背后狠狠地刺了一刀，发兵猛攻察合台汗国。

阿鲁忽还没从捡便宜的喜悦中缓过神来，便被以彼之道还施彼身，恼怒之下率军迎击，与海都大战两场，先败后胜，算是打成了平手。海都未能如别儿哥所愿打垮阿鲁忽，而阿鲁忽也无法解除海都对自己的威胁。东部的兄弟之战与西部一样，各有胜败，陷入对峙。

自己发出的圣旨墨迹未干，兄弟们同意与会的承诺言犹在耳，同室操戈的大战便此起彼伏。在1264这一年，忽必烈想必是被愤怒、无奈的情绪所包围吧，他只能寄希望于大家打累了再召集开会。

可是，忽必烈没有机会再把兄弟们召集起来开会了。不知道是上天的安排还是命运的捉弄，别儿哥、旭烈兀、阿鲁忽三个冤家竟然在1264—1266年相继病逝。他们的位置分别被别儿哥的侄子忙哥帖木儿、旭烈兀之子阿八哈和阿鲁忽继子木八剌沙所继承。

年轻人精力充沛，对于权力、地盘和财富的欲望更为旺盛，更不是忽必烈这个遥远的长辈所能摆弄的。

其他汗国比较遥远，察合台汗国则近在咫尺，其向背直接关系到朝廷对西域的控制。于是，忽必烈决定派自己身边的堂侄，察合台次子莫阿秃干之孙八剌回察合台汗国夺取木八剌沙的权力。

木八剌沙庸懦无能，很快就被八剌夺权，可称为察合台汗的八剌需要得到察合台家族的认可，不可能唯忽必烈马首是瞻，很快就和忽必烈翻脸，攻取了元朝西部重镇斡端（今新疆和田）。

不过，八剌夺取斡端后，并没有继续和元朝交兵，因为他马上受到了西面的挑战。金帐汗国的忙哥帖木儿，叔叔在位的时候丢失了中亚大片疆土，这个账他可不想认，刚一继位便派出使者与海都续签盟约，共同征讨察合台汗国。

在夺取斡端后不久，八剌与海都战于呼阑河畔，八剌大败海都。但金帐汗国马上派来了援军，八剌由胜转败，损失惨重。在无力再战的情形下，八剌命令对撒马尔罕、不花剌等大城市进行彻底的破坏——避免这些富庶之地落入海都、忙哥帖木儿之手。

忙哥帖木儿和海都的目的，说白了就是"抢钱、抢粮、抢地盘"，如果八剌真来个"三光"，自己费了半天劲拿回来的不过是一片焦土，有什么意思呢？于是派出使者和八剌谈和。

1269年春，八剌、海都还有金帐汗国的代表在塔剌思河流域的塔剌思、肯切克草原举行会盟，召开了没有拖雷系宗王尤其是没有"大汗"忽必烈参加的库里勒台。金帐、窝阔台、察合台三汗国签订盟约，瓜分阿姆河以北地区，并立誓维护蒙古传统，反对背弃了传统的忽必烈及伊儿汗阿八哈。这便是世界史上著名的"塔剌思联盟"。

很多史家认为，塔剌思联盟的成立，标志着大蒙古国决定性的分裂。其实，这不过是帝国分裂后各个国家进行的一次重新分派组合，"决定性"是说不上的。即使没有这一联盟，帝国分裂的状况也没有可能挽回。

会盟结束后，一场大乱斗随之开始。

1270年，察合台汗八剌首先出兵伊儿汗国，结果被伊儿汗阿八哈击败。而窝阔台汗国之汗海都趁机兼并了八剌的兵马，逼死八剌，又先后杀死两任察合台汗，最后将八剌之子笃哇扶立为察合台汗国之汗，将察合台汗国变成自己的臣属。

拥有两国的海都随即对元朝发动全面进攻，初期虽屡屡受挫，但趁着元朝发生叛乱之机大举东进，占据了斡端以西的土地。

与此同时，金帐汗国联合埃及马木留克王朝，屡屡打击伊儿汗国，伊儿汗国则联合拜占庭帝国与之对抗。

在当时的已知世界上，从东到西，从南到北，都有因蒙古家务事所展开的战争。参战双方以元朝和伊儿汗国为一方，以金帐、察合台、窝阔台三汗国为另一方。其余如马木留克王朝、拜占庭帝国、亚美尼亚王国、安条克王国等诸多国家，也都依据自己的利益归于两大阵营。

这足可算得是古代的世界大战了，这场大战整整持续了四十年之久。

1294年，元世祖忽必烈病逝，他的孙子，新继位的元成宗铁穆耳经过准备于1300年对窝、察两国大举反攻。

而窝阔台汗海都和察合台汗笃哇也于1301年调集了所有主力，向元朝的西北防线发动全面进攻。两军在帖坚古山（今蒙古巴彦乌列盖省德龙以西图格雷格）一带展开鏖战，双方互有胜负，元军损失较大，但窝察联军的首脑海都、笃哇双双负伤，海都更是在回军途中去世。

随着海都的死，窝、察两国的主从地位迅速调转过来，隐忍了二十余年的笃哇扶持海都能力平庸的儿子察八儿为窝阔台汗国之汗，控制了窝阔台汗国。而笃哇在对世界大势的考量上要比海都务实得多，他只想成为中亚霸主，不想再为虚无缥缈的"传统""正统"浪费国力。

1303年八月，笃哇和察八儿派使臣明里帖木儿出使元朝，表示恭顺罢兵之意。元成宗大喜，厚赐以金币，并派出使臣和窝、察两国使臣一起前往西方面见伊儿汗和金帐汗，希望各国全部罢兵修好。

1304年9月19日，三国使臣到达伊儿汗国陪都蔑剌哈，向伊儿汗完者都宣读约合诏书，完者都是阿鲁浑三子，对于元朝仍很恭顺，再加上他继承了哥哥合赞汗改革的果实，只想好好过日子，于是积极响应。次月，完者都在阿塞拜疆的木甘草原会见金帐汗脱脱的使臣，两国罢兵修好。

这场绵延四十年的世界大战，终于落下了帷幕。正如伊儿汗完者都写给法国国王金发菲利普的信中所说："我辈兄弟因信恶臣之谗言，以至失和，乃今铁穆耳合罕、脱脱、察八儿、笃哇和吾等其他成吉思汗诸后裔，皆赖上天之灵与福荫，结束迄今已有四十年之久的纷争，复和好如初。由是东起日出地南家之国，西抵Talu之海，已使驿路交会为一，我辈之国皆相沟通。"

和好虽是和好，如初却再不可能。大战之后，各个国家都是各过各的日子，直到蒙古人的时代最终过去。

第二章 元朝前期

号称继承,实是开创

——忽必烈与元朝

元朝的起始时间,学术界主流认为是从1206年成吉思汗建立"大蒙古国"开始,成吉思汗也被尊为元朝的太祖武皇帝。那么到1368年元惠宗逃出大都为止,元朝共有162年。不过,也有其他一些算法,如从蒙古灭金统一北中国的1231年算起,共有134年;如以忽必烈在1271年改国号为"大元"标志着元朝的开始,那么就有97年;如以1276年宋恭帝出降、元军攻占临安开始算起,元朝则只有92年历史。

不过,这几种论断都有难以自圆其说的问题。

以成吉思汗建国时算起,符合中国历代少数民族政权的特点,如元朝之前的辽、金,之后的清,都将建国作为王朝的开始。不过,大蒙古国与这些朝代都有所不同,无论是辽、金还是清,在入主中原之前,都已经接受了或部分接受了中原的典章制度,且一旦进入中原,便会将自己的政治中心南移,以汉地为统治中心,并全面仿效汉制。而大蒙古国从成吉思汗开始,历经窝阔台、贵由、蒙哥四任大汗,统治中心均在蒙古高原,且仍以成吉思汗所立制度为核心,汉制影响极少,也并不以中国皇帝自居。虽然四任大汗都被元朝追尊为皇帝,但只是对于祖先的尊奉而已,并无实际意义。真正有统治汉地之心,并以皇帝自居的,应从忽必烈开始。

以蒙古灭金为开始则更不科学。蒙古灭金,是在窝阔台汗之时完成的。但窝阔台汗也没有改变成吉思汗时期以蒙古高原为中心，以蒙古制度为核心的统治方式。金朝灭亡后，窝阔台汗并没有建立一个中原王朝，元朝的开始定在此时，明显是不符合历史事实的。

以忽必烈建立"元"国号作为元朝的开始，似乎是最为正确的。不过，元的国号并非创建，而是确定了"大蒙古"的汉译名称。何况，虽然"元"的国号是在1271年设置的，但一个王朝是否建立重要的是制度而并非国号。1260年，忽必烈称汗，建元"中统"，设置各种制度，已经是在实行传统中原王朝的管理模式，一个新的王朝已经建立，并不是非有"元"的国号才算建国。就如大三国时代一般从黄巾起义算起，因为东汉只剩下了"汉室"，各种制度都已经有了很大变化，因此算作一个新时代的开始是完全正常的。

以南宋灭亡作为元朝的开始是传统的正统观念。因为南宋是华夏正宗，那么只有南宋灭亡，宋帝向元帝投降，正统才转移到元朝。但是，虽然宋恭帝投降，可文天祥、陆秀夫、张世杰还先后拥立了两位宋帝，一直坚持抵抗，直到1279年厓山海战之后才算结束，那么正统就应该算在南宋流亡政府坚持到的1279年，把元朝开始定在1276年，可算是自相矛盾了。就如日后明朝之前，朱元璋已经在南京称帝，而明军攻陷大都时，元惠宗北逃，元室在漠南漠北继续维持统治，史称"北元"，其国祚直到1635年才被清朝结束，那明朝的起始时间又该如何算呢？

忽必烈与阿里不哥的汗位之争使得原属大汗政府直接管辖的西域各地区分别被四大汗国所控制，大汗只能统治蒙古本土和原金、宋、西夏之境，以及大理、吐蕃、畏兀儿诸地区。尽管忽必烈的大汗地位最后得到了各支宗王的承认，但大蒙古国实际上已分裂。而忽必烈所控制地区，便是元朝的初期疆域，之后1276年灭亡南宋之后，元朝实现了中国的统一。

元朝的开始，应该在公元1260年。这一年，忽必烈称汗，并仿效汉法，建元"中统"。在此之前，蒙古帝国都是以十二生肖纪年，并没有年号。年号是中国皇帝用以纪年的名号，是中国皇帝的专利。用年号纪年，便标志了忽必烈所建立的政权与大蒙古国的不同。

在《中统建元诏》中，忽必烈明确表示："建元表岁，示人君万世之传；纪时书王，见天下一家之义。法《春秋》之正始，体大《易》之乾元。炳焕皇猷，权舆治道。可自庚申年五月十九日，建元为中统元年。"这是对中国历代王朝的致敬与追随，"中统"即为"中华正统"之意。

虽然忽必烈倾其一生都在谋求恢复大蒙古国的统一，自己也严格地扮演着中国皇帝和蒙古大汗的双重角色。但是，以事实来说，忽必烈所统治的，是以汉地为主要疆域的国家，也就是元朝，不再是大蒙古国了。

制度上的变更，首先就在于统治机器的改变。忽必烈登基后，对于国家的管理已经与蒙古帝国时代大不相同。

成吉思汗建立蒙古帝国后所确立的制度，可以说集权与分封并行。首先颁布了《札撒》，以之作为国家一切生活的准则、制度和法令。《札撒》中包括选举、外交、诉讼、刑事犯罪、商业、赋税、义务、财产继承等方面的条文。

在地方设置方面，成吉思汗设立了"千户制"。建国初期设有九十五千户，千户之上是万户，智将木华黎为左翼万户，统辖地直到大兴安岭以东；封幼年时便跟随自己的好友博尔术为右翼万户，统辖地至畏兀儿阿尔泰山西麓。各千户长要由功臣来担任，千户之下又分为百户、十户。万户、千户、百户、十户的大小规模不尽相同。比如千户，有的可达四五千户，有的则不足一千户。千户的组成也各不相同：一些是由同族结合而成的，一些是重新收集分散在各部的同族组成的，还有一些是由不同部族组成的。此外，成吉思汗还将他的母亲、兄弟、亲属们分配为不等的万户、千户。

而在扩张之后，大蒙古国实行分封殖民。成吉思汗的子孙们在所占领的土地上建立隶属于大汗汗廷的汗国，各个汗国的汗王享有相当的自治权。但各汗国的封地仍由大汗委任长官统管，诸子在其封地上只享有一定数量的赋税收入。其行政权、军事权很大程度还属于中央直辖。这种直辖则依靠"达鲁花赤"也就是"断事官"的设置。

大蒙古国建国初期的大断事官是成吉思汗母亲的养子失吉忽秃忽，职责主要是两项：一是掌管民户的分配，一是掌握司法之权，这是蒙古国的最高行政官，相当于汉制的丞相。而诸王、贵戚、功臣封地内，也各置断事官管治其百姓，这些断事官是直接向中央汗廷负责的。

至于汗位的传承，如前文所说，蒙古帝国并没有立储制度，而是召开库里勒台由贵族们选举产生。

忽必烈登基后,对于这些制度进行了完全的改革,如郝经在《立政议》中所说:"以国朝之成法,援唐宋之故典,参辽金之遗制,设官分职,立政安民,成一代王法。"

在中央,设置行政、军事、监察机构,即中书省、枢密院、御史台,实行"三权分立";在地方上设立行中书省,简称行省或省,置丞相一人,掌管全省军政要务。

中书省是全国最高行政机关,总理全国行政事务。建元"中统"的第一年(1260),"夏四月戊戌朔,立中书省,以王文统为平章政事,张文谦为左丞"。中书省长官由皇太子真金担任,未立皇太子时暂缺。实际长官是右丞相、左丞相,有时也叫平章政事代丞相之职。中书省管理六部:吏部、户部、礼部、兵部、刑部、工部,各部均设置尚书。

在地方上,设行中书省,简称"行省"。全国除"腹里"直属中书省和西藏地区由宣政院直接管辖外,共建十个行省:岭北行省、辽阳行省、河南江北行省、陕西行省、甘肃行省、四川行省、云南行省、浙江行省、江西行省、湖广行省。"腹里"管辖山东、山西、河北及内蒙古之大部或部分之地,由中书省直接管理。行省建置是元代的创举,明代虽改行省为布政使司,但习惯上仍称之为行省。今日之省,是由元代行省演变而来。而西藏等"特区",则设置宣政院管理。

对于"库里勒台"选举大汗的制度,忽必烈弃之不用,而是用中国历代王朝的立储制度,所谓"鉴于前事,知汉法玉信者,实宗社至计,乃定策立真金为皇太子……授皇太子玉册金宝,太子有册礼始此"。

如果说整套的行政管理制度的变化还不足以说明元朝与大蒙古国不可一体而论,那么统治中心的迁移则直接关系到版图边界的变化,足以证明两者虽有传承却大为不同。

大蒙古国的中心是蒙古高原,都城在哈剌和林。这是一座典型的草原都市,由窝阔台汗于1235年在鄂尔浑河岸边建成。到蒙哥汗时代,蒙古帝国的疆域西到东欧,西南抵达伊朗高原,北部囊括大部分西伯利亚,东部直到库页岛,南部则与南宋以淮河为界。哈剌和林城正好处于较为中央的位置，利用四通八达的驿道可以有效掌控各地。

而到了忽必烈时代，窝阔台、察合台汗国已经成为敌国，哈剌和林城就几乎成为边塞，在忽必烈与阿里不哥、海都等征战时，这里经常成为战场和双方争夺的军事要地，首都再设于此，明显不合适了。因此，1260年，忽必烈在开平称汗，后将之改称为上都。上都是北接哈剌和林、南通中原地区的要塞，方便当时忽必烈对统治区域的管理。随着灭亡南宋提上议事日程，也就不得不考虑日后如何治理江南地区。于是，1272年，忽必烈汗又把都城从上都迁到大都（今北京），其城在金朝时称为中都，其地"龙盘虎踞，形势雄伟，南控江淮，北连朔漠，且天子必居中以受四方朝觐"。对于以中国为主要统治区域的元朝来说，定都这里再合适不过。这座城市日后继续成为明、清两代的帝都，也充分证明这里是名副其实的中国政治中心。

因此，元朝的国祚，应从1260年开始，到1368年元惠宗北逃为结束，立国108年。

超级学习机

——灭宋功臣伯颜

公元1274年,一个莫名其妙的预言在江南大地流传着——"江南若破,百雁来过"。

这个预言有三个版本。

在《元朝名臣事略》的记载中,是"江南若破,百雁来过"。在《马可·波罗游记》中,是"江南若破,百眼来过"。而元初北方思想家、诗人刘因,在自己《白雁行》诗中,则说是"北风三吹白雁来"。那便是"江南若破,白雁来过"。

无论"百雁""百眼"还是"白雁",都不是意译,而是取谐音,所指的便是元朝灭宋功臣——伯颜。

能够被预言选中,无论是"天意"垂青还是人心所向,都证明了伯颜的不凡。可若论资历和出身,伯颜在忽必烈诸臣中并不突出。

论资历,他既不是忽必烈藩邸旧臣,也不是"金莲川幕府"中的人物。当忽必烈南征大理,攻打江汉,平定秦陇,鏖战漠北之时,都没有他的身影。那时,他正和忽必烈的弟弟旭烈兀一路向西亚挺进。直到阿里不哥败降,世祖将年号从"中统"改为"至元"之后,他才以旭烈兀使者陪臣的身份来到元廷。

论出身,伯颜也并不显赫。他出身于蒙古巴邻部,曾祖述律哥图、祖父阿剌、父亲晓古台都出任八邻部左千户,三代都只是中层官员。倒是叔祖父纳牙阿是成吉思汗麾下猛将,忠诚敦厚,被成吉思汗誉为"可委任大事之人",出任过中央万户长高位，但与他这一支关系不大。

伯颜能够迅速脱颖而出，建功立业，在于他超强的学习能力。

至元二年（1265），二十九岁的伯颜受旭烈兀之命出使元廷奏事，一下子就被忽必烈看中了。《元史》记载他被看重的原因是"见其貌伟，听其言厉"，如果仅是长得相貌堂堂而且能说会道，恐怕并不能获取以识人著称的忽必烈的欢心，这是指伯颜有很多关于政治、军事上的见解让世祖青睐。从此便留在元廷，"与谋国事"。

元朝的制度，是中原汉制与蒙古的"漠北旧制"相混合的产物，在行政上汉制所占权重更大。这与旭烈兀的伊儿汗国的制度有着很大差别，伯颜曾经的经验难以借鉴，他必须从头学起。

若是寻常之人，即使天分高够勤奋，也要从低到高一步步循序渐进。而伯颜的学习能力可称为"超级学习机"，很快便展现了卓越的政治才华。至元二年（1265）七月，伯颜便被提拔为光禄大夫、中书左丞相。元朝官制以右为尊，左丞相虽不是正相，却已经是朝中显贵了。伯颜也没有辜负忽必烈的赏识，"诸曹白事，有难决者，徐以一二语决之"，这需要对律例条文熟练掌握，也需要决断力和举重若轻的素质。伯颜为相，无论蒙古大臣还是汉人大臣，都不得不佩服地说一句"真宰辅也"。

至元四年（1267），伯颜被升为中书右丞相；至元七年（1270），又迁同知枢密院事。这时的他只有三十四岁，却已经位极人臣。

中国古代政治人物，如果能够出将入相，那便达到了事功的最高层次，也是自己素质的最高体现。伯颜刚过而立之年已经是宰相，很快他又有了出征为帅的机会——南下灭宋。

当阿里不哥归降，大漠南北尽数归附后，忽必烈第一时间便把伐宋列为下一步的战略目标。因为"自古帝王，非四海一家，不为正统。圣朝有天下十七八，何置一隅不问，而自弃正统邪"。（《元史》）

在吸取蒙哥汗南征的教训，以及自己征江汉的经验后，忽必烈将主攻方向由川蜀转到荆襄，主要打击襄阳和樊城这两座重镇。

两城地处南阳盆地南端，襄阳和樊城南北夹汉水互为依存，"跨连荆豫，控扼南北"，地势十分险要，自古以来为兵家必争之地，所谓"中原有之，可以并东南；东南得之，亦可以图西北者也"。（《湖广方舆纪要序》）

至元四年（1267），南宋降将刘整便向忽必烈献策，指出伐宋应该"先攻襄阳，撤其捍蔽"，因为"无襄则无淮，无淮则江南唾手可下也"。这刘整本是南宋骁将，外号"赛存孝"（意思是赛过唐名将李存孝），任南宋泸州知州和潼川十五军安抚使，抵抗蒙古军屡立战功。可因为是北方人，受南方将领俞兴、吕文德等人嫉恨攻讦。为了自保，他遂于中统二年（1261）率泸州十五郡三十万户投降元朝。他的策略，忽必烈全盘采纳。

从此时开始，长达六年的襄樊战役便拉开帷幕。

从至元五年（1268）开始，元军在史天泽、阿术、阿里海牙等将领的率领下，用堡垒战术逐步包围襄、樊，切断其后援之路。刘整更是打造战船，训练水兵，建立起一支颇具规模的水军。待到至元九年（1272），襄、樊两城已经孤立无援。至元十年（1273），元军发动总攻，用新式"回回炮"击垮樊城城墙，攻陷樊城。之后又用炮火轰击襄阳城楼，使得城中军民人心动摇。襄阳守将吕文焕见大势已去，遂举城投降元朝，襄樊战役宣告结束。

襄、樊陷落，南宋的江淮防御体系已经名存实亡。一举南下灭亡宋廷的时机已经到来。

这就要确定南下总指挥的人选了。

在廷议上，大将史天泽、谋臣姚枢都向忽必烈举荐伯颜，甚至连帝师八思巴也竭力举荐伯颜，认为他才能出众，堪当大任。

众望所归，忽必烈于是下诏，以伯颜、史天泽同为平宋荆湖行省左丞相，共同任伐宋大军的最高统帅。但史天泽此时已经病入膏肓，无力从军，不久便病逝于真定。伯颜成了唯一的伐宋大帅。

至元十一年（1274）九月十三日，伯颜率三十万大军南下攻宋。三十八岁的伯颜意气风发，即兴作诗一首，名为《奉使收江南》：

剑指青山山欲裂，马饮长江江欲竭。

精兵百万下江南，干戈不染生灵血。

伯颜原本并不精通汉语，到元廷任职后，与汉人大臣接触，迅速发挥"超级学习机"的能力，熟练掌握了汉文，不但书法"妍秀稳密"，被称为"落笔雄伟，若老于翰墨者"，而且学会了作诗填词。虽然还不能和诗词大家相比，但也对仗工整，意境雄浑。其中"干戈不染生灵血"一句，是他对忽必烈的承诺，因为在出征之时，忽必烈特地嘱咐他："昔曹彬以不嗜杀平江南，汝甚体朕心，为吾曹彬可也。"

元军分为三路，从襄阳出发，直指郢州（今湖北钟祥）。郢州依山傍水，易守难攻，宋将张世杰以沿江精锐数万人固守。伯颜的前锋部队试探性攻击未取得任何进展，伯颜果断下令："攻城乃兵家之下计，大兵之用，岂唯在此一城哉！"只留下少数部队包围郢州，大军则绕道南下。

十一月二十三日，元军抵达蔡店（今湖北武汉市汉阳区），宋淮西制置使夏贵已经率宋军十数万、战舰万余艘布阵迎战。伯颜避实击虚，做出进攻汉阳从汉口渡江的假象，吸引夏贵驻在汉口不动，而以主力十万步骑和十万战舰水陆并举，猛攻沙芜口，迅速将之攻陷。

获得沙芜口这个重要据点后，十二月十三日，伯颜以阿里海牙佯攻宋军重兵把守的阳逻堡，而命阿术趁夜色逆流而上四十里，在青石矶登岸，直抵鄂州东门。宋军见元军渡江，军心大乱。

见强渡成功，伯颜迅速调集兵力猛攻阳逻堡，并以水师进攻夏贵所部。阳逻堡宋军早已军心瓦解，不战先乱，阳逻堡旋即被攻克，夏贵弃军而逃，所部全军覆没。如此，当年忽必烈费尽力气也没能拿下的鄂州已经无兵防守。鄂州、汉阳等城的守将先后投降。

伯颜留阿里海牙留守鄂州，自己和阿术继续南下。

阳逻堡之战的失败，使得宋军上下军心涣散，面对伯颜大军，蕲州守将管景模、池州守将张林、江州守将吕师夔、安庆守将范文虎及五郡镇抚使吕文福等相继投降。

长江南岸的众多要塞尽数丢失，宋廷乱成一团。此时，南宋第六任皇帝宋度宗赵禥已病死，其次子赵显即位，年仅四岁，是为恭帝，理宗皇后谢道清以太皇太后之名垂帘听政，但实权还是掌握在权相贾似道手里。面对元军的大兵压境，朝野都要求贾似道出兵御敌，贾似道顶不住压力，只好于至元十二年（1275）初，率精锐十三万离开临安奔赴前线。

此时，因为江南天气暑热，元军水土不服，军中非战斗减员严重。忽必烈下诏要伯颜停战驻守，等明年秋天再出兵。伯颜上书忽必烈道："百年逋寇，已扼其吭，风驰电击，取之恐后，少尔迟回，奔播江海，遗患留悔矣。"忽必烈经过考虑，下诏："将在军，不从中制，兵法也。宜从丞相言。"伯颜得以继续挥兵南下。

是年二月十八日，元宋两军对峙于丁家洲，大决战开始。

战斗一开始，伯颜命左右翼万户率骑兵夹江而进，同时开炮轰击宋军，炮声震百里。见到宋军阵势散乱，伯颜又派出水军冲击宋军船队。宋军将领均都是庸懦之辈，在元军攻击下一触即溃。

丁家洲一战，南宋的主力部队损失殆尽，贾似道也失去了可以继续专制朝政的资本，被弹劾罢官，后在流放途中被差官所杀。

此时，元朝的北方却出了事，窝阔台汗国海都屡屡发兵进攻漠北。为了应付北方边患，五月十七日，忽必烈急召伯颜回京，一方面听取南方战事汇报，另一方面想让伯颜负责北方战事。

这次召回，险些让伯颜失去灭宋的功劳。所幸，经过一个多月商讨，忽必烈最后决定让另一位丞相安童出镇漠北，仍让伯颜回南方带兵。

十一月九日，伯颜兵分三路向临安进发。参政阿剌罕等为右军，以步骑自建康出四安，趋独松岭；参政董文炳等为左军，以舟师自江阴循海趋澉浦、华亭；伯颜及右丞阿塔海由中道，节制诸军，水陆并进。十一月中旬，元军攻破常州，周边诸城望风奔溃，临安再无险可守。

至元十三年（1276）正月中旬，伯颜进至皋亭山（今浙江杭州东北）。正月二十二日，勤王抗元的文天祥被宋廷任命为右丞相兼枢密使，并奉命与吴坚、贾余庆等人一起与伯颜交涉。

伯颜见到文天祥，立即看出其人并非蝇营狗苟之辈，必会阻碍宋廷投降，于是便借口有事相商，强行将文天祥扣押。伯颜此举，虽不够磊落，却也是对文天祥的惺惺相惜之意。他若看不出文天祥是个英雄，便不会做出扣押的事情来。文天祥在敌营遇到这位"知己",能够受到敌人的重视,算是大幸,而这种重视又使自己身陷囹圄,有力使不出,也算是大不幸了。

文天祥被拘押,丞相陈宜中逃走,张世杰、陆秀夫等人也已经保护着度宗另外两个儿子赵昰、赵昺南逃。临安城中留下的都是如吴坚、贾余庆这样唯唯诺诺之辈,主事的太皇太后谢道清又老迈昏聩,除了投降,也确实无路可走。

正月二十六,伯颜派部将嗦都率军进入临安,保护皇宫并控制各要隘。

二月初五,南宋恭帝赵㬎正式颁布降表和谕降诏书,南宋灭亡。两宋从太祖赵匡胤建国到此时,享祚316年。

从1234年由窝阔台汗开始的征宋战争,历经42年之久,到这里总算有了个结果。有人说南宋能够如此之长地抵抗当时世界上最强大的武力,足以证明其军事上并不孱弱。其实,窝阔台汗时代,蒙宋双方只能算是略加接触,蒙古的主要目标是向西而并非向南。贵由汗时代只顾着内讧,没有攻宋。蒙哥汗时代虽然大规模南征,可蒙哥汗意外崩于半路。到忽必烈掌舵,又要用大量时间和自己的兄弟们打仗,安顿后方。待到可以全力南下时,只用了八年便灭亡了人口、地利、科技都占优的南宋,说南宋不弱,并不客观。

要说南宋必然灭亡,却也是后见之明。其实,忽必烈本身并没有能必然灭亡南宋的信心。作为一个雄才大略但又很迷信天命的帝王,忽必烈直到最后关头还认为南宋天命未绝。当伯颜领兵南下时,忽必烈在与姚枢的密谈中还说道:"自太祖戡定天下,列圣继之,岂固存之令久帝制南国耶?盖天命未绝。朕昔济江而家难作,天不终此,大惠而归。今伯颜虽济江,天能终此与否,犹未可知。是家三百年天下,天命未在吾家先在于彼,勿易视之。"在交战过程中,忽必烈先是下诏停战,后又召回伯颜,原因就在于这"天命未在吾家先在于彼"的担心。如果南宋方面能够上下一心,同仇敌忾,挡住哪怕迟滞伯颜的进攻,都有可能换来忽必烈首先提出议和。然而,南宋将帅只知逃遁,文臣只图自保,虽有少数英雄奋力拼搏,也是大火漫天杯水不济了。

太皇太后谢道清在质问文臣武将时所说:"我国家三百年,待士大夫不薄。吾与嗣君遭家多难,尔小大臣不能出一策以救时艰,内则畔官离次,外则委印弃城,避难偷生,尚何人为?"(《宋史》)老太后没有吕雉、武则天的本事,保不住宗庙社稷，这番话却是一针见血。

对手的种种错误再加上努力与天赋，终于使得伯颜成就了自己的辉煌。在进入临安后，他出榜安民，维持秩序，下令封存府库，登记钱谷，将士不得擅自进城，敢于暴掠者军法从事，从而保护了繁华的南宋都城没有遭到破坏。

但作为征服者，他也按照指令将太常寺的祭器、礼器，秘书监的图书、户口簿册，以及衮冕、圭璧、符玺、宝玩、车辂、辇乘、卤簿、麾仗等象征政权的物品全部清点装运北归。宋皇室成员除了太皇太后谢道清因为有病而暂时留下外，也全部押解北上。

抵京之时，忽必烈命文武百官全部出城迎接，并召至宫中慰问，大加褒奖，伯颜甚为低调，只言："奉陛下成算，阿术效力，臣何功之有。"

灭亡南宋，混一南北，伯颜自是首功。而他居功不自傲，又自守清廉，因此被时人赞颂为："以雄姿大略，济以至仁。取胜国，兵不血刃，归橐不贮一毫，勋德塞宇宙。"

骂名背后是好汉

——真实的张弘范

虽然南宋被伯颜所灭，但南宋的抵抗力量并非一朝而亡，在伯颜北归之后，江南的战事并未停息，而将南宋最后的抵抗力量歼灭的是张弘范。

张弘范历来背负着汉奸的骂名，因为他作为汉人却为蒙古皇帝灭亡了汉人王朝。实际上，在现代民族国家诞生之前，王朝的属性并非民族性的，尤其皇帝代表着"王者无外"的神圣，统治天下万民各个民族。汉人王朝治下，也有诸多其他民族，其他民族的王朝也统治汉人，也就是所谓"君主华夷"。

所以，张弘范灭宋，与西晋灭吴，隋灭陈，宋灭南唐的将军们，并无区别。唐朝有突厥人名将阿史那社尔，有高句丽人名将高仙芝，有契丹人名将李光弼，有吐蕃人名将论弓仁，他们为汉人皇帝效力，没有人说他们是突厥奸、高丽奸、契丹奸和吐蕃奸，张弘范却被说成是汉奸，实在冤枉。

张弘范，易州定兴（今河北定兴河内村）人，字仲畴，是大蒙古国、元王朝世侯张柔的第九个儿子。

张柔是个在乱世中从底层打出一片天地的厉害人物。当年蒙金战争，蒙古铁骑所过之处，生灵涂炭。而一旦蒙古军撤走，留下的土地便又会盗贼蜂起，老百姓再遭第二遍罪。当时的河北便是这种情况的重灾区，种地出身的张柔"少慷慨，尚气节，善骑射，以豪侠称"，聚集乡亲族人组成"自卫军"，既抗蒙，又防盗，逐渐成为四方闻名的军事武装首领。

当时金军节节败退，对于地方已经逐渐失控，便延揽民间武装为自己所用。张柔被中都经略使苗道润招安，成为金朝将领。

元太祖十三年（1218）八月，张柔率军迎战蒙古军于狼牙岭，战败被俘。毕竟张柔做金朝的官只是个形式，起兵不过是为了保护家乡亲人，现在见大势已去，就率众投降。成吉思汗对降人一向厚待，让他仍领旧部。

从此，张柔为大蒙古国南征北战，到1232年，屡立战功的张柔被任命为汉军万户，成为一方"世侯"。

张柔作战勇猛，往往出奇制胜，因此战功赫赫。在众多汉人世侯中，只有他与史天泽被誉为"霸都"，也就是英雄。

身为张柔第九子的张弘范，继承了父亲的军事才能，很年轻便在军队中崭露头角。中统元年（1260），他被任命为御用局总管，中统三年（1262），便改授行军总管，在亲王合必赤麾下征讨在济南叛乱的李璮。

李璮也是一方世侯，益都行省李全之子。李璮并不安于做个诸侯，而有着称王图霸的野心。中统三年，李璮趁忽必烈倾全力抗御阿里不哥南犯的机会，举兵反叛。在遭到元军进剿后，李璮率部死守济南。

元军深沟高垒，将济南围得水泄不通。

二十四岁的张弘范也率领本部人马来到济南城下。临行时，张柔对儿子面授机宜："汝围城勿避险地。汝无怠心，则兵必致死。主者虑其险，苟有来犯，必赴救，可因以立功，勉之。"张弘范领会了老爹的教导，将自己的营寨扎在最容易发生战斗的城西。

在兵粮即将告罄的情况下，李璮督率所部没命地出城突围，但是，当各处元军都在为反突围而奋战时，张弘范的营地似乎被遗忘了，李璮根本没有向张弘范的驻扎地派出一兵一卒。

此时，若是空有血气的年轻人，必定操刀上阵，自己去找李璮；若是胆怯平庸的"二世祖"，则会暗自庆幸，疏于防备。而张弘范立即判断出，李璮这是在迷惑自己，认为自己年轻可欺，"我营险地，璮乃示弱于我，必以奇兵来袭，谓我弗悟也"。于是，立即在营外挖掘壕沟，并布置精兵甲士设伏。

第二天，李璮果然以主力向张弘范营地猛攻，正入张弘范的圈套，用来突围的部队全军覆没。经此一战，张弘范名声大噪，从而得到了世祖忽必烈的垂青。

是年七月，济南城破，李璮被俘杀。经此教训，忽必烈感到"诸侯权太重"，于是决定"罢大藩子弟之在官者"，中断地方诸侯世袭，在地方上实行军民分治。即使是讨灭李璮有功的史天泽、张柔也没能例外，他们的"侯国"从此国除。

老爹的封国没了，张弘范却并没有多少遗憾，他只是第九子，即使世袭也轮不到自己头上，要想荣华富贵，还需要自己打拼。

到忽必烈开启襄樊战役时，张弘范任益都淄莱等路行军万户，在军前效力。元军以堡垒战术包围襄、樊，却没能掐断宋军的补给线。张弘范献计："宜城万山以断其西，栅灌子滩以绝其东，则庶几速毙之道也。"终于使得襄、樊宋军再也得不到任何支援。在最后的决战中，他更是身先士卒，裹伤再战，先后率先攻入樊城和襄阳，立下大功。

到伯颜伐宋之时，张弘范率部作为先锋，"东略郢西，南攻武矶堡"，全部"取之"。丁家洲之战中，他击溃宋军前锋，为宋军随后的全线崩溃起到决定性作用。元军到达瓜州时，宋将姜才率部与元军对垒。姜才的军队号称善战，元军望之有惧色。张弘范自率十三精骑渡水，引诱宋军追赶后又翻身力战，宋军纷纷惊慌退后。元军乘势猛攻，大败宋军。之后，张弘范又在焦山之战中表现出色，俘虏八十余艘战舰。

因为一系列战功，张弘范和自己的父亲一样，获得了"霸都"称号，并被授予亳州万户之职。至元十四年（1277），他更被授予镇国上将军、江东道宣慰使之职。

如果南宋朝廷投降之后，江南各地传檄而定，张弘范的军事生涯很可能不会再有大的光彩，但一个人改变了这一切。

这个人就是文天祥。

文天祥，字宋瑞，江西庐陵人（今江西吉安）。二十岁时被宋理宗钦点为状元，他日后自称"大宋状元宰相"，便是来历于此。三十七岁时，因为得罪了权相贾似道，被迫"致仕"。直到恭帝登基，元军南下，朝廷号召各地勤王，他才成为寥寥几位率军勤王的将领之一，率领自行招募的义军赶赴临安。文天祥虽被封为左丞相兼枢密使，却只能负责去元营议和。结果，他因为表现得过于卓尔不群，被元军大帅伯颜看出是个英雄，导致被扣押。

而在前去议和之前，文天祥便已知不可能以岁币称臣之类的条件换得社稷的保全。为了能为赵宋社稷保留根苗，他上疏请太皇太后允许宋恭帝的一兄一弟出临安，吉王赵昰赴福建，信王赵昺赴广东。谢太后同意，派人送两位王爷出城南下。

两位小王爷大的九岁，小的只有六岁，在颠沛流离中历经苦难，在陈宜中、张世杰、陆秀夫等人的保护下来到福州。

至元十三年（1276）夏六月，益王赵昰在福州被拥立为帝，是为端宗，改元景炎。以陈宜中为丞相兼枢密使，都督诸路军马；张世杰为枢密副使；陆秀夫为直学士。

原本已经灭亡的南宋朝廷便这样复生，无论对于元军还是南宋军民，情势都起了很大的变化。

随着南宋流亡朝廷的建立，使得原本对南宋朝廷腐化、聚敛、御敌无方失望透顶的江南士民重新看到了希望，颓废苟安之气迅速被抗击精神所取代，州郡望风而降的趋势停顿下来。

文天祥被元军押解大都的途中，到镇江时趁看守不备连夜逃出，听说流亡政府在福州，便赶往投效，被拜为右丞相兼枢密使。由于主政的陈宜中嫉贤妒能，文天祥担心引起内部纷争，主动前往南剑州（今福建南平）开府，招募士兵。

然而，南宋各地的抵抗者均各自为战，之间缺乏联络，再加上并无能战之将，在元军阿术、阿里海牙、李恒等名将的打击下，各地抵抗相继失败。文天祥也屡战屡败，招募的军队所剩无几。流亡朝廷不得不一再"播迁"，从福州到泉州，从泉州到潮州，席不暇暖。

颠沛流离之中，宰相陈宜中自行逃奔占城（今越南中部），而端宗赵昰也在惊吓中于至元十五年四月十五日（1278年5月8日）病死于石冈州（今广东吴川西南面一个小岛）。

皇帝死，宰相逃，本就看不到希望的南宋群臣"多欲散去"，而陆秀夫道："度宗皇帝一子尚在，将置其何地！古人有以一旅以成中兴者，今百官有司皆备,士卒数万,天若未欲绝宋,此岂不可立国?"于是,众人拥立赵昺为帝,是为宋末帝,改元祥兴。

在南宋的流亡朝廷苦苦维持之时,张弘范则在进行自己人生当中最大的一次立功谋划。至元十五年六月,他上奏世祖:"宋主既降,而其将张世杰奉其庶兄益王昰与弟广王昺南奔。既立昰于闽而卒,又立昺于海上,宜致讨焉。"

从军事上来说,漂泊海上的南宋小朝廷已经算不上什么威胁,从政治上来说,却是稳定江南的极大障碍。忽必烈于是命张弘范为蒙古、汉军都元帅,负责对广东用兵。

从蒙古帝国时期开始,虽然早有各个民族的将领,但都是各领本族军队,蒙古将领可以统领其他民族的部队,而其他民族的将领不能率领蒙古军,这惯例在忽必烈时代为他而打破。张弘范深知这次委任大有违传统,在陛辞之日力辞:"汉人无统蒙古军者,乞以蒙古信臣为首帅。"忽必烈让他不必在意,赐锦衣、玉带以表示对他的绝对信任。张弘范不要锦衣、玉带,提出要宝剑、铠甲,忽必烈闻言壮之,赐张弘范尚方宝剑,表示:"剑,汝之副也。有不用命者,以此处之!"明白地给张弘范以专征之权。

于是,张弘范荐李恒为自己的副手,至扬州后,发水陆精兵二万,分道南下。

以精锐之师攻疲颓之兵,即使不是张弘范率领也足以摧枯拉朽。元军水军接连攻袭漳州、潮州、惠州等地,数败宋军。在广东坚持抗战的文天祥所部败走海丰,在逃至五坡岭(今海丰以北)之时被张弘范之弟张弘正追上,残军溃灭,文天祥被俘。

文天祥见到张弘范时拒不下跪,只求一死,其气概为张弘范所钦佩,赞叹道:"真忠义人也!"命左右为文天祥释缚,并礼敬有加。

与此同时,元军步军在李恒统率下越过大庾岭,攻占广州。

文天祥所部溃灭,南宋流亡朝廷在陆地上已无可策应之兵。随着一座座城池的陷落,张世杰不得不率部保着小朝廷退至厓山。

厓山位于今天广东新会南端,北扼海港,南连大海,西面与汤瓶山对峙如门,所以又称为"厓门"。据此可控制厓山海而至乌猪洋一带,地理形势十分重要。张世杰"以为天险可守",将此地作为流亡政府最后的据点。

相对于二十万众兵民和数千艘战船的南宋厓山大寨，作为追击者的张弘范身边的部队就有些不值一提了，计有大小战船五百艘，兵力约二万人。正月十三，到达厓山时，又因为有二百艘战船迷失方向，真正到达的只有三百艘。

见元军兵少，张世杰手下有谋士提出了建议："北兵以舟师塞海口，则我不能进退，盍先据海口。幸而胜，国之福也；不胜，犹可西走。"主张在人数占优的情况下，主动出击，掌握战场主动权。

但张世杰担心主动进攻失败后，会导致军卒溃散，坚决不同意，命人把千余艘大船用铁索牢结成一字阵，沉锚于海。这种连接战船的举动，让宋军难以机动，既不能主动出击，也无法迅速对友军进行援助和配合，可说是摆出了死阵。

至元十六年（1279）正月十三，厓山大战正式开始。

张弘范不顾自己有近一半部队未到，副将李恒的一百多艘战船也难以及时加入战场，指挥兵将猛攻宋军阵营。由于宋舰高大，元军水军冲撞不成，张弘范派人在木柴上浇上膏油，乘风纵火。但宋舰事先涂泥，火攻并未得手。

猛攻不成功，张弘范逼迫被俘的文天祥写信招降。文天祥道："吾不能捍父母，乃教人叛父母，可乎？"并出示自己的《过零丁洋》诗。张弘范读到"人生自古谁无死，留取丹心照汗青"之句，遂大笑作罢。

作为南宋宰相，抵抗运动的领导人，文天祥是不幸的，他没能够挽狂澜于既倒，扶大厦之将倾；但作为一个英雄，一个有着鲜明人格的人，他又是幸运的，打败他的敌人也是英杰，前有伯颜，后有张弘范，能够了解他、尊重他、知道他的可贵。即使失败，英雄也应该败于英雄之手，"大丈夫辱于狱吏"，是最可悲的事情。

既不能招降，张弘范命元军封锁海口。由于汲水道绝，宋军只得以海水解渴，几乎所有人都上吐下泻，战斗力剧减。张世杰虽率宋军"旦夕大战"，却没能动摇元军阵势，也未能打破封锁。

二月初四，张弘范的副将李恒率军自广州来会，与张弘范一起合攻厓山之北。李恒观察形势后，建议元军合力与宋军水师"相直对攻"。

二月初六清晨，张弘范亲率元军往攻宋营。宋军方面，张世杰也亲自披挂上阵，殊死抵拒。

双方反复厮杀，战至日中，仍未能分出胜负。张弘范命人以布障把其指挥大舰的四面遮蔽严实，将士伏盾埋伏于后，然后大奏音乐。张世杰误认为元军要休军聚宴，精神上懈怠下来。

趁着宋军迟滞之机，张弘范的指挥舰忽然冲击宋军左侧水寨。宋军齐发弩箭，全部射在了大船的布障上。等到宋军箭矢已尽，张弘范下令撤去布障，其后的伏兵矢石俱发，宋军倒毙无数，无力阻止战船相接。元军纷纷跳上宋舰，杀人斩帆，宋军各营纷纷崩溃。

战斗持续到日暮，宋军已无力回天。张世杰只得率十余艘战船突围而去。

张世杰逃出生天，但小皇帝和陆秀夫还面临着元军的围攻。陆秀夫万念俱灰，先驱赶自己的妻儿跳海，然后向赵昺泣拜道："国事至此，陛下当为国死。德佑皇帝（宋恭帝）辱已甚，陛下不可再辱！"说完，他将赵昺背在身上，纵身蹈海，君臣二人同死于万顷波涛之中。

赵昺死时年仅九岁，小孩子是否知道社稷大义，国家荣辱？被背负跳海，是否会挣扎？人们似乎从未揣度一个小孩子的内心，他只能以成年人的坚毅表情去殉国。在他身后，"后宫诸臣从死者甚众"，战斗结束的第七天，厓山一带海上浮尸十余万。

张世杰逃出后不久，忽遇台风，将士劝张世杰靠岸。他叹道："无以为也！"登上柁楼，燃香祈天："我为赵氏，仁至义尽。一君亡，复立一君，今又亡。我当时不死，只望敌兵退后，别立赵氏后人以存社稷。今又遇此，岂非天意！"言毕，台风更加猛烈，舟船全部倾覆，张世杰及残余宋军均溺水而死。

无论是天意还是意外，南宋最后的抵抗军至此全部覆没。

是年十月，张弘范班师还朝，世祖特别在内殿为他洗尘，荣宠不亚于当年的伯颜。然而不久，张弘范便因"瘴疠疾作"而病倒。

忽必烈对张弘范的病情十分重视，特命御医前往诊视。但常年的鞍马劳顿使得张弘范身体早已透支，终于一病不起。在病中，他得知文天祥始终不愿投降，以至于朝中有诛杀之议，连忙上疏，"表奏天祥忠于所事，愿释勿杀"。

文天祥虽暂时得以不死，张弘范却不得不先走一步。至元十七年（1280）正月，张弘范病逝家中，享年四十三岁。

忽必烈对张弘范的死十分悲痛，追赠他为银青荣禄大夫、平章政事，谥武烈。后来的元朝诸帝又屡次加封。至大四年（1311），元武宗加赠他为"推忠效节翊运功臣、太师、开府仪同三司、上柱国、齐国公"，改谥忠武。延祐六年（1319），元仁宗又加赐他为"保大功臣"，封淮阳王，改谥献武。

张弘范去世后，文天祥又经历了多次劝降，即使世祖亲自许以宰相之位仍矢志不移。至元十九年十二月初九（1283年1月9日），在张弘范去世三年后，文天祥于大都柴市口就义，享年四十七岁。

确实空前,却非绝后

——元朝的疆域

说到元朝的疆域,出现频率最高的词汇便是"空前绝后"。在人们心中,元朝是中国历史上疆域最大的朝代,无论是前面的汉、唐,还是后面的明、清,都无法相比。

所谓空前,元人自己在官修、民撰的众多史书中说了很多。

元朝官修的《经世大典》,其中《序录·君事》中写道:"至四海之混一,若夫北庭回纥之部,白霫高丽之族,吐蕃河西之疆,天竺大理之境,蜂屯蚁聚,俯伏内向,何可胜数,自古有国家者,未若我朝之盛大矣。"

而民间所修,作者名已经亡佚的《圣朝混一方舆胜览》也跟着赞颂:"唐虞三代以来之州域,北不逾幽、并,南不越岭徼,东至于海,西被于流沙。……方今六和混一,文轨会同,有前古未有之天下,皇乎盛哉。"

本朝人说本朝事,自然不那么客观。当然,元朝没有文字狱,对于民间修史、作文没什么限制,相对而言,兑水的情况并不严重。也可能是因为如此,后世也就大都接受了这些说法。

明代所修的《元史》,在《地理志》中所云:"若元,则起朔漠,并西域,平西夏,灭女真,臣高丽,定南诏,遂下江南,而天下为一。故其地北逾阴山,西极流沙,东尽辽左,南越海表。盖汉东西九千三百二里,南北一万三千百六十八里;唐东西九千五百一十一里,南北一万六千九百一十八里;

元东、南所至不下汉唐,而西、北则过之,有难以里数限者矣。"

清朝顾祖禹著有《读史方舆纪要》,也认为:"盖(元)疆理之远,轶于前代矣……东尽辽左,西极流沙,南越海表,北逾阴山。东西万余里,南北几二万里。"这个"几二万里"便是从《元史》中所列的数字推算出来的。

到了清末,大名鼎鼎的严复也认为:"忽必烈汗荐食小朝,混一华夏,南奄身毒(印度),北暨俄罗(斯),幅度之大,古未有也。"

有了那么多前人的铺垫,元朝疆域的"空前"也就板上钉钉。到谭其骧编纂的《中国历史地图集》及郭沫若主编的《中国史稿地图集》中,元朝的疆域图也就极为广大,远远超过了之前与之后的所有朝代。

于是,问题出来了,空前尚可说定,但是否"绝后"?

元朝疆域要远超过汉、唐,主要在于对一些传统邻国的吞并。

汉代时,在北方,汉武帝北伐匈奴,将疆域扩展到河套和河西走廊;在东方,灭卫氏朝鲜,设四郡;在西方,公元前60年设置了西域都护府,辖境包括自玉门关、阳关以西的天山南北,直到今巴尔喀什湖、费尔干纳盆地和帕米尔高原以内的范围,初期有36国,以后增加到50国,治所设在乌垒城(今新疆轮台县东野云沟附近),西域各国虽然是臣属,内政、外交、军事总要受到汉朝的干涉,但还是一个个独立小国,并不能算是汉朝直辖领地;在西南,经过十余年的武装开拓,川西高原和云贵高原上的部族,如邛都、笮都、冉駹、白马、且兰、夜郎等,都已纳入汉朝的统治,在这些部族的地区新置了越巂、沈黎、汶山、武都和牂柯五郡,在滇和昆明这两个部族的地区建立了益州郡,汉朝的西南边界扩展到今高黎贡山和哀牢山一线;在南方,灭南越国,在南越属地设置了九郡,其中的交趾、九真和日南三郡都在今天越南的中、北部,珠崖和儋耳二郡在今海南岛上。

汉朝扩展疆域比较稳固,在日后只有较小的收缩。

唐朝的疆域要比汉朝广大,在边境设有六大都护府:

单于都护府(初称为云中都护府),辖境相当今内蒙古阴山、河套一带。

安北都护府(初称为瀚海都护府),辖境约相当今蒙古国和俄罗斯西伯利亚南部一带。

安西都护府,统辖安西四镇(龟兹、疏勒、于阗、碎叶),辖境相当今新疆及中亚楚河流域。

北庭都护府，统辖包括天山北路东起今阿尔泰山、巴里坤湖，西至咸海的西突厥各部族。

安东都护府，辖境西起辽河，南至今朝鲜北部，东、北至海，包括今乌苏里江以东和黑龙江下游两岸直至海口之地。

安南都护府，辖境北有今云南红河、文山两自治州，南至越南河静、广平省界，东有广西缘边一带。

但是，这六大都护府所管辖的区域并不是同时达到这样的范围，而且达到最远点的时间较短，如安北都护府663年的辖境约相当今蒙古国和俄罗斯西伯利亚南部一带，到686年的辖境就退缩到今内蒙古自治区一带；安西都护府在656—663年之间的辖境扩大至自今阿尔泰山西至咸海间所有游牧部族和葱岭东西直至阿姆河两岸城郭诸国，到安史之乱后退至葱岭以东；北庭都护府在安史之乱后辖境完全丧失；安东都护府在670年的辖境仅剩下辽东，后又退到辽西；安南都护府在安史之乱后，西北（今云南）逐渐被南诏国占据。另外，唐朝时正是吐蕃帝国强盛时期，整个西藏包括青海大部均是吐蕃帝国土地，唐朝对其自然说不上管辖。

元朝与汉唐相比，首先就是漠北草原完全是自己的老家，属于龙兴之地，几千年来中原王朝的漠北边患不复存在。其次，西藏在被招降后由王朝直接管辖。还有今天的东北、云南地区，也都是在这个时候完全被控制，而不再是以"称臣纳贡"作为依附而实际保持独立的渤海国、南诏国或大理国。

元朝设立行省制，全国设十大行省，以这些行省的管辖地来看，可以看出大体疆域。

陕西行省，辖境包括今陕西及甘肃两省、内蒙古自治区部分地区。

甘肃行省，辖境包括今甘肃省、宁夏回族自治区及内蒙古自治区部分地区。

辽阳行省，辖境包括今辽宁、吉林、黑龙江三省及黑龙江以北、乌苏里江以东地区。

河南江北行省，辖境包括今河南省及湖北、安徽、江苏三省的长江以北地区。

四川行省，辖境包括今四川省大部地区、重庆市及湖南省等地区。

云南行省，辖境包括今云南省全境，四川、广西两省部分地区，以及泰国、缅甸北部一些地方。

湖广行省，辖境包括今湖南、贵州、广西三省区之大部及湖北省部分地区。

江浙行省，辖境包括今江苏省南部，浙江、福建二省及江西省部分地区。

江西行省，辖境包括今江西省大部及广东省。

岭北行省，辖境包括蒙古国全境，中国内蒙古自治区（全境）、新疆维吾尔自治区部分地区和今俄罗斯联邦境内西伯利亚部分地区。

以此来看，元朝边疆的范围西北至今天新疆的哈密地区，东北到黑龙江入海口和俄罗斯萨哈林湾一带，东到大海（包括台湾），南到南海诸岛，西南包括西藏、云南，以及今缅甸东部。

这些限定都没什么问题，但北部边界有很大的争议。一些学者将元朝的北疆扩展到北冰洋沿岸，有的说法则将北部边界限定为今天蒙古国北部边界的库苏古尔湖、乌布苏湖一带，相差甚远。这关系到上千万平方公里土地的版图归属。于是又有学者提出，因为在北冰洋沿岸从未发现元朝官方或民间遗迹，不应再坚持"北冰洋沿岸"之说，但也不愿意承认北部边界只达到今天的蒙古国北疆，于是便折中一下，把元朝北疆定在贝加尔湖中部以北地区。

以笔者看来，北冰洋沿岸自然有些托大，贝加尔湖一带也并没有元朝政府直接管辖的明确证据。那么，以清朝的地图作为参照，元朝的北疆范围应该大致比现在的蒙古国北疆稍北一些比较合适，或者可以达到贝加尔湖南岸。

这么一来，元朝疆域的"绝后"就有待商榷了。

代替元朝的明朝，未能统治蒙古高原，那里是元朝后继"北元"的疆域。新疆地区，元朝时就有一半属于察合台汗国，明朝时仍然如此。西藏由完全服从统治，又回归到了称臣纳贡的独立状态，还包括幅员辽阔的青海。除了汉人王朝的固有领土之外，元朝扩充的领土，唯一保留在明朝版图内的，只剩下辽东和云南。其极盛之时，虽然北元、西藏帕竹政权、察合台汗国都认其为宗主，可那些土地明王朝是说不上有实际管辖权的。

明朝疆域远小于元朝是不争的事实。而代替明朝的清朝在康雍乾三代的努力下猛追元朝创下的"疆域记录"。

以漠南（今内蒙古）为主要管辖区的北元，漠北（今蒙古国）喀尔喀蒙古，新疆的准噶尔汗国，叶尔羌汗国（察合台汗国继承人），西藏、青海的和硕特汗国都是或直接或间接地被清朝消灭。到1759年，也就是乾隆二十四年，清朝疆域发展到极致，北起蒙古唐努乌梁海地区，南至南海，包括今西沙群岛、南沙群岛等南海岛礁，西南达西藏的达旺地区、云南省的南坎、江心坡地区及缅甸北部，西尽咸海与葱岭地区，包括今新疆及中亚巴尔喀什湖，东北抵外兴安岭，包括库页岛，东南包括台湾、澎湖群岛。

元朝有的，清朝基本收归囊中，而元朝没有的，清朝也拿到手中。元朝因与窝阔台、察合台两汗国对立，先后损失河中地区和新疆西部，最后只能以哈密为西界，而清朝在灭亡准噶尔汗国，平定"大小和卓之乱"后，今新疆的所有地区直到塔拉斯河以西全部划归版图，在这一点上，元朝稍逊一筹。

因为中国独特的藩属制度，一些臣服于中国皇帝的藩国国主都要接受皇帝的册封，因此，有人便总愿意把这些藩国的土地都算作领土。实际上，是否有驻军，是否有税收，是否有委派官员直接管辖才是确定领土的根据。藩属的"称臣纳贡"只是一种臣服的表现，不可算作领土。

刨除藩属，元朝的疆域确实是"空前"，却并非"绝后"，并未能争得过后来的清朝。

最符合周礼的城市

——元大都

曾有一位名嘴在做节目时说，元朝的蒙古人很没文化，因此首都元大都也很"土包子"。

名嘴的长处是能说，而并非有识，但这句评语正好与元朝不为人了解的情形相呼应，不了解元朝的人也会觉得其说有道理。

其实，元大都不仅不是"土包子"，而且可以说是中国历朝历代诸多都城中最有文化的一座都城之一。

因为这座都城是严格按照《周礼·考工记》中"天子之都"的规格和形制设计并建造的。

元大都的前身是金朝的中都城。这座都城是金废帝完颜亮于1151年按照《清明上河图》中的北宋都城汴梁（开封）格局样式建造的。到1215年，成吉思汗率兵攻陷中都。当蒙古军饱掠而归后，中都城已成断壁残垣。此后几十年间，虽然这里被改为燕京，成为大蒙古国治理汉地的治所，但其残破的景象却一直没有改变，"可怜一片繁华地，空见春风长绿蒿"。

忽必烈称帝后，致力于南下灭南宋，一统华夏，因此要考虑在哪里建都才能既掌控草原，经营中原还能遥控江南。他麾下聚集了当时的多个民族中最优秀的人才，而各民族的精英都劝他定都于幽燕之地。

蒙古贵族霸突鲁认为："幽燕之地，龙盘虎踞，形势雄伟，南控江淮，北连朔漠，且天子必居中以受四方朝觐。大王果欲经营天下，驻跸之所，非燕不可。"汉族谋臣郝经则认为："燕都东控辽碣，西连三晋，背负关岭，瞰临河朔，南面以莅天下。"而色目人亦黑迭儿也建议在燕京整修宫殿，以作首都。

于是，在1264年，忽必烈开始营造新都的举措，在中都旧城东北郊外的琼华岛营建宫室，并着手修缮燕京旧城，打算在此定都，仍名为"中都"。但是，旧燕京城早已残破不堪，宫室尽成废墟，若要修缮，比重新筑城耗费还要巨大。另外，旧中都的水源主要靠西莲花池水系，早已严重不足，再加上考虑到南方北运的粮食，漕运只能到达通州，若要从通州向旧中都开凿运河，却又有海拔高出二十余米，河水无法引出的难题。于是，在1267年，忽必烈放弃中都旧城，在东北郊外以琼华岛为中心另建都城，仍称中都。

总工程师便是刘秉忠。

刘秉忠和他的学生兼副手郭守敬、赵秉温都是饱学之士，精通堪舆之学，对他们来说，新都城不仅要宏伟壮丽显现皇家威仪，还要符合天人合一的思想及礼法传统。

要构筑新城，免不了要参考前人的经验。刘秉忠等人考察前代，发现辽南京城呈方形，周长二十四里，外城四面城墙共开八门，皇城在外城西南隅，这显得规模太小，而皇城未能居中，不符合传统礼法。金中都城按照《清明上河图》中的北宋都城汴梁（开封）格局建造，周三十七余里，近正方形，共十三个城门，其皇城偏在西部。这要比辽南京宏伟、周正得多，但仍有瑕疵。

辽代设南京时并未着意建设，而金中都则在辽南京的基础上扩建，碍于原有格局不能尽情发挥。而元朝新都城几乎是白手起家，自然可以放手去做。

于是，他们决定严格按照《周礼·考工记》中对于天子之城的规划进行设计。

在建城以前，刘秉忠等人先进行了详细的地形测量，然后拟定了一个全城的总体规划：新都城以积水潭、太液池为中心，外城为方形，九经九纬的道路，前朝后市，左祖右社，轴线分明。太液池以东一带建宫城，这符合"得水为上，藏风次之"的堪舆原则。宫城、府衙则与天上星辰布局对应起来，皇城对应天上的"中心紫薇垣"，中央政府最高行政机构的中书省衙署，因其位置处于"紫微垣之次"而被安置在皇城的北面。主持军务的枢密院被安置在皇城的东侧，"在武曲星之次"。负责监察的御史台，则被安置在了皇城的西北面，"在左右执法天门上"——这便是天人合一。

宫城选址完成后，则以大内南门对准外城南门外一棵大树来确定全城的"王脉"，也就是中轴线，这样宫城的中心正好位于中轴线之上。而城门的建设也按照"天地之数，阳奇阴偶"的原则，建十一门，不开正北之门。至于城区，则按照"大衍之数五十"的说法，共建五十坊，象征着天生地成，阴阳合德。相对的城门之间都有宽广平直的大道，城内街道纵横竖直，互相交错，"天衢肆宽广，九轨可并驰"。街道皆有统一标准，大街宽二十四步，小街宽十二步。

日后，当马可·波罗来到大都时，站在城墙上鸟瞰全城，发出了这样的感慨："一个人若登上城门，向街上望去，就可以看见对面城墙的城门。在城里的大道两旁有各色各样的商店和铺子。全城建屋所占的土地也都是四方形的，并且彼此在一条直线上，每块地都有充分的空间来建造美丽的住宅、庭院和花园。各家的家长都能分得一块这样的土地，并且这块土地可以自由转卖。城区的布局就如上所述，像一块棋盘那样。整个设计的精巧与美丽，非语言所能形容。"

待到测量设计完毕，至元四年（1267）正月，新都正式破土动工，而在动工的时候，首先在地下铺设了下水道，安装了排水设备，然后在地面上根据分布区的布局，施工兴建宫室园苑和住宅房屋。

当年金中都的修建，动用了民夫八十万、兵士四十万，人工量已经极为惊人，但与这次筑城相比，就小巫见大巫了。从各地而来常驻工地的工匠、军队自不必说，因农时而只能按季节前来输役的民夫就极为惊人，按当时的记载，仅至元八年（1271），在筑城工地上劳动的民夫就达"一百五六十万"，而新都的修建进行了九年之久，所有人工加起来，用触目惊心来形容毫不为过。

难以计数的民夫在这片大工地上辛勤地劳作，具体负责指挥施工的是汉人张柔、张宏略父子及工部尚书段天佑，而蒙古人也速不花、色目人亦黑迭儿、尼泊尔人阿尼哥等人也参与其中，尤其是亦黑迭儿，身为"茶迭儿局诸色人匠总管府达鲁花赤"，主持修筑宫殿。这位来自阿拉伯的建筑师，将中国古代建筑风格与藏族建筑、伊斯兰建筑及蒙古民族习惯相结合，修建了独具特色的宫殿群，如宫城中众多的温室、浴室、顶殿、棕毛殿、水晶殿、畏吾尔殿等殿宇便是出自他的设计，这些有着异域风情的宫殿与大明殿、延春阁、玉德殿等中原宫殿建筑完美地融合，构成了"金殿耀日，玉宇连云，千门万户，穹宏深邃，如登金马，历玉阶，灿烂壮丽，未有过其右者"的皇宫建筑群。尼泊尔建筑师阿尼哥则负责修建皇室的佛教寺院，规模宏大的"大圣寿万安寺"，其中的白塔至今仍存。

在中国历史上，既严格按照《周礼》建城，而又融合各国建筑风格，使两者相得益彰，可说是仅此一家。

至元八年（1271），忽必烈正式将国号由"大蒙古国"改为"大元"，所谓元，既是取易经"大哉乾元"之意，也是"元谓之大也，大不足以尽之，而谓之元者，大之至也"的意思。至元九年，忽必烈更是定新都名为"大都"，在他心中，正在建设中的新都一定要配得上自己"大之至也"的王朝。

至元十三年（1276），经过九年的努力，大都终于完成了大体施工，在同一年，统治江南的南宋王朝也宣布灭亡，从唐朝灭亡后便分崩离析的天下终于恢复一统。对于元世祖忽必烈来说，真是双喜临门。

新城已经建好，皇室、勋贵、文武百官各级官吏纷纷入驻，而迁百姓以充实京城人口的工作也同时展开，首先是对原金中都旧城的居民迁入新城的安排，朝廷下令"以赀高及居职者为先，仍定制以地八亩为一分；其或地过八亩及力不能作室者，皆不得冒据，听民作室"，这样旧城中的富户得以迁居新城，但多数贫穷户仍然留在旧城中，这反而使得金中都旧城得以完整保留，旧城中原有的寺庙道观等古迹也存留了下来。

在旧城居民成群结队搬入新城的同时，全国各地的各色人等也川流不息地进入元大都：首先是拱卫京师保卫皇帝的军队，蒙古军、汉军、阿速军、钦察军纷纷在城外的大营驻扎，他们的家属则在城中安居下来；接着，是为皇室和官府服务的匠户；然后，便是各个宗教的僧侣们，伊斯兰教的阿訇、也里可温教与天主教的神父、藏传佛教的喇嘛、汉传佛教的和尚、道教的道士也纷纷迁入；而南宋灭亡后，宋皇室成员及所有官员、工匠、乐师，甚至太学中的数千名学生，也被强行押送到大都城来，成为这里的新居民，至于认为在天子脚下更好讨生活的平民百姓各色人等，来到大都的更是难以计数，甚至马可·波罗在他的游记中还记载"新都城内和旧都近郊操皮肉生意的娼妓"都有"二万五千人"。

据韩光辉的统计，从中统五年到至元十八年的十七年中，大都城的人口增长了17.95万户，增长的速度极为惊人。陈高华估算元大都的人口应有四五十万人。韩光辉则估算，在至元十八年时，大都的人口就已经达到21.95万户，88万人。

不过，这是指常住人口，元朝与其他朝代不同，重视商业，优待商人，因此商业极为繁盛，从唐末便中断的丝绸之路已经因蒙古军西征而重新打通，中亚、西亚乃至欧洲的商旅赶着驼队进入大都，在城中开办货栈、店铺，泛海而来的南亚、日本、朝鲜、印度、非洲沿海的使团和商队更是陆路而来的几倍，全国各地及外国的许多商品货物都集中于此，"舟车所通，货宝毕来"。

随着城市的繁荣，各地的读书人也越来越多地来到大都，或应考，或交游，或希望以才华得到举荐。金朝时留下的古迹卢沟桥、黄金台、钓鱼台，郊外的香山、玉泉山、卢师山、仰山及积水潭、太液池等景点都成为文人墨客饮酒赋诗、以文会友的绝佳去处。文人荟萃之地，自然便会兴起园林热，一些名园，如廉希宪的野园、赵鼎的鲍瓜亭、吴全节的漱芳亭等私家园林或因广种名花，或因充满乡野情趣，或因种梅修竹，也都让士大夫们趋之若鹜。

大都城的常住人口，常年都保持在百万上下，"华区锦市，聚四海之珍异；歌棚舞榭，选九州之秋芬"。到了元代中期，入京候选的官员胡助作《京华杂兴诗》二十首，其中第十四首云："久安诚富庶，豪华恣奢淫。优坊饰文绣，酒馆书填金。市中商贾集，万货列名琛。驰骋贵游子，车尘如海深。翩翩江南士，骇目还惊心。"——看惯了江南富庶繁华的江南士子，尚且"骇目还惊心"，可想而知大都的繁荣程度了。

这百万人口来自不同的民族，信仰不同的宗教，说着不同的语言。在元大都中，不同宗教的寺庙鳞次栉比，交相呼应。道教全真教的祖庭白云观在旧城仍然香火鼎盛，而正一教的崇真宫则建在皇城东北角的蓬莱坊，享受皇家供奉；离宫城8里的靖恭坊既耸立着也里可温教堂，也有罗马教皇委任的大都主教孟高维诺的主教府；藏传佛教领袖，又是帝师的八思巴驻锡之所大圣寿万安寺金碧辉煌，而汉传佛教各宗的寺庙也在皇室的资助和民众的供奉下如雨后春笋般出现，大护国仁王寺、大普庆寺、大承天护圣寺等等，不一而足，仅建于西北高梁河畔的大护国仁王寺，寺内便有殿宇一百七十多间，其他房舍多达二千余间；而在元朝有着特殊地位的回族所信奉的伊斯兰教，其清真寺更是达到"今近而京城，远而诸路，其寺万余"的地步。

不同民族和宗教的节日都可以成为人们休闲的理由，汉人传统的元旦、上元节、端午节、重阳节、冬至、腊八等节日，皇帝都会给官员放假，并与士庶一起进行拜年、观灯、吃凉糕等活动；对于佛教，每年二月初八皇室举行奉帝师游皇城的活动，每年四月初八大都新旧两城中著名寺院都有浴佛会；对于道教，正月十九道教燕九节，京城百姓齐聚白云观，烧香礼拜，求福消灾，道士则广开道场；而基督教、伊斯兰教乃至犹太教的宗教节日也都受到尊重，每当基督教主要节日如复活节、圣诞节，他总是这样做的。即使是萨拉森人、犹太人或偶像崇拜者的节日他也举行同样的仪式。

这一切在今天看来不算什么，但要知道，在当时世界的其他地方，正有无数的人在为了不同的宗教而进行着残酷的斗争。

自唐长安以来，中国虽也有过很多名城、名都，但无一能算得上"国际大都市"，而元大都当仁不让。穿着各种服装、操着不同语言、信奉不同宗教甚至有着不同肤色的人们都生活在这里，各自寻找着各自的位置，创造着各自的历史，而他们所有的历史合起来，便是一座神话般的"汗八里"。

"圣裔"成就的文治典范

——赛典赤治滇

元世祖忽必烈在自己的登基诏书中曾说过,自己的先辈们"朕惟祖宗肇造区宇,奄有四方,武功叠兴,文治多缺",而到了自己这里,就要有所改变,所谓"祖述变通,正在今日"。

既然要实行文治,就要先选择试验点,忽必烈把眼光放在了云南。

选择云南,首先是因为云南是忽必烈亲自领兵征服的第一块土地,对他具有重要意义。其次,云南地处偏远,民族杂居,情形复杂,所谓"云南土著之民,不独云南土著之民,不独僰人而已,有曰白罗罗、曰达达、曰色目及四方之为商贾、军旅、移徙曰汉人者,杂处焉",这里若是能够治理好,其他地区自然不在话下。

于是,在至元四年(1267),忽必烈封自己的第五子忽哥赤为云南王,由其全权治理云南。忽哥赤临行前,忽必烈嘱咐道:"大理朕手定,深爱其土风,向非历数在躬,将于彼分器焉。汝往,其善抚吏民。"

忽哥赤到云南后,整合当地区划,将云南分为五个地区,分别为大理、鄯阐(昆明)、茶罕章(丽江)、赤秃哥儿(滇东北及黔西地区)、金齿(怒江-伊洛瓦底江),加强了云南的行政管辖。

然而,此时云南的行政机构并未统一,不但有云南王府,有都元帅府,还有各地的万户、千户等,各个机构的职权互有重叠,矛盾尖锐。而忽哥赤年轻气盛,大权独揽,引起其他官员不满。至元八年(1271),都元帅宝合丁与王府人员串通,毒死了忽哥赤。

虽然忽必烈最终查清了忽哥赤的死因,处死了宝合丁等人,但对于云南也不再指望仅靠皇室威严便可安定了。他要物色一位老成持重、经验丰富的官员前去治理。

至元十一年(1274),时任中书平章政事的赛典赤被派往云南主持政务。

赛典赤全名赛典赤·赡思丁·乌马儿,赛典赤是阿拉伯语"Saiyid Ajall"的连读,Saiyid是指伊斯兰教先知穆罕默德的女婿阿里的后人,意为"圣裔",Ajall的意思是"至尊的"。所以赛典赤是尊号,类似于中原孔家的"圣人后裔衍圣公"。

赛典赤被称为"圣裔",也就是伊斯兰教先知穆罕默德的后裔。他的祖先,是阿里与穆罕默德女儿法蒂玛的后裔叶海亚。叶海亚的次子家族先在埃及安家,后迁徙到波斯,最终在中亚名城不花剌(布哈拉)安定下来。

成吉思汗西征时,年轻的赛典赤率一千余人主动迎降,获得赏识,被成吉思汗收为怯薛,也就是近侍。为了表示尊重,成吉思汗称他为"赛典赤"而不直呼其名,于是他便被以"赛典赤"记入史册。

赛典赤历经成吉思汗、窝阔台汗、贵由汗、蒙哥汗及忽必烈五朝,历任丰州、净州、云内达鲁花赤(监治官)、太原、平阳达鲁花赤,燕京达鲁花赤等职务,政务经验丰富,此时已经六十三岁了。忽必烈对赛典赤寄予厚望,不但拨给钞五十万缗、金宝无算作为资金,并言道:"云南朕尝亲临,比因委任失宜,使远人不安,欲选谨厚者抚治之,无如卿者。"

赛典赤前往云南,但在忽哥赤遇害后,忽必烈又派宗王脱忽鲁镇守。脱忽鲁认为赛典赤此来是要夺自己的权,暗中布置甲兵防备。赛典赤闻讯,派儿子前往接洽,指出自己只是奉旨前来安抚地方,绝不会侵夺王府权力,并且拿出忽必烈所赏赐的金帛赠给脱忽鲁的手下。脱忽鲁疑虑顿消,"由是政令一听赛典赤所为"。

没了王府掣肘,赛典赤可以尽情发挥。他发现当时云南的官职级别有四类,分别是省政、王政、藩政、土官,职权不明,秩序紊乱。于是上奏忽必烈,请在云南设立行省，统一政令。忽必烈从其请，于至元十三年（1276）正式设立云南行省，原来的万户、千户和百户的组织形式改为路、府、州、县，"路设总管，府设知府，州设知州，县设知县或县令"。

行省制度是元朝在统治制度方面的一项重要创造，行省把地方军政权力集中于一身，"凡钱粮、兵甲、屯种、漕运、军国重事，无不领之"。曾经的宣慰司、元帅府都被置于行省统属之下，宗王则仅限于行政监督、建议之权及重大军事行动时的军事指挥权，不再管理行政事务。

云南行省建立以后，"为路三十七，府二，属府三，属州五十四，属县四十七，其余甸寨军民等府不在此数"。其疆域按《元史·地理志》所言，"东至普安路之横山，西至缅地之江头城，凡三千九百里而远；南至临安路之鹿沧江，北至罗罗斯之大渡河，凡四千里而近"，包括了今云南全省、贵州省的西部、四川省的西南部，以及今缅甸的北部、越南的西南部、老挝和泰国的北部。

云南行省是元朝的第一个行省，也是中国历史上第一个行省。从此之后，中国地方行政开始了省治时代，而赛典赤便是历史上第一位"省长"。

治理云南能否成功，不仅关系到赛典赤自己的功名，更在于行省制度能否稳固和忽必烈实行文治的心愿能否达成。

老练的赛典赤开始有条不紊地治滇。

第一步，他将云南的行政中心迁往鄯阐，也就是昆明。这么做，一方面是因为昆明拥有优越的地理条件。其地位于云南中部，三面环山，一面环水，有天险可为屏障，又有滇池平原，农业基础牢固。以交通来说，向东连接广西和贵州，向西连接缅甸和印度，向南连接老挝和泰国，向北连接四川和重庆，其位置非常优越，是蜀身毒道（一条从四川成都经云南大理进入缅甸、印度的商路）的必经之路，也是内地和东南亚的中间枢纽，便于对整个西南地区的统治。另一方面，自唐朝皮罗阁统一六诏建立南诏国，到段思平建立大理国的五百年间，大理地区成为西南地区的政治、经济、文化中心，而当地大族根深叶茂，难以撼动，若是以大理为行政中心，将会受到豪族的掣肘。

第二步，赛典赤恩威并施，收取人心。他刚到云南不久，便有当地土司到京城告他"专僭数事"，忽必烈"命械送赛典赤处治之"，而赛典赤亲自为其脱去刑械，说道："若曹不知上以便宜命我，故诉我专僭，我今不汝罪，且命汝以官，能竭忠自赎乎？"土司大受感动，皆叩头拜谢道："某有死罪，平章既生之，而又官之，誓以死报！"

之后，又有萝槃甸蛮首领反叛，赛典赤率军征讨，却围而不攻，"遣使以理喻之"，萝槃甸蛮首领承诺投降，可一连三天没有动静。赛典赤麾下诸将认为其并无诚意，纷纷请战，都被赛典赤制止。有将领擅自出兵，被赛典赤拿下道："天子命我定抚云南，未尝命以杀戮也，无主将命而擅攻，于军法当诛。"经诸将苦苦求情才作罢。萝槃甸蛮首领见状道，"平章宽仁如此，吾拒命不祥"，于是"举国出降"。赛典赤对降者全部予以赦免，这使得"西南诸夷，翕然款附"。

凭着"凡结怨于己者，公悉以恩待之"的宽厚，赛典赤获得西南诸族的衷心拥戴，"各持土物纳款"，各族首领"降者八十余州，籍四十万户，东招靖江，南开广道，不劳一矢而安定"。

人心既定，赛典赤便开始了各项建设。

由于宋元之际战乱的影响，滇池东南的六条河流没有治理，导致河水改道，六条河水共同注入滇池。特别是在雨季来临的时候，河水泛滥造成滇池周围"大田废弃，正途雍底"。赛典赤亲自勘察地形，修建了松花坝，开凿人工河金汁水、宝象、马料等多条河流，形成了系统的调节水位机制，从此使得河水不再泛滥，反而"灌溉万顷，军民感之"。

治理水患后，赛典赤大兴屯田，设军、民屯户4906户。军屯是由军人"屯田戍守"，土地由行省分划，"民屯"则是将荒地分给无地贫民，通过租田交纳税赋，这使得"饥寒者得以衣食，流散者得以抚绥"，地方得以安定。

吃饭问题解决了，便要考虑经济了。赛典赤大力整饬驿道，使之"星罗棋布，脉络通通，朝令夕至，声闻毕达"，而驿道也是商路，通过"乌蒙道""建昌道"等商路，商队于内可达四川，于外可达缅甸。为了保护商旅，赛典赤"相地置镇，每镇设土酋吏一人，百夫长一人，往来者，或值劫掠，则罪及之"，商路畅通，百货交汇，使得云南出现"千艘蚁聚于云津，万舶蜂屯于城垠，致川陆之百物，富昆明之众民"的景象。

专注民生之外，赛典赤在云南也大兴文教。他"创建孔子庙、明伦堂，购经史，授学田，由是文风稍兴"，并且特意聘请四川资深的儒士在云南讲学，"置学舍，劝士人子弟以学，择蜀士之贤者迎以为师"。

关于赛典赤兴文教，尊孔孟，后世很多史家大为不解。例如，民国时的史学大家陈垣先生便说："赡思丁乃穆罕默德之裔孙，尊孔子极敬，殊难理解。其为史书之误，抑或直录耶？"很多史家甚至认为赛典赤已经不再是一位伊斯兰教徒，而是成为儒家信徒，才会有这样的举动。

其实，赛典赤作为伊斯兰教的"圣裔"，一直是虔诚的教徒。他在昆明修建的两座清真寺——南城清真寺和永宁清真寺，至今仍存。之所以尊儒重教，是因为他是一位务实的政治家。云南地虽偏僻，但在大理国时期便与中原交往紧密，儒家文化早已传入，要安定地方，自然要提倡人们已经熟悉并接受的理念。何况儒家讲究忠君爱国，作为元朝忠臣治理地方，怎么可以不尊儒重教呢？

赛典赤在云南六年，"心滇之心，事滇之事"，云南"民情丕变，旧政一新，而民不知扰"，而他自己为官清廉，不蓄私财，"例有所献纳，赛典赤悉分赐从官，或以给贫民，秋毫无所私"。直到他去世数十年后，凡是在云南为官者，若是不贪恋财物，便会被问道："难道你是赛典赤吗？"

至元十六年（1279），时年六十九岁的赛典赤病逝于昆明，云南全省"百姓号哭震野，老稚悲哀之声，连日不绝"。忽必烈闻讯，甚为悲伤，下诏"云南省臣尽守赛典赤成规，不得辄改"。

远东第一位罗马教廷大主教

——孟高维诺

1254年,一位来自意大利的基督教教士来到了大蒙古国的汗廷。

这位教士名叫柏朗嘉宾,意大利方济各会士,是罗马教皇英诺森四世的专使。他的任务是面见蒙古大汗,传达教皇的书信。

从成吉思汗开始,蒙古大军屡屡西征,先是摧毁了中亚、西亚的伊斯兰国度,之后又进入东欧,摧残俄罗斯、波兰、匈牙利等国。作为基督教的领导者,罗马教廷不得不正视这个自己完全不了解的国家。他们不希望与之作战,同时也希望蒙古能够接受自己的宗教。

柏朗嘉宾到达汗廷时,正赶上帝国第三任大汗贵由的登基大典。这位意大利教士惊奇地发现,在如此遥远的地方,竟然也有大量的基督徒,而且汗廷的很多贵族也是基督徒。只可惜,他们不是罗马教廷认可的正教徒,而是异端聂斯托利派信徒。

柏朗嘉宾受到贵由汗的接见,呈上了教皇的书信。但贵由汗对于信中关于蒙古人皈依基督教和接受洗礼的要求不屑一顾,对于缔结合约维系和平的要求更是不屑,他回答:"倘若你们渴望和平,希望把你们之幸福托付给我们,你教皇应该立即亲率诸基督教显贵前来朝见,缔结和平。"

教皇的目的全部落空,当时的罗马教廷可能认为向东方传教的希望应该是没有了。

然而，整整四十年后，罗马教廷亲自任命的大主教在遥远东方的大都城设立了主教府，并先后开辟多个教区。

这位大主教名叫约翰·孟德科维诺，一般写作孟高维诺。

蒙古人对于基督教的认知，是要早于伊斯兰教乃至佛教的。在蒙古统一草原之前，草原上便有很多部族信奉基督教——聂斯托利教派。

聂斯托利本是基督教的高级教士，公元428年任君士坦丁堡大主教。但是，他主张"二性二位说"，一方面同意耶稣基督具有神和人两个本性，另一方面又不赞成此二性统合为统一的本体，认为神性本体附于人性本体，因此圣母玛利亚只是作为人的耶稣之母，而不能作为神的基督之母。这与基督教主流观点不合，聂斯托利被斥为异端，之后被革职流放。

聂斯托利虽然落难，但他的信徒仍坚持他的理论，在叙利亚、美索不达米亚、波斯等地继续传播，从而形成了自己的教派。他们并不称呼自己为聂斯托利派，而是自称"迎弥底亚基督徒"或"亚述基督徒"。

聂斯脱利派于唐太宗贞观九年（635）传入中国，被称为"景教"，与袄教、摩尼教合称"三夷教"。到唐武宗灭佛，景教受到毁灭性打击，一蹶不振。待到黄巢之乱，各地景教徒惨遭屠杀，于是在中原绝迹。

唐朝"君主华夷"，草原各部、西域各国均受大唐天可汗管辖，因此唐朝时文化交流的成果也为他们所吸收。草原诸部中，克烈、乃蛮、汪古便都是景教徒。

待到大蒙古国建立，因为保护宗教的国策，各种宗教都得到长足发展，景教也不例外。忽必烈建立元朝后，设立崇福司，专门管理"马儿哈昔列班也里可温十字寺祭享等事"，其主管官员崇福司使是从二品高官。据《马可·波罗行纪》所载：由喀什噶尔以东直至大都，沿途几无一处无景教徒；中国各地，如蒙古、甘肃、云南，以及河间、福州、杭州、扬州、镇江、常熟等地，到处都有景教寺及景教徒。

罗马教廷虽然视景教为异端，但若没有景教的广泛传播，让中国人接受他们的"正教"恐怕会更费力气。

当忽必烈登上至尊宝座时，他对遥远的罗马教廷的态度已经和贵由汗时完全不同，虽然他也继承了"世界征服者"的禀赋，但更在意的是要做一个"世界统治者"。因此，他主动派人前往罗马，要求教皇派遣一百名通晓七艺（指文法、论理学、修辞学、算学、几何学、音乐、天文学）的教士东来。

至元六年（1269），教皇格列高利十世接到了忽必烈的信，东方大国的统治者竟然主动要求教廷前去传教，这是意外之喜，于是立即派两位多明我会教士前往。但是这二位因为路途艰辛，没有到达目的地便中途折返了。

于是，事情便又拖了二十一年之久，到至元二十七年（1290），此时在位的教皇尼古拉四世才物色到一位意志坚定的教士自愿东去传教，这便是孟高维诺。

孟高维诺是意大利方济各会教士，原本在亚美尼亚、波斯等地传教，受亚美尼亚国王海屯二世的委派前往教廷。此时的波斯已经是蒙古四大汗国的伊儿汗国，而亚美尼亚王国又是伊儿汗国的属国，孟高维诺在这里传教多年，与蒙古人有很多交往，也算熟悉东方，因此便被选为前往东方的特使。

此时的孟高维诺已经四十二岁，要前往万里之遥的东方对他来说是很艰巨的任务。孟高维诺在路上走了四年之久，到至元三十年（1293）才到达泉州，而到达大都，已经是一年后的至元三十一年了。

此时，元世祖忽必烈已经去世，元成宗铁穆耳即位。孟高维诺觐见成宗，呈献了教皇的信件。成宗大喜，待之以上宾之礼，并允许他自由在大都居住及传教。

皇帝虽然允许孟高维诺自由传教，但他的传教工作并不顺利。且不说此时早已根深叶茂势力庞大的佛教、道教和伊斯兰教对于这个新来的竞争者不会太客气，就连同宗同源的聂斯托利景教也是一个大障碍。

毕竟罗马教廷视聂斯托利为异端，在西方罗马教廷是正统，而在东方，聂斯托利却是基督徒的主流。景教徒对孟高维诺多有阻拦，不准他修建教堂，不准他公开传教。所幸，元朝的法律规定各宗教不得互相攻击、倾轧，所有宗教一律平等，景教徒对于孟高维诺的为难只能适可而止而不能大肆迫害。经过了五年的努力，孟高维诺终于可以修筑教堂和展开传教工作了。

孟高维诺是一位很杰出的传教士，很快便取得了重大成果，皇亲中的一位重量级人物高唐王阔里吉思皈依了天主教。

阔里吉思是汪古部首领，世祖忽必烈的女婿。汪古部从成吉思汗时代便与皇室结亲，世代都是驸马，位高权重。他们原本都是景教徒，而阔里吉思作为汪古部首领，皇帝驸马，有着王爵的皇亲接受了孟高维诺的洗礼而成为天主教徒，这意义是非比寻常的。

孟高维诺对此事也很自豪，他写信给教皇，信中称阔里吉思为"好王"，说自己"使他改信了真正的罗马天主教的正宗教义"，取教名为"佐治"。阔里吉思还捐献了很多钱财，修建了"一座壮丽的教堂，供奉上帝、三位一体和教皇陛下，且按照我的建议，赐名为'罗马教堂'"。

阔里吉思的皈依，使得孟高维诺的传教更为顺利了。不久，他更使得大都的三万阿速人皈依了天主教。

阿速人又称阿兰人，原生活于康居（在巴尔喀什湖和咸海之间）西北约二千里的区域，属于伊朗人的一支。蒙古西征时，大量阿速人归为蒙古麾下，他们骁勇善战，很快便成为蒙古军中的重要战力。在元世祖忽必烈时，专门成立了阿速亲卫军，成为保卫皇城的近卫军之一。阿速人是元朝皇帝信任和倚重的人群，他们原本也信奉景教，而孟高维诺让三万多阿速人及其家属皈依了天主教，这在大都朝野引起了极大的轰动。

皇帝的驸马、近卫军都皈依了，已经没有人能够阻挡孟高维诺的传教了。他先后在大都修建了三座教堂，给六千多人施洗，而据他所说，如果不是景教徒对自己的中伤，"我可能已为三万余人施行了洗礼"。另外，孟高维诺还开设了修道院，招收四十多名儿童组成了唱诗班。

孟高维诺孤军奋战取得的成就斐然，这让罗马教廷大为欣喜。大德十一年（1307），罗马教皇克雷芒五世正式设立汗八里（大都）总主教区，委任孟高维诺为总主教，统辖契丹（中国北部）及蛮子（中国南部）各处主教，并掌管远东教务。孟高维诺的权限包括简授主教和划分教区权，除非遇到重大事件，可自行处理，不需请示教皇。

在设立汗八里总主教区的同时，教皇还派了七位主教东行，去协助孟高维诺。但七人中，有一人没能出发，有三人病死在途中，只有哲拉德、裴莱格林和安德鲁三人安全到达了大都。三人为孟高维诺举行了祝圣典礼，孟高维诺正式成为远东地区第一位天主教教区创始人和总主教。

在孟高维诺及三位主教的努力下，元仁宗皇庆二年（1313），福建泉州也设立了主教区。哲拉德、裴莱格林和安德鲁先后成为泉州主教区的主教。

孟高维诺在元朝生活了三十余年,泰定帝泰定五年(1328)以八十一岁的高龄病逝于大都。他去世后,总主教空缺,又恰逢元朝遭遇内乱,因此长时间没有新的总主教。

直到元惠宗后至元二年(1336),元惠宗派遣使团前往欧洲,面见了教皇本笃十二世,要求派遣一位总主教。教皇虽然派了使团回访,但没能马上派出一位主教。随着元朝灭亡,元惠宗北走,继之而起的明朝奉行排斥外来宗教的政策,天主教在东方的传教事业也从而画上了句号。

元朝有"九儒十丐"吗?

——元朝儒生的生存状态

按照既有的印象,元代士人,或者说儒生,过的是暗无天日、苦不堪言的生活。所谓"八娼九儒十丐",数千年来都是天之骄子的士人地位仅比乞丐高点,连娼妓都不如。

九儒十丐的说法、源自两位南宋遗民:谢枋得和郑思肖。

谢枋得在其所著《叠山集》卷六《送方伯载归三山序》中写道:"滑稽之雄,以儒为戏者曰:'我大元典制,人有十等:一官二吏,先之者贵之也;七匠八娼,九儒十丐,后之者贱之也。'吾人品岂在娼之下、丐之上乎。"郑思肖在《心史》中的《大义略序》中言:"鞑法:一官,二吏,三僧,四道,五医,六工,七猎,八娼,九儒,十丐,各有所统辖。"

元朝设立户计制度,称为"诸色户计",是将全国的人户以职业、民族、宗教信仰的不同而划分为数十种户计的制度,是为了更好地对全国人口进行管理,也是为了役使全国民力的方便,这算是用军事思维治理国家的表现。不过,各个户计并无专门规定高低上下,只是各有权利义务罢了。

例如,民户主要是农民,其义务便是缴纳粮税,匠户是为官府服务制作各种器物,军户便是世代当兵,朝廷需要的时候要出而作战。士人也被编户,称为"儒户"。儒户的义务是"就学",也就是在书院里教书学习,并且在国家遴选吏员的时候参与考试。而儒户履行就学备选的义务,便享有免除兵役、劳役及领取奖学金性质的"廪金"的权利。在元朝诸户计中,儒户的地位是比较高的,与僧、道、也里可温(基督教)、回族等户计相同,仅次于皇族和官员。

谢枋得和郑思肖都是南宋遗民,对于元朝灭宋,有着山河破碎社稷沦亡的悲痛,加之元朝长时间不实行科举,自然满腹牢骚。但他们的说法并不可靠,清代便有学人考证"知其为不然"。及至近代,一些元史大家,如陈垣、姚从吾、邵循正等先生也都曾指出这一说法并不符合事实,陈垣先生更是在自己的名著《元西域人华化考》中直言:"九儒十丐之说,出于南宋人之诋词,不足为据。"

宋朝"万般皆下品,惟有读书高",元代士人被拉到与其他人群平等的地位,而且科举又不兴盛,也难怪会有今不如昔的牢骚。不过,虽然科举是在元朝中期才恢复,而且复举之后每一科录取人数也不多,但要说儒士在政治上毫无地位,也是欺人之言了。且不说元世祖忽必烈时代的金莲川幕府中的众多文士,几乎都出任高官,乃至宰辅,世祖之后各朝也有众多汉人儒士出任高官,如张养浩、李孟、虞集、许有壬、苏天爵等。

而除了汉人儒士,元代也有着庞大的其他民族的儒士群。元朝历代皇帝都尊孔祭孔,在孔子原有的"至圣文宣王"之上加"大成"二字,孔子在中国历史上达到至尊至圣的地位。到元文宗一朝,更是将历代大儒赐以封号——"加封孔子父齐国公叔梁纥为启圣王,母鲁国太夫人颜氏为启圣王夫人,颜子兖国复圣公,曾子郕国宗圣公,子思沂国述圣公,孟子邹国亚圣公,河南伯程颢豫国公,伊阳伯程颐洛国公"。

在官方,世祖朝立京师蒙古国子学校,教习诸生,于随朝蒙古、汉人百官及怯薛歹(即怯薛成员——编者注)官员中选子弟俊秀者入学。成宗朝实施国子贡试法,国子生考试及格者即可任官。文宗朝,"聚勋戚大臣之子孙于奎章阁而教之",大儒揭傒斯是重要的授课教师,从而出现"去公座下而入侍帷幄者,皆为国之重臣"。在民间,对于书院的建设,也"宋以下一千年来之书院林立,惟元最盛,莫与伦比"。

而仁宗朝兴科举之后,选官途径中科举要比其他途径更为朝野所看重,蒙古人也"自科举之兴,诸部子弟,类多感励奋发,以读书稽古为事",以致时人有"国朝入仕之门莫尚进士科"之说,很多蒙古世家子弟,如孛颜忽都、泰不华等，都不愿以家世蒙恩任官，而是以科举入仕。如果说儒士地位极低，那么这种情形便不可理解了。

在社会上，饱读诗书的儒士也仍然受到尊重，并没有边缘化，基层社会仍然是士人的天下，不当官不做吏，照样指点江山，造福桑梓。元代的地方官，因为是"空降干部"，很多又是蒙古、色目人，到任后总是两眼一抹黑，必须靠当地有名望有能力的士人共治，这样的例子在元代不胜枚举：

兰溪州人赵必璇，"来仕州者，赖君明达政体，谙熟物情，有疑事必从君询访"。

吉安路庐陵县刘子清，"二县（庐陵、龙泉）之大夫以事询访，必为剖析赞决，俾有裨益"。

婺州人楼如浚，"县大夫有所询，则别白是非以告而无隐"。

宁国路宣城梅致和经常被地方官"咸来咨询治道"，官员们"每有疑难，必下礼质之"。

台州路宁海县方子野，"部使者每岁行县，必过府君门观风问政，相与成宾主礼而去"……

其中最传奇的，是松江府的周显。他不但能够依靠自己的威望使得官民在赋税缴纳问题上避免冲突，还能参与官府进行核田行动，"使者虽悍暴，亦啧啧称善不已"。在灾荒之年，周显还能越过胥吏，向官府呈报受灾情况，避免了"吏杂署灾状，无所证验"的弊病。除此之外，其余地方政务，如盐政、治河，周显无不参与，甚至连地方官员内部有了矛盾，也要周显出面进行调解。

元朝的主要财政收入依靠盐税和商税，对于土地税收取很少，史载，"江南在宋时，差徭为名七十有余，归附后一切未征"。因此，士人们若是不想出仕为官，也不想与官共治，大可享受恬适的田园生活。李日华所著《紫桃轩杂缀》便说："士君子不乐仕，而法网宽，田赋三十税一，故野处者，得以货雄，而乐其志如此。"

因此，元朝士人的生活即使不能用幸福美好来形容，但也绝对说不上苦不堪言，这也就是为什么宋遗民入元后，"前后不过二十余年"，便"不构成一个分隔而可见的社会群体"。士人们的笔下，已经是"父老歌延祐，君臣忆至元"，"百年礼乐华夷主"这样的诗作了。

元朝是怎么"人分四等"的?

——元朝的任官制度

长期以来,"四等人制"似乎成了元朝的标签。

"四等人制"是指,元朝实行严苛的种族制度,将人分为四等,第一等蒙古人,第二等色目人,第三等汉人(北方汉人及契丹、女真等),第四等南人(南方汉人)。各等之间等级森严,高等的作威作福,低等的当牛做马。

但到目前为止,没有发现元代实行过四等人制的法令。

最早提出元朝人分等级的,是在元朝灭亡四百八十五年之后,清朝咸丰三年(1853),魏源在其所著《元史新编》中提出的元朝用人"分三等"。之后,日本学者箭内亘于1916年写出《元代社会的三阶级》,提出"蒙古、色目、汉人三阶级"。到1934年,史学家屠寄于《蒙兀儿史记》中才正式提出"蒙古、色目、汉人、南人"的"四等人制",可也并没提出来源。

其实,所谓人分四等,不过是在任官上表现出来的亲疏有别。凡是靠武力建立的皇朝,其皇室起兵时,其根据地的政治集团都是最初的班底,这些人最受信任,日后在朝廷内的地位也最高。而后归附或征服的地区,以先后而论,地位便要依次递减。这是古代皇权制度的通例,如唐朝时,朝廷任官便有着关陇、山东、江南的区别,关陇士族是李家的根基,因此最受信任,朝廷中地位最高。山东士族次之,而最后归附的江南士族地位最低。金朝是女真人建立的皇朝,渤海人与女真人同宗同源,在其起事时助力甚多,而契丹人、汉人则在之后才归附。

因此，金朝任官则依次是女真、渤海、契丹、汉人。元朝是蒙古人建立的皇朝，任官上蒙古人自然占优，之后以归附次序，便是色目人和汉人了。

不过，这种次序也并不绝对。皇权政治的逻辑往往并不看亲疏，而看对皇帝本身权力的稳固和扩张是否有利。就以元朝来说，蒙古人看似在官场上占优，但其他民族也常常出任高官，甚至权倾朝野，因为他们更有利于皇权的集中。后面我们会讲到，世祖朝的回族人阿合马、吐蕃人桑哥，武宗朝的康里人脱脱，仁宗朝的汉人李孟，文宗朝的钦察人燕帖木儿等，都是鲜活的例子。

官场上亲疏有别，而在社会上各色人并没有被这种等级所影响，汉人、南人富甲一方、权势赫然的大有人在，而蒙古、色目平民因为穷苦卖身为奴者也比比皆是，元朝廷还需要经常拨钱赎买为奴的蒙古人。正如蒙思明在《元代社会阶级制度》中所言，因为"元代政治之粗疏放任"，所以"汉人、南人之地主富商更易发展，财富之数量日增，潜在之势力日大"。

当然，元朝任官制度的亲疏有别，重"跟脚"，主要在于元朝还保留了"漠北旧制"，也就是贵族封建制，这与集权皇权有着很大区别，即皇帝的权力并不绝对，一定程度上要受制于贵族，因此在任官上只能以亲疏为根本，难以完全以皇权为依归。元朝很长时间没有开科举，这便是很重要的原因。

科举制产生于隋朝，在唐朝大兴。科举选官是针对曾经的察举选官，如东汉、魏晋南北朝时期，便是实行察举制。察举制的特色是，皇帝只有任命权，举荐人才则是世族的权力。唐朝兴科举，是将选任官员的权力完全收归皇帝。但毕竟世族尚未完全衰落，唐朝的科举并未完全实现"天下英雄入吾彀中"的设想，世族仍能很大程度地把持官僚体系。经过黄巢之乱与五代十国，直到宋朝，世族彻底衰落，宋朝皇帝才真正用科举做到选官任官皆出自皇帝。

元朝从忽必烈开始，就希望改变大蒙古国时期的贵族封建制，尽可能实现皇权集权，但毕竟传统力量强大，不能一蹴而就。科举是打破贵族特权的重要手段，忽必烈并非不想使用，只是时机未到。同时，科举从隋到宋，已经六百多年，弊端丛生，广大读书人潜心于科场学问，疲于仕途竞奔，可大部分缺乏管理国家各种实际事务的经验及处理紧急事务的能力，更遑论统筹全局、治国平天下了。无论西夏、金还是南宋，以经义诗赋录取的满腹经纶之士在蒙古大军的劲弩铁骑面前软弱无能，丧城失地以至于毁家亡国，这也使得科举蒙受污名。

宋元之际的儒者，对科举鲜有好感。忽必烈曾为开科举之事咨询大儒许衡，许衡直截了当地回答："不能！"忽必烈颇为赞同："卿言务实，科举虚诞，朕所不取。"元代著名学者胡祗遹便曾痛斥科举之士，认为他们"记诵章句、训诂、注疏之学也，圣经一言，而训释百言、千万言，愈博而愈不知其要，劳苦终身而心无所得，何功之有"！

许衡、胡祗遹是元臣，对于科举的态度还可能有迎合上意之嫌，而曾经和文天祥一起并肩作战，失散后隐居乡里的宋末词人赵文在其《学蜕记》中也认为没了科举实在是对读书人的大解放："四海一，科举毕。焉知非造物者为诸贤蜕其蛣蜣之壳而使之浮游于尘埃之外乎？"

没有科举，靠什么选拔官员呢？忽必烈时代对于官员的选拔主要靠推举和荫叙，荫叙就是指老子当官儿子也可以当，这自然有很大的弊端，不过这样的荫叙只占很少的部分。《元史·选举志》记载："诸职官子孙荫叙，正一品子，正五品叙。从一品子，从五品叙。正二品子，正六品叙。从二品子，从六品叙。正七品子，酌中钱谷官。从七品子，近下钱谷官。诸色目人比汉人优一等荫叙，达鲁花赤子孙与民官子孙一体荫叙，傍荫照例降叙。"儿子获得老子的荫叙，平均都要降五级使用，油水相当有限。

因此，推举便成为官员选拔的主要手段。所谓推举，就是将"吏"推选为"官"。虽然人们一般把"官吏"并称，但在古代二者相差甚远，官是经过科举出身由国家任命的政务员，而吏只是非正途出身，在衙门里操持具体事务的事务员，不算国家编制，虽然能拿朝廷俸禄，却属于"不入流"。吏的地位虽低，却很重要，靠读书考试成为官员的读书人吟风弄月、寻章摘句很拿手，却无法处理烦琐的具体事务。真正做事的往往都是吏，要说对国情民瘼诸方面的了解，十个官也未必及得上一个吏。

两宋时期，胥吏为士大夫所不齿，由吏入官是极个别的，若是哪位不是考科举而是因为在吏的职位上做出成绩而升为官，便会被认为不是正途入仕，被人鄙视。可到了元朝，忽必烈讲究务实，既然吏是从基层干出来的，处理事务的能力自然出众，于是大开以吏升官之门，中下级官吏都要从令吏、司吏、通事、奏差等吏员中选拔。本来官与吏高下悬殊，属于阳春白雪和下里巴人的区别，这下很快就成了平起平坐的"哥俩好"——"曰官曰吏，靡有轻贱贵重之殊。今之官即昔之吏，今之吏即后之官。官之与吏情若兄弟，每以字呼，不以势分相临也。"

以吏为官，大量有实际实务经验的基层干部有了提拔升迁的机会，对于政府建设、政策推行自然大有好处，可这推举制度名为"制度"，却没有"机制"。一个胥吏要成为官员，能否被推举，没有固定的选拔模式，是否能力出众没有统一标准，这就出现了"领导说你行你就行，不行也行；领导说你不行就不行，行也不行"的情况，通过人情关系、贿赂请托等手段获取推举就大行其道。而胥吏虽然粗通文墨，但未经过系统的儒家教育，有术而不通"道"，大部分没有"八荣八耻"之类的价值观。他们为官之后，往往比科举入仕的贪官更加巧取豪夺、寡廉鲜耻，所谓："府州司县人吏，幼年废学，辄入吏门。礼义之教，懵然不知，贿赂之情，循习已著，日就月将，熏染成性。及至年长，就于官府勾当，往往受赃曲法，遭罹刑宪。"（《通制条格》卷五）

中国自古讲究"德才兼备"，德在才前，一旦拘泥，便会让大量迂阔无能之辈和伪君子进入仕途，而以吏为官，重术不重道，却又使得真小人充斥官场，在专制时代，这样的矛盾始终无法化解。可相对而言，无道德的人能力越大危害越大，与有道德却比较平庸的人相比，是两害相较不能取的"重"。

在上层，皇帝希望扩张权力，削弱贵族；在下层，也需要有形成制度的官员选拔方式。最终，元朝还是捡起了科举这个工具。但这是忽必烈之后第四任皇帝时的事了。

既然说到任官，在本节的结尾，还要说一下元朝官员的俸禄。

很多人论起元朝来，都说元朝官员没有俸禄，朝廷放任官员贪污。这当然是不可能的。

在大蒙古国时期，因为实行分封制度，贵族、官员们都有自己的属地、属民，自是没有俸禄。而到了元朝，忽必烈从建国之初便开始逐步完善俸禄制度。

中统元年（1260），忽必烈首先确定皇室官员俸禄，中统二年（1261），在六部官员中实行俸禄制度，五年后在经历（官名，职掌出纳文书）以下官员中实行俸禄制度，所谓"内而朝臣百司，外而路府州县，微而府吏胥徒，莫不有禄"。而且俸禄的颁给比较"人性化"，按照物价上涨的水平随时调整。因为元朝的主要货币是纸币，如果不考虑物价水平，官员的日子就没法过了。

当然，随物价调整并非不断加薪，而是用白银的购买力来换算颁给纸币俸禄的多少。总体而言，元朝官员的俸禄从一品是250—300两，正二品是215—225两，正三品是150—175两，从三品是125—150两，正四品是100—125两，从四品是90—100两，正五品是80—90两，从五品是70—80两，正六品是65—70两，从六品是60—65两，正七品是55—60两，从七品是50—55两，正八品是45—50两，从八品是40—45两，正九品是35—40两，从九品是35两。

以上俸禄标准是中央朝廷的官员，地方上的官员俸禄则相对较少。但地方官员可以从职田中获取收入，这就是中央官员所没有的了。所谓职田，就是发给官员的田地，田地所有权不是官员的，但田地的收入可以拿出一部分作为俸禄。例如，江南地区一个上路达鲁花赤的职田便是8顷（原为16顷，后减半），1顷是100亩，按正常收入算，元代1亩田产量平均为1石，800亩就是800石，虽然不可能全部作为收入，但拿出一半也有400石，这已经相当丰厚。其他级别官员的职田收入也是很可观的，如上路同知职田4顷，治中3顷，府判两顷半，下路各级官员依此类推减少1顷，等等。

朝中官员俸钱高，无职田；外地官员俸钱低，有职田。这是元朝政府对内外官员俸禄采取的平衡措施。

科举不兴逼出来的文学

——"最自然"的元曲

元代为人们提供了一个思想控制、文化环境相对宽松，比较自由的创作空间。元代没有真正意义上的文字狱，文人创作极为自由，自唐宋以来文化向平民、基层倾斜的趋势，在元代依然得到继续。

各时代须有各时代的文学高峰。元代留给后人最伟大的，是更有市井气味，更贴近平民的元曲。王国维先生便指出，元曲是足可与唐诗、宋词鼎立的"一代之文学"。

元曲分为杂剧和散曲两种。杂剧便是戏曲，是有情节、需演艺的，而散曲类似歌曲，是要由歌手演唱的。有元一代，元曲如日中天，云蒸霞蔚，繁荣兴盛，这是与宋元时的社会环境密不可分的。

两宋时期，城市经济的繁荣，促进了市民阶层的壮大，加之当时逐渐取消了都市中坊（居住区）和市（商业区）的界限，不禁夜市，为商业和娱乐业的迅速发展提供了更有利的环境。顺应繁华的都市生活和市民们的审美趣味、娱乐方式的需要，在城市之中出现了综合性、群众性的娱乐场所"瓦舍"。

瓦舍又名"瓦子"，最初只是为来自四方的艺人卖艺作场提供临时的表演地点，后来逐渐发展成为一种典型的集商业与服务于一体的游乐场所。瓦舍里设置的演出场所称作"勾栏"。勾栏的本义为曲折的栏杆，它的名字最早见于汉代，是庙里用来给老人做扶手用的。宋元时期，勾栏被用来专指瓦舍中设置的演出棚。勾栏中设有戏台、戏房（后台）、腰棚（观众席），四周栏杆圈围。凡瓦舍中皆有勾栏，少者一两座，多者十余座。

到了元代，因为商品经济继续发达，市井生活持续繁荣，勾栏瓦舍更是无地无之，不仅通都大邑，即使中小城镇也是必备。

元代因为早期没有开科举，大量素质极高的文人不再专注于科场，为了养家糊口也为了立身扬名，纷纷进入杂剧、散曲创作中，使得元曲迅速崛起。

王国维先生评价元曲的特色，曾说："元曲之佳处何在？一言以蔽之，曰自然而已矣。"为什么"最自然"？因为那时是文人最"没人管"的时代，不仅是现实中用官爵名利来进行"天下英雄尽入吾彀中"的管理，就是在思想上，也化解了不少"治国平天下"的自我期许，于是便彻底"自然"了。

元曲名家，自然是首推"四大家"的关汉卿、马致远、白朴和郑光祖。被称为"曲圣"的关汉卿是元杂剧的奠基者，有东方莎士比亚之誉。被称为"曲状元"的马致远不仅有《汉宫秋》《荐福碑》《岳阳楼》《青衫泪》《陈抟高卧》《任风子》等名作，他的散曲也是传唱千古，最著名的便是《天净沙·秋思》。白朴一生作品甚多，但流传至今的只有《唐明皇秋夜梧桐雨》《裴少俊墙头马上》《董秀英花月东墙记》三部，即便如此，他也被王国维先生评价为"元曲冠冕"。郑光祖的作品有《周公摄政》《王粲登楼》《翰林风月》《倩女离魂》《无盐破连环》《伊尹扶汤》《老君堂》《三战吕布》等传世，尤其是《倩女离魂》一剧有"名闻天下，声振闺阁"之誉。

"四大家"还有另一种说法，是将郑光祖改为王实甫，而王实甫就是《西厢记》的作者。这部名作规模之宏伟、结构之严密、情节之曲折、点缀之富有情趣、刻画人物之生动细腻等，不仅前无古人，而且超过了元代的其他剧作家，正因为如此，元代贾仲明在《凌波仙》中称："新杂剧，旧传奇，《西厢记》天下夺魁。"

当然，元代杂剧家灿若星辰，元曲四大家只是其中佼佼者。而以散曲成名的，则有张养浩、贯云石、陈草庵、卢挚、张可久、阿鲁威、李罗、薛昂夫等二百余人，流传至今的作品有小令三千八百多首，套数四百七十余套。和诗人一样，散曲家也是多民族精英荟萃，如贯云石、薛昂夫是畏兀儿人，李罗、阿鲁威等是蒙古人，这也是"异代所无"的。

杂剧的兴盛也促成了演艺界的辉煌。

在元代，随着勾栏的兴盛，歌妓们就成了勾栏的主人。她们在勾栏中从事各种技艺，而引起后世瞩目的，就是从事杂剧演出。她们有的是为生活所迫，在卖身的同时也卖艺；有的属于个人爱好，自愿献身于演艺事业。她们大都天资聪颖，又勤奋好学，练就了极高的表演才艺。

元人夏庭芝的《青楼集》中记载了许多优秀的女演员。例如，著名杂剧演员赛帘秀"声遏行云，乃古今绝唱"，善杂剧的赵真真"有绕梁之声"，朱锦秀"歌声坠梁尘"，顺时秀则"歌传天下名"，回族女演员米里哈"歌喉清宛，妙入神品"。不仅演唱水平高，这些女演员还都是演戏高手，表演各色人物，能够做到"危冠而道，圆颅而僧。褒衣而儒，武弁而兵。短袂则骏奔走，鱼笏则贵公卿。卜言祸福，医决死生"的地步。

非但如此，这些歌妓自己也是卓越的曲作家。虽然因为职业、性别的原因，她们不会被收入记载元曲作家的《录鬼簿》《太和正音谱》这样的著作中，大部分泯灭无人晓，但仍有十九位女曲家在历史上留下了她们的名字和作品，她们是珠帘秀、梁园秀、樊香歌、殷殷丑、西夏秀、王氏、真氏、刘燕歌、陈凤仪、罗爱爱、张氏、王氏、贾云华、管夫人、张怡云、张玉莲、一分儿、刘婆惜和伟芳华。这些女曲家虽然大多沦落风尘，地位低下，但其曲文辞清丽，情感真实，受到时人很高赞誉，常有"南北令词，即席成赋，通晓音律，时人莫及"的评价。

而在灿若星辰的元曲家中，被誉为"曲圣"的关汉卿需要着重介绍，因为他是元曲的奠基人，众多名家都是他的晚辈。

关汉卿名一斋，汉卿是他的字，解州人（今山西省运城市盐湖区解州镇），后迁往祁州（今河北省安国市），一生曾长期在大都居住和生活，最后归葬祁州。他的家族是金朝太医院尹，也就是金朝皇家医院的院长，虽然不算是很高级的官员，但也算得富贵望族。

关汉卿的生平资料很少，学者们只能通过一些零散的记载和他的作品来推算他的生卒年。各家说法很多，现在比较广泛的说法认为他生于1210年至1214年间，1210年是金朝的大安二年，这一年也是成吉思汗统一蒙古，建立大蒙古国的第五个年头。

关汉卿出生后仅一年，成吉思汗便开始了对金朝的进攻，从此中原大地再无宁日，兵戈遍地，烽烟四起，百姓流离失所。而关汉卿的家族也不得不四处逃难，躲避战乱。但毕竟是书香之家，颠沛流离之际，关汉卿还是获得了很好的教育，为日后的创作打下了基础。

1252年，关汉卿来到了燕京，也就是后来的大都，从此在这里生活了二十多年。待到忽必烈建立元朝的1260年，关汉卿已经五十岁上下了，虽然南北还未统一，但北方已经安定下来，关汉卿可以不再担心生计。作为一个文人，他自然想有所作为，而文人要有所作为，就得当官。

关汉卿想走上仕途之时却发现，自己的路太少了。忽必烈时代对于官员的选拔主要靠推举和荫叙，关汉卿家里在元朝没有高官，自然无法荫叙，而要被推举便要去做一个吏，去熬资历当官，他又十分不齿。可以说仕途对他来说已经没什么希望了。

不过，关汉卿是一个风流倜傥、滑稽多智的人，并不会因仕途阻塞而意气消沉，他同情下层人民的疾苦，生活上不拘小节，性格狂放不羁。于是他干脆走入民间，出入勾栏瓦舍，成了一个剧作家。

他自称是个"蒸不烂、煮不熟、捶不扁、炒不爆，响当当的一粒铜豌豆"，绝不向世俗低头，要"一管笔在手，敢搦孙吴兵斗"。

大都城因为商品经济发达，市井生活繁荣，迅速成为元杂剧的发源地和中心区。关汉卿也参加了当时下层文人和艺人举办的玉京书会，这使他不仅结识了许多著名的文人和演员，而且学会了许多技艺。他经常和滑稽善谑的王和卿开玩笑，与杨显之、梁进之、白朴、胡紫山都是极好的朋友。他们经常一起饮酒、游玩和探讨戏剧，有时还同著名演员朱帘秀、赛帘秀一起登台表演。这不仅促进了他的戏剧创作，而且使他积累了丰富的舞台经验。

关汉卿早期的作品，主要是散曲，如《双调·新水令》《越调·斗鹌鹑》及《双调·碧玉箫》等，表现的主要是在战乱中隐居乡野的闲适逸情。

来到大都后，四十多岁的关汉卿进入创作的黄金期，开始大量创作杂剧。代表作有《单刀会》《西蜀梦》《敬德降唐》《裴度还带》《哭存孝》《五侯宴》

《陈母教子》《蝴蝶梦》《鲁斋郎》《排衣梦》《谢天香》《金线池》《调风月》《拜月亭》等数十部。这些作品有悲剧，有喜剧，也有正剧，无不精彩。写悲剧，他以事件本身为发展脉络，人物塑造服从于悲剧总体气氛的创造，内在冲突剧烈，情感气势磅礴。写喜剧，其中则充满了人与环境、人与人、人的自身的种种冲突，让人在无奈中发笑，在笑声中深思。写正剧，他则是突出主人公的一身正气，既无笑料，又未堕入悲剧，强调逆境向顺境突转的契机是道德的力量感化，以此来教化人心。

在古代社会，女性的地位是比较低的，而戏曲演员的女性更被视为玩物。关汉卿却并没有瞧不起这些女演员，与她们平等交往，诗词唱和。尤其是著名的演员朱帘秀，被称为"杂剧为当今独步"，也就是表演水平为当世第一。关汉卿十分仰慕她，专门为她写过《赠朱帘秀》套曲。

元至元十三年（1276），南宋灭亡，南北交通恢复。此时已经六十多岁的关汉卿打算南下巡游，其南行路线大致为由大都陆路经由河北、山西、河南，进入两湖，后东行至杭州。从巡游开始，关汉卿进入自己创作的后期，也是最辉煌的时期。这时期的作品，主要有《玉镜台》《望江亭》和《窦娥冤》，其中尤其以《窦娥冤》最为著名。

《窦娥冤》是一幕悲剧，通过主人公窦娥被恶人构陷，又因为贪官昏昧而遭屈斩这一悲剧事件揭示了一系列社会问题，如文人地位、高利贷剥削、寡妇命运、贪官污吏等，被王国维评价为"即列之于世界大悲剧中亦无愧色"。其中窦娥蒙冤被斩时，一句"地也！你不分好歹何为地？天也！你错勘贤愚枉做天！"已成千古绝唱。

完成了巡游之后，关汉卿自杭州乘舟沿古运河北上，经扬州返回了祁州。1300年左右，已是耄耋之年的关汉卿病逝。

世界上存在着三大古典戏剧形态：古希腊戏剧、印度梵剧和中国戏曲。其中梵剧至今尚无公认的创始者，古希腊戏剧的创始者，则是悲剧之父埃斯库罗斯和喜剧之父阿里斯托芬。而关汉卿作为"初为杂剧之始"的大家，题材广阔，现实性强，充满市井气息和平民精神，体裁上兼有悲剧、喜剧和正剧之长。把他作为中国戏曲的代表人物，是当之无愧的。

以关汉卿为代表的元曲作家群，来自不同民族、不同阶层，包含不同性别，他们一起缔造了中国文学的又一个黄金时代——元曲时代。与唐诗时代和宋词时代不同的是，唐朝长达二百八十九年，两宋长达三百一十六年，元朝则只有一百零八年，如此短的时间，有如此成就，元代文人是足以自傲的。

未得善终的元代"萧何"

——王文统

因为汉朝是历史上第一个统治时间长又稳固的大一统皇朝,所以其开国功臣知名度极高,后世皇朝的开国功臣最高的评价往往用汉朝开国功臣类比。如果谋臣智谋出众,会被誉为和张良一样的"吾之子房";如果将帅善战知兵,会被誉为当世韩信;而如果身为宰辅能够做到"镇国家,抚百姓,给馈饷,不绝粮道",那便会被誉为萧何一般的人物。

元朝开国,便有这么一位萧何般的人物。从大蒙古国的贵族封建,走向元朝的帝制集权,其政治架构,设计者是他;元朝相当超前的货币政策,规划者是他;元朝开国,战事频仍,而财政不虞短缺,也要归功于他。

他便是王文统。

王文统,字以道,号云叟,金北京府路大定府人,是金朝进士,"少时读权谋书,好以言撼人"。

金朝在蒙古军的连年进攻下,对河北、山东等地的控制逐渐崩溃,各地豪强乘时而起,纷纷投降于蒙古而成为世侯。王文统便来往于各个世侯之间,"以游说遍于诸侯"。最终,他被益都行省李璮赏识,"即留置幕府,命其子彦简师事之,文统亦以女妻璮。由是军旅之事咸与谘决"。

王文统不但学问很好,而且极善于理财,在他的帮助下,李璮的财政状况在所有的世侯中是最好的。王文统也随之名噪一时,忽必烈与其藩府诸臣评论天下人才时就谈到他，十分赞赏。虽然姚枢从正统儒学角度指责他"学术不纯"，但对其才干也没有异议。刘秉忠和张易也对忽必烈举荐说："山东有王文统，才智士也，今为李璮幕僚。"

中统元年（1260）四月，刚登上帝位的忽必烈设立中书省，便即起用王文统为中书平章政事，地位一下子高于原藩府旧臣张文谦、廉希宪、张易等人。

从一个世侯幕僚一跃而成为帝国宰相，王文统自然对忽必烈感激涕零，上任后，将自己的才学倾囊献出，操持国事不遗余力，"凡军国大事，皆有成算，然后撮其要领，使例相比……虽纵横论难，不出所预"。

在他的主持下，元朝设立了中书左（吏、户、礼）、右（兵、刑、工）部并制定中书省工作条例十条，颁布州县官吏考核黜陟条例，制订了民事条画二十七款及各路宣抚司应行条画七款，高度完善了帝国的政治制度。

同时，王文统还下大力气对钞法进行改革。

元朝前，中国已经开始使用纸币。北宋有"交子"，南宋有"会子"，金朝有"交钞"，但都不是主要货币形式。

1226年，窝阔台汗"诏印造交钞行之"，市场开始流通交钞。窝阔台汗时期所印发的交钞"不过万锭"，而到忽必烈建立元朝后，交钞的流通逐渐增大。

大蒙古国时期币制不统一，各地都发行钞币，因此市场混乱，元朝建立后也没能马上改观。这个任务就交给了王文统。

王文统主持由中书省统一发行"中统元宝交钞"，同时废除了各路所行钞币。发行新钞取代旧钞，最重要的是不能"一刀切"，让持有旧钞的百姓蒙受损失。在钞法改革上，王文统博采众议，分析利弊，许各路之钞如数收换，使百姓免受损害，并命各路宣抚司限期将所管地方"钞法有无阻滞，及物价低昂，与钞相碍，于民有损者"及时解决。

"中统元宝交钞"，简称中统钞，面额有二贯文、一贯文、五百文、二百文、一百文、五十文、三十文、二十文、十文九种。

元政府于中统元年规定："诸路领钞，以金银为本，本至乃降新钞。"所以该纸币流通畅行无阻，在商品贸易中信誉较高，很快成为通行于全国各地的统一货币，甚至波斯、印度等国也纷纷仿效发行。欧洲人马可·波罗在元代时曾来到中国，见到当时的纸币时非常惊诧："大汗国中商人所至之处，用此纸币以给费用，以购商物，以取其售物之售价，竟与纯金无别！"以至认为这是中国皇帝专有的"方士点金术"。

王文统为相，兢兢业业，勤恳任事，对于国政民政都有不凡贡献，"元之立国，其规模法度，世谓出于文统之功为多云"。这样的宰相，原本可以以"贤相"之名载入史册的。

但是，王文统因为感激忽必烈的知遇之恩，便难免会有迎合主上的作为。元朝建立之初，战争不断，需要源源不断的经费支持。身为宰相，要为主分忧，不能让皇帝打仗没有粮饷，奖赏有功之臣手头拮据。王文统自然以理财为头等大事，这就严重触动了正统儒臣们的底线。

儒家思想的主流一贯强调"藏富于民"，反对开源，提倡节流。所谓"利源不可启，以其一启而不可复塞也"，认为兴一利就会生十弊，因此君主应该节用，而不应该总想着生财。虽然王文统也是儒士，但其人专注于法家和纵横家之"术"，凡事只讲究实效，并不关注"义在利先"这样的纯粹道义问题，再加本身能力非凡，自然深受忽必烈信任，以新进官员身份迅速凌驾于那些早已跟随忽必烈左右的儒士之上。这样，无论从思想主张还是个人利益来说，儒臣集团迅速成为与王文统势不两立的政治敌手。

当王文统被委任为平章政事时，窦默便上书忽必烈直接对王文统进行抨击，认为"平治天下，必用正人端士，唇吻小人一时功利之说，必不能定立国家基本"，而王文统是"苏、张之流也"。之后，王鹗、姚枢等又在忽必烈面前指斥王文统"学术不正，久居相位，必祸天下"。可忽必烈对他们的话都置若罔闻。

深谙政治纵横之道的王文统，自然也不会屡受攻击而不还击。但窦默、姚枢都是忽必烈藩邸旧人，与忽必烈感情很深，进行直接的反击不会奏效，只能采用迂回。

于是，王文统表奏姚枢为太子太师，窦默为太子太傅，许衡为太子太保。这看起来是抬高三人身价，其实是减少甚至隔绝了三人在忽必烈身边的机会，"阳为尊用之，实不欲使数侍左右也"。

窦默、姚枢已经看出自己不可能扳得倒王文统，决定顺坡下驴，以此避祸。

可许衡认为还没有正式册立太子，太师、太保、太傅从何而来？三人遂退回诏书，拒不领命。忽必烈于是改任命姚枢为大司农，窦默仍为翰林侍讲学士，许衡授国子祭酒。王文统轻描淡写地扫除了威胁。

自己能力出众，又深受皇帝信任，而且还能做到处世圆滑。王文统不说能终身显贵，但当个十年八年的太平宰相原本是题中应有之意。可惜，人的一生并非全由自己掌握，往往会因与自己并不相关的事改变命运。正当他一帆风顺的时候，一场突如其来的大变立即将王文统推向了万劫不复。

这场大变便是山东李璮之乱。

李璮作为世侯，本就是最不安分的一个，不但拥兵自重，储存粮草，截留盐课，还在1259年私自进攻南宋，连下海州（今江苏连云港西南）等四城，全部纳入自己地盘。他在扩充实力上不遗余力，对蒙古汗廷的不臣之意相当明显。

中统元年（1260），忽必烈与阿里不哥争位开战。忽必烈加封李璮为江淮大都督，这一方面是为了稳住他，另一方面也是看重他与南宋有占地之仇，防卫南部疆域时不会投敌。

忽必烈有些小看了李璮，这位大都督虽不会真正投向南宋，却也绝不会忠于他。中统三年（1262）二月，李璮乘忽必烈倾全力抗御阿里不哥南犯之机，举兵反叛。献涟海等三城于南宋，杀蒙古戍兵，从海州泛海还攻益都，进据济南。忽必烈南线顿时吃紧。

李璮虽然野心不小，却没有洞察全局的眼光。他反叛元廷若想获得成功，必须有两个要素，其一是南宋朝廷积极配合，出兵出饷相助；其二是只有北方中原各地汉人世侯群起响应，他才有趁乱扩大地盘，进而图霸称王的可能。但是，一向谋求苟安的南宋只是封李璮为齐郡王，并没有在军事行动上给予配合。他传檄河北，希望取得当地汉人世侯的支持，也应者寥寥——大家诸侯做得好好的，为什么为了你冒险造反呢？

李璮的处境完全孤立。他如果不想迅速失败，应该率部队与元军在野外周旋，利用机动灵活的优势，实在不行还可以南撤依靠南宋。但李璮拢军固守济南，在毫无外援的情况下给元军以包围自己的机会，充分展现了军事上的无谋。负责征讨他的史天泽听说李璮进入济南，不禁笑道"豕突入苙，无能为也"，立即定下了"不宜力角,当以岁月毙之"的策略。元军深沟高垒,将济南围得水泄不通。

是年七月,济南城破,李璮被俘杀,"李璮之乱"仅仅坚持了五个月便烟消云散。

李璮是王文统的女婿,又是"故主"。他在忽必烈艰难的时刻掀起反旗,对忽必烈的打击无论从现实还是心理上都十分巨大,而王文统也无可避免地会被怀疑。

李璮乱发后,许多人揭发"文统尝遣子荛与璮通音耗",忽必烈召王文统质问:"汝教璮为逆,积有岁年,举世皆知之。朕今问汝所策云何,其悉以对。"文统对曰:"臣亦忘之,容臣悉书以上。"他写了书面的材料呈上,具体内容没能见诸史书,只知道其中有"蝼蚁之命,苟能保全,保为陛下取江南"之语,看来王文统并没有承认"教璮为逆"的指控。

但这时,李璮派人将王文统曾写给他的三封书信送还,被巡逻兵截获,送到世祖面前。忽必烈"以书示之,文统始错愕骇汗"。书中有"期甲子"一句,"世祖曰:'甲子之期云何?'文统对曰:'李璮久蓄反心,以臣居中,不敢即发,臣欲告陛下缚璮久矣,第缘陛下加兵北方,犹未靖也。比至甲子,犹可数年,臣为是言,姑迟其反期耳。'世祖曰:'无多言。朕拔汝布衣,授之政柄,遇汝不薄,何负而为此?'文统犹枝辞旁说,终不自言'臣罪当死',乃命左右斥去,始出就缚"。

史书中对于这次审讯过程都语焉不详,疑点百出。为什么李璮会把王文统写给他的书信送还,还正好被"逻者所获"?王文统给李璮的书信,内容是什么,是串通谋反还是确如他所说"姑迟其反期耳"?

疑点多,且无其他旁证,只能存疑。但忽必烈已经认定王文统谋反证据确凿,于是召窦默、姚枢、王鹗、刘秉忠及张柔等人,把上述三封书信给他们看,问"文统当得何罪"?诸文臣皆答:"人臣无将,将而必诛。"所谓"无将",出自《公羊传》,意谓不得企图叛逆,只要是企图叛逆就该杀。武将张柔更是干脆说"宜剐"!王文统的结局就此注定。

是年二月二十三日,王文统及其子王荛以同谋之罪被诛杀,元朝初年的王文统时代落幕。

而随着王文统的人头落地，忽必烈原本海纳百川的心胸也犹如突然垒起了一道堤坝，将宽阔的海口挤压为狭窄的河道，在藩邸时及继位之初不论出身只看才干的他开始对汉臣投去了不信任的眼光。

一直对世祖重用汉人不满的回族集团，趁势进言："回回虽时盗国钱物，未若秀才敢为反逆。"这句恰到好处的谗言，使得回族理财之臣登上权力巅峰，也开启了元朝日后近三十年的理财派与汉法派政争的大幕。

三大权臣都是棋子

——阿合马、卢世荣、桑哥的悲喜剧

王文统之死，对于儒臣集团来说，不仅没有胜利的喜悦，反而产生作为儒生不再被忽必烈所信任的忧虑。李璮之乱牵连王文统，给忽必烈心理留下极大阴影，他"始疑书生不可用"，开始提拔重用理财之臣。

被忽必烈重用的理财之臣先后有三人，都因理财之能获得重用，但结局都很悲惨。后世史家称他们为"权臣"，实际上都不过是元世祖忽必烈敛财集权的棋子而已。

大蒙古国向元朝的演进过程，也是封建制君臣关系向雇佣式君臣关系演变的过程。元世祖忽必烈得以即位，主要是依靠大蒙古国的东道宗王，也就是成吉思汗四个弟弟家族的支持。而在建立元朝后，忽必烈对东道宗王大力抑制，在其封国中设立行省，从而导致了著名的"乃颜之乱"。经过对乃颜之乱的镇压，东道宗王势力受到重创，不再能对国家大政发挥影响。

忽必烈的举措虽然试图将封建制的贵族君臣关系向集权制的雇佣君臣关系转变，但毕竟元朝是蒙古族建立的政权，而其统治的却是包括中原、内地在内的广大区域及众多民族，皇室完全放弃旧有关系而采用雇佣式君臣关系，会让皇室势单力孤，安全性很低。在推进中央集权制的同时，他也不得不考虑蒙古的传统。对于国家大政，皇室自可排斥在血缘上对皇位有威胁的宗王，但必须重用以"斡脱古·孛斡勒"为代表的勋戚。

一方面，"斡脱古·孛斡勒"，也就是"世袭家臣"，与皇室有着数代乃至十数代的主仆关系，之间的羁绊极为深厚。成吉思汗的"四杰"博尔忽、木华黎、博尔术和赤老温所代表的家族，便是这样的"斡脱古·孛斡勒"。他们四大家族的后人，在元朝几乎垄断了中书丞相的职位。

另一方面，"斡脱古·孛斡勒"具有传统的、封建制下遗存的羁绊，并非集权皇权下雇佣式的官员，这对于皇帝的集权有相当的阻碍。

勋旧贵族会阻碍集权，儒臣集团也会阻碍集权且不能完全信任，于是，忽必烈重用没有根基的理财之臣，借此夺"中书、勋旧之权"。

第一枚棋子，是回族人阿合马。

阿合马出生于中亚花剌子模细浑河（今锡尔河）畔的纳客忒城（今乌兹别克斯坦共和国塔什干西南），这里本是中亚花剌子模帝国属地。成吉思汗西征后，花剌子模帝国灭亡，其地被分封于各蒙古贵族。阿合马的家乡隶属于弘吉剌部按陈那颜。按陈之女察必是忽必烈的皇后，在出嫁时，以阿合马为媵臣，也就是陪嫁奴隶随之入宫。其人"多智巧言，以功利成效自负，众咸称其能"，因为善于理财，逐渐被忽必烈重用。中统三年（1263），王文统被杀之后，阿合马被任命为领中书左右部兼诸路都转运使，专管财赋之事。

担任诸路都转运使的阿合马，大兴河南钧、徐等州的冶铁业，每年产铁一百零三万七千斤，铸造农具二十万件，换取官粮四万石；后又增加盐课，弥补了太原地区因私盐泛滥造成的盐课亏欠。这两件事做得相当漂亮，阿合马从此更加为忽必烈所倚重。

至元元年（1264），阿合马升任中书平章政事，进阶荣禄大夫。至元三年（1266），朝廷设置总理财政的制国用使司，阿合马以平章政事兼领使职，开始总揽全国财政大权。次年正月，设立尚书省，又以阿合马为平章尚书省事。随着官位节节高升，忽必烈也对阿合马到了"授以政柄，言无不从"的地步。

忽必烈时代的元皇朝对外战争频繁，灭南宋，征安南，征日本，征爪哇，还要应付西北的窝阔台、察合台汗国，军费花销如流水，再加上忽必烈赏赐宗王、勋贵和有功之臣也是出手阔绰，没个能理财的大管家也确实不行。但阿合马为了取悦皇帝，敛财无所不用其极，以至于"挟宰相权，为商贾，以网罗天下大利，厚毒黎民"。

王文统时代改革钞法，以谨慎为第一要务，极力避免钞票贬值。至元十年（1273）以前，中统钞发行量相当有节制，每年不过十万锭。到了阿合马理财时，竟然滥发钞币，从至元十三年（1376）开始，中统钞的币量每年竟然发行几十万锭，最高达一百九十万锭，钞票的购买力急转直下，公私俱疲。这虽然短时间内弥补了财政上的窘况，但从长远来看，无异于饮鸩止渴。

因为深得忽必烈信任，阿合马趁机培植私党，聚敛私财。《马可·波罗游记》记载："他约有二十五个儿子，都身居要职。有些还仗着父亲的保护，也犯下了和父亲同样的罪恶，甚至其他比这些更可耻的罪恶。阿合马又积蓄了大量的财宝，因为凡要求当官的人，必须送他大量的钱财。"

阿合马的得宠和肆意妄为，引起了儒臣集团和蒙古勋贵的不满，儒臣集团的代表许衡、廉希宪，勋贵集团的代表安童（时任中书右丞相，木华黎之孙）纷纷发起弹劾。但因为阿合马理财之能无人能比，再加上为人很有权谋，都未能伤及分毫。甚至连皇太子真金对其也毫无办法，只能找茬殴打他泄愤，而不能动摇他的地位。

阿合马权倾朝野二十年，看似将要荣华终身，寿终正寝。而历史总是会给人们制造一些黑色幽默，在他如日中天之时，两个小人物却戏剧般地结束了一切。

至元十九年（1282），忽必烈与太子前往上都。阿合马留守大都，一切都极为正常。到了三月十七日这天，突然闻报皇太子回大都做佛事，要百官前往东宫迎接。

阿合马与众官员赶到东宫，果然见到太子仪仗，正要上前请安。岂料，端坐马上的皇太子大声斥责起阿合马来，不等阿合马回答，太子身边的一名壮汉便走上前来，将阿合马拽到太子马前，从袖中掏出铜锤把他的脑袋击碎。一代权臣糊里糊涂毙命当场。

跟随阿合马前来迎接太子的百官被这场面吓呆了，不知道是怎么回事，只有工部尚书张九思发现不对，大呼有诈，留守大都的达鲁花赤博敦这才冲上前去将"太子"打下马来。众兵士乱箭齐发，"太子"扈从四散溃逃，只有刚才杀死阿合马的壮汉不逃，安然受缚。

这名壮汉名叫王著，官任益都千户，"素志疾恶，因人心愤怨，密铸大铜锤，自誓愿击阿合马首"，于是，与一个颇会些幻术的僧人高和尚合谋，"知阿合马所畏惮者，独太子尔，因为伪太子，夜入京城，召而杀之"。这一切的一切，不过是一场针对阿合马的暗杀行动。

事变发生后，忽必烈勃然大怒，下令枢密副使孛罗主审此案。孛罗也是"斡脱古·孛斡勒"出身，其祖父和父亲都是成吉思汗皇后孛儿帖的管家，对阿合马平日的跋扈也深感不满，在审讯中对杀阿合马之事简略带过，却主要收集阿合马的罪状。案子很快审结，王著等人被杀。随后，孛罗在汇报审讯经过时，将收集的阿合马罪状讲给世祖听，忽必烈原本以为阿合马只是贪些钱财，岂料还有结党擅权、盗用皇家宝石及用巫蛊之术诅咒自己等罪状。忽必烈惊怒交加，再加上真金及诸汉官趁机进言，历数阿合马罪恶，于是，在王著等人死后不过四十余日，忽必烈的态度便一百八十度大转弯，下诏将阿合马发墓剖棺，戮尸于通玄门外，纵犬啖其肉，阿合马的子侄皆伏诛，财产充公，妻四十、姜四百分赐他人，朝内"阿合马党人"七百一十四人也全被罢黜。

阿合马死后的帝国政局，俨然一派汉法派大行其道的景象。至元十九年四月，原翰林学士承旨（翰林院一种官名——译者注）和礼霍孙被任命为中书右丞相，执掌朝政大权。和礼霍孙出身蒙古勋贵，曾任世祖宿卫大臣，其人深谙儒学，一上任便大力援引儒臣充实朝廷中枢。耶律楚材之子耶律铸被任命为中书左丞相，甘肃行省张雄飞为参知政事，张文谦任枢密副使，董文用为兵部尚书。

然而，以和礼霍孙为首的宰辅对于日益窘困的财政并没有提出行之有效的整顿方法，也没有新的生财之道，"朝廷之臣讳言财利事，皆无以副世祖裕国足民之意"，这使得忽必烈大为不满。

皇帝有需要，而当朝大臣不能满足，那么可以满足的人便会取代他们。新一代的理财权臣的呼之欲出，也就成为必然。

沿着阿合马之路前进的，倒并不是以经商著名的回族人，而是一个吐蕃人桑哥和一个汉人卢世荣。

第一个进入世祖视线的是桑哥。其人是"出身于噶玛洛部落"的吐蕃人，也就是吐蕃帝国第五代赞普赤松德赞时代派驻脱思麻地区（今青海东部、甘肃东南部和四川西北部)的吐蕃军队的后裔。至元初年,帝师八思巴在脱思麻地区活动时,将其收为自己的侍从官,日后随八思巴来到大都,有机会代表八思巴到世祖驾前奏事。桑哥口才很好又见多识广,每次奏对都很符合世祖的心意,世祖一高兴便向八思巴提议,将桑哥留在自己身边任职。

桑哥"能通诸国言语,故尝为西蕃译史",因此颇受重用,不久便成为掌管佛教和吐蕃事务的总制院使。相对于阿合马除了理财别无所长,桑哥倒是个多面手,不但具有语言天赋,理财本事超群,而且颇有军事才能。至元十七年(1280),西藏地方发生叛乱,桑哥率军十万平定。

有了战功,又"好言财利",桑哥权势愈加显赫。按说,这时候桑哥该以自己理财本事获得更大的权力,争取入主中枢。可阿合马的殷鉴不远,桑哥还需要有人来做个探路的,为自己蹚蹚道。

于是,一个名叫卢世荣的汉人在桑哥的举荐下,面见了世祖忽必烈。

这个卢世荣,名懋,世荣是他的字,河北大名人。阿合马专政期间,卢世荣以贿赂得官,为江西榷茶运使,后以罪废。

世祖正愁没有理财之臣,听到桑哥举荐,便诏卢世荣"奏对称旨",这一奏对大有相见恨晚之意。不久,卢世荣被任命为中书右丞,专管理财。

卢世荣理财,以"裁抑权势"为方针。他制定了一系列政策:在泉州、杭州设立市舶都转运司,造船给本,由商人经营海外贸易,获利官收其七,商有其三;权势之家所占有的产铁之所全部禁没,由官府立炉鼓铸,获利存于常平仓;各路设平准周急库,向贫民放贷收息;各部立市易司,管领牙侩(中间人),商人货物四十分取一,其中四分给牙侩,六分作为地方官吏俸禄;在上都、隆兴等路,由官府买羊马,令牧人放牧,畜产品官取其八,牧民取其二。

总而言之,就是两点——开商贸,抑权势,将财利归于国家,避免权势之家从中渔利。

卢世荣的政策严重侵害了权势者的利益,加之他以戴罪之身获得重用,朝野侧目者甚多,很快便遭到群起攻讦。而他的理财之法并非短时间便可见效,因此也失去了忽必烈的支持。

出任中书右丞不到半年,卢世荣就在众多重臣的弹劾下被罢官下狱,不久被杀。

卢世荣倒台，其身后的桑哥不得不走上前台。至元二十四年（1287），忽必烈复立尚书省，桑哥为尚书右丞相。

卢世荣理财之法总体趋于长远打算，却因此失败，桑哥吸取其教训，开始"急功近利"。

首先是更定钞法，颁行新钞"至元宝钞"，与中统钞同时通行。至元钞一贯文折合中统钞五贯文。老百姓手里的中统钞票一下子不值钱了，只能大量兑换至元钞，官家自然大获其利。

发行新钞票后，便是钩考中书省和全国各地钱谷。无论中央还是地方，"凡仓库诸司，无不钩考"，从而查出大量财富，众多官员也因此获罪，平定江南的功臣阿里海牙被逼自杀，中书参知政事杨居宽、郭祐也因"失职"而被杀。一时间"官不聊生"，人人自危。

毕竟官少民多，钩考官员为了展现政绩，势必要逼取于百姓富户，"追系收坐，牢狱充牣，掳掠百至"，不但富户，即使中产之家也被催逼，家破人亡者比比皆是。很多富户不堪其扰，逃入山中为盗，江南"盗贼"蜂起达数百处之多。

虽然官民都不得其安，但钩考确实取得了相当的成果，"已征数百万，未征尤数千万"，一下子缓解了财政危机。

财政问题缓解，桑哥更得信任，从而春风得意，再出三记重拳：一是对盐茶酒醋的课税和商税进行增税，二是对皇室宿卫之臣占有的土地进行抽税，三是减少对宗王勋戚的赏赉。

桑哥不惜得罪天下人的做法很让忽必烈青睐。为了表彰桑哥，忽必烈命人为桑哥立《王公辅政之碑》于尚书省前，并且下诏"自今宣敕并付尚书省"，连宣敕由中书省颁给的程序都免了，桑哥彻底成为帝国中除了皇帝外最有权力的人。

随着权势日隆，桑哥开始膨胀。平日上朝，他都要乘小舆，且有侍卫百人为导从，这是连宗王都不能享受的待遇。在他掌握了铨调中央和地方官员的人事权之后，他也卖官鬻爵，"由是以刑、爵为货而贩之"。

桑哥看似风光无限，但除了皇帝的信任，他一无所有。一旦信任丧失，或者反对他的力量过大以至皇帝都不能忽视的时候，末日便会旦夕而至。

至元二十八年（1291），一场弹劾桑哥的风潮突然来临。首先是忽必烈的宿卫彻里发难，控告桑哥奸贪误国害民诸罪。之后，无论是勋贵、儒臣还是宗室均出面指控桑哥擅权贪墨。

朝廷上下，请诛桑哥之声甚嚣尘上。是杀桑哥而安百官之心，还是保桑哥而将百官的不满从桑哥转移到自己身上，已经御极三十年的世祖忽必烈该做什么选择，绝不会令人意外。

是年七月，诏诛桑哥，这位吐蕃宰相和他的众多党羽一起被绑缚刑场，刀下头落，血腥一片，世祖时代最后一个理财权臣灰飞烟灭。

此时的世祖忽必烈已经七十七岁，重病缠身，生命只剩下两年，凡事都已力不从心。为缓解财政和"夺勋旧之权"再次启用理财之臣，必会再次引起激烈党争，垂暮之年的老皇帝只好撤尚书省，将其机构并入中书省，不再物色理财之臣。

即使不甘心，以后的事情也只能交给儿孙去解决了。

从"兄弟"到"翁婿"

——元朝与高丽

有元一代,若说对朝廷最铁的藩属小弟,第一自然是忽必烈弟弟旭烈兀所建立的伊儿汗国,其次便是女婿之国高丽。

不过,元朝与高丽的翁婿关系,是在对高丽的打击欺压的阴影之下一步步走向看起来很美的和谐之境的。

公元9世纪以后,朝鲜半岛的新罗王国日益衰落,贵族叛乱和农民起义层出不穷,最终导致彻底的分裂,形成新罗、后百济和泰封三国鼎立的局面,这便是朝鲜半岛的第二次三国时代,史称"后三国"。

就如中国的三国时代,魏、蜀、吴三国最后谁也没能一统天下,倒是魏国的权臣司马家摘了桃子。朝鲜半岛的三国也不是其中哪个统一起来的,而是泰封国的武将王建夺取其政权,建立高丽王朝后重新统一的。

高丽王朝学习宋朝,重文轻武,文官掌控朝政,对于武将十分鄙视欺压,使得文武之间势同水火。

1170年,高丽王朝终于发生变乱。郑仲夫、李义方、李高等几个武臣因不满高丽毅宗王晛和文臣对武官的欺压而发动政变,大杀贵族文官,流放了毅宗和太子,立明宗王皓为国王,史称"庚寅之乱"。郑仲夫通过"都房"控制高丽君主,从此开始了高丽王朝的"武人政治"时代。从郑氏开始,先后有庆氏、李氏、崔氏武人掌控政权。

到1197年，崔氏家族建立了稳固的"都房"政权，执掌国政六十余年。如果照此发展下去，高丽也许会和日本一样，形成国王无权而将军掌权的"幕府政治"。然而到了1231年，席卷各地的蒙古洪流终于涌向了高丽，武人政治也就随之走向衰微。

1216年，契丹遗族喊舍等人对大蒙古国发动叛乱，被击败后率领数万名契丹军渡过鸭绿江侵入高丽，占领高丽重镇江东城。1219年，成吉思汗命哈只吉和扎刺二将率军入高丽讨伐喊舍。蒙古军入高丽后，遣使面见高丽高宗王皞，要求以粮援助，出兵合击江东城。

契丹军进入高丽，占城割据，本就让高丽君臣很是头疼，现在见有人前来助拳，无论是傀儡国王高宗还是掌权将军崔忠献都求之不得，于是派兵资粮相助。不久，蒙高联军便攻克了江东，喊舍自缢身亡。

乱事平定后，哈只吉与高宗于是年二月签订条约，两国约为兄弟之国。按照约定，高丽臣属于蒙古，每年纳贡。

要是到此为止，高丽最多不过是成为蒙古帝国的"弟弟"，而不会是日后的"女婿"。然而，蒙古帝国这位大哥对弟弟实在太不客气，要求的贡赋越来越多。高丽君臣终于于1225年撕毁协议，斩杀蒙古使臣。此时成吉思汗正在征讨西夏，无暇理会高丽，"兄弟之国"从此断交，陷入"冷战"。到窝阔台汗即位后，便开始派兵攻打高丽，战争正式爆发。

自1231年起，蒙古连年对高丽用兵，尤其是贵由汗和蒙哥汗时期更是"凡四命将征之，凡拔其城十有四"，高丽王不得不迁都江华岛。虽然蒙古军在当时战无不胜，但高丽面对侵略节节抵抗，对于蒙古军造成很大杀伤，甚至击毙了蒙古统军元帅撒礼塔，使得蒙古军始终未能完全灭亡高丽。

在艰苦抗战28年之后，尤其是"都房"政权第四代执政崔竩被杀后，高丽再也坚持不下去了。1259年，高丽高宗向蒙古投降，派太子王倎入质。

也就在同一年，蒙哥汗死于南征南宋的征途上。正奔波在遵照大汗圣旨前往四川的高丽太子王倎听闻大汗死讯，便没有再西进，而是前往汴梁，和当地官员一起迎接也是得到消息从鄂州返回的忽必烈，并跟着忽必烈一起回到了其大本营开平。

忽必烈在开平即位，开始了和弟弟阿里不哥的争位之战，至于如何惩罚近三十年拒不归附的高丽自然不可能在议事日程之内了。也在这一年，高丽高宗王皞病逝，消息传来，忽必烈谋臣赵良弼和廉希宪一起进言，认为应该立即送王倎回国即位，这样高丽便会感恩戴德，一心内附。

忽必烈早就对王倎的作为很满意，于是立即接受建议，以国王之礼款待王倎，赐以虎符、封册和高丽国王印，并派精兵护送其回国，表示对高丽"完尔旧疆，安尔田畴，保尔家室"。同时，忽必烈将屯驻高丽的蒙古军全部撤回，曾经虏获的高丽百姓也全部放归。当然宽大之余，对于两国关系也要明确，规定高丽有"纳质、助军、输粮、设驿、供户数籍"等义务。

王倎回国即位，这便是高丽元宗，不久改名为王禃。这本该是个太平国王，然而，因为元朝不断用兵，不停地要求高丽履行助兵资粮的义务，高丽朝野很多大臣对于这样的榨取极为不满。这些人以权臣林衍为首，于至元六年（1269）八月发动政变，废黜元宗，立其弟王淐为王。

同年十月，忽必烈封在京朝觐的高丽王太子王谌为特进、上柱国，命他率三千军队回高丽平乱。面对军事威慑，王淐、林衍不得不恢复元宗王位。

这起变乱，几乎使元宗即位时的大好局面丧失殆尽，原本撤出的蒙古军重新开了进来，在凤州设立屯田总督府，长期驻守。同时，忽必烈还委任脱脱朵儿、焦天翼为高丽达鲁花赤（监治官），高丽的独立地位已经大打折扣。尤其严重的是，高丽都统领崔坦、李延龄等人因为不满林衍专权，趁着元军入境之机，以西京（今平壤）五十余城归降元朝，忽必烈顺势将之改为东宁府（后升东宁路），划归元朝辽阳行省管辖。

为了有效控制高丽，忽必烈要求高丽王室从江华岛迁回旧都开城。在迁都事件上，高丽朝廷再起波澜，其时虽林衍已死，但其党羽裴仲孙等仍拥立王室庶族承化侯王温为王，据守珍岛（今南金罗道）抗元。

至元八年（1271）五月，元将领忻都、洪茶丘等率兵攻占珍岛，杀王温、裴仲孙，但残部在金通精率领下又退往耽罗（今济州岛）。至元十年（1273）四月，元军攻占耽罗，金通精等人被俘，林衍党羽最终被肃清。

这回，元朝又在耽罗设立招讨司，屯兵驻守，高丽的领土又少了一块。

权力被限制，国土被分割，作为国王的元宗倒是终于摆脱了数十年的武人权臣干政，成了真正的掌权者。

　　至元十二年（1275），元宗还都开京，高丽完全依附元朝。忽必烈命令高丽更改官职爵号，也就是官职爵位的名称都要相对元朝降一级，如尚书省和中书省改为佥议府，枢密院改为密直司，御史台改为检察司。国王的自称由"朕"改为"孤"，"宣旨"改为"王旨"，臣子对国王的奏疏由"奏"改为"呈"，臣子对国王的称呼由"陛下"改为"殿下"，国王储君的名称由"太子"改为"世子"。高丽原有的庙号制度也被废除，"某某宗"的庙号不许再用，国王庙号都要改为"忠某王""恭某王"，如"忠烈王""忠宣王""忠惠王""恭愍王"等。

　　这样的改变虽然屈辱，但总算换来了安定，但元宗并不满意，他希望能够让这种安定持续下去不出变故。而要达此目的，便需要与元朝皇室成为一家人。

　　于是，元宗从至元八年（1271）开始，不停地向元朝"求婚"，希望忽必烈把公主嫁给自己的世子王谌。忽必烈虽不情愿，但考虑到下嫁公主对于安抚高丽所能起到的巨大作用，终于还是同意了高丽的求婚，答应把自己的小女儿齐国公主忽都鲁揭里迷失下嫁高丽世子王谌。此时齐国公主才十三岁，直到三年后，也就是至元十一年（1274）五月，忽必烈才将成年的女儿嫁到高丽和三十九岁的王谌成婚。

　　这桩婚姻的成功，了却了高丽元宗的最后心事，老国王终于不必再操心了。儿子和新儿媳婚礼举行后仅一个多月，高丽元宗王禃病逝，世子王谌继位，是为高丽忠烈王。

　　当年还是太子的元宗选择了效忠于忽必烈，换来了免除惩罚和国祚延续，在去世前又让自己成了忽必烈的亲家，一举让高丽的地位有了显著提高。

　　经过"林衍之乱"，忽必烈在高丽设置了达鲁花赤，既监督高丽国王，也插手高丽国政，达鲁花赤以宗主国大臣的身份对国王颐指气使。而从忠烈王开始，因为成为了忽必烈的女婿，国王印信便成为"驸马高丽国王"，达鲁花赤百炼钢立即变为绕指柔，态度谦恭有礼起来。例如，第三任高丽达鲁花赤黑的，在王谌还没有和齐国公主成婚时便已经谨小慎微，一次接受元宗宴请时，元宗请其上座，黑的连忙推辞，"现在皇上的女儿已经许配给太子了，您就是皇帝驸马大王的父亲，我们是皇帝的臣子，怎么敢违礼呢？大王向西坐，我们就向北坐；大王向南坐，我们就向东坐"，一定要坐到元宗的下首。

至元十五年（1278），忠烈王带着新媳妇齐国公主到元朝省亲，趁着老泰山忽必烈高兴，提出废除"高丽达鲁花赤"，这要是在过去，一定会被看作"不臣"之举，而现在的忽必烈却当作送给新女婿的礼物，一口允准了。

在"林衍之乱"中被元朝划为东宁府的高丽西京是高丽降人献给元朝的，本谈不上归还。但在至元二十六年（1289），忠烈王奏请归还西京，忽必烈本着都是一家人，谁管都一样的态度，同意所奏。

忠烈王到了晚年，最放心不下的就是"林衍之乱"时被元朝直辖的另一块疆土——耽罗岛，可也不好意思总是向老丈人提要求，一直等到忽必烈驾崩，元成宗继位，忠烈王趁着登基之喜，向侄子元成宗提出收回耽罗岛的请求，元成宗自然不好驳姑父的面子，于是将耽罗归还高丽。

话又说回来，"是药三分毒"，任何谋划都有正负两面，只不过需要针对具体情况斟酌选择。高丽迎娶元朝公主，在政治上是稳赚不赔，在生活和感情上却比较悲惨。

齐国公主忽都鲁揭里迷失比忠烈王小二十三岁，老夫少妻的组合本就意味着小妻子有资格耍小脾气，何况小妻子身后还有着强大无比的娘家。忠烈王成了政治上的"妻管严"，日子很不好过，不但任凭妻子打骂不敢稍有反抗，而且虽然摆脱了达鲁花赤，国事上却又不得不受到妻子的干预摆布。齐国公主不但执掌内宫权柄，而且连朝会、宴享、巡幸、接见使臣等都无不参与，甚至人事的任免也要有她的发言权。王后干预国政的传统，在有元一代的高丽成为惯例。

因为从忠烈王开始与元朝通婚，有的世子作为质子长期在元大都居住，回国后又带着蒙古妻子及大批怯怜口，也就是公主的私属人户一起来到高丽，双方各种交流非常密切，再加上元朝强势，高丽的蒙古之风便越来越重。

首先，高丽国王都取了蒙古名字，忠宣王名为益智礼普化，忠肃王名为阿剌忒纳失里，忠惠王名为普塔失里，忠穆王名为八秃麻朵儿只，忠定王名为迷思监朵儿只，恭愍王名为伯颜帖木儿。除了取名之外，高丽国王们还在服饰和发式上向蒙古学习。

高丽的服式和发式本来与宋人是一致的，都是长袍大袖留全发，可从忠烈王开始，国王们都穿着窄袖紧身的蒙古袍，发式也成为蒙古发式，也就是"蒙古之俗，剃顶至额，方其形，留发其中，谓之'怯仇儿'（又称开剃）"。

忠烈王对蒙古发式非常喜爱，不但以身示范，还希望朝臣效仿。至元十五年（1278），忠烈王命境内开剃，"时自宰相至下僚无不开剃，唯禁内学馆不剃。左承旨朴恒呼执事官谕之，于是学生皆剃"。同时，忠烈王又命"境内服上国衣冠"，于是高丽国人都以穿蒙古式服装、戴蒙古式帽子为荣。

百年之间，元朝与高丽给人以其乐融融的印象。元朝除了在征讨日本时颇为叨扰高丽之外，作为宗主国和岳丈之家，元朝对于高丽的赏赐与日俱厚，最吝啬的时候也要保证回赐物品的价值至少与贡物的价值相等。对于高丽王朝极为频繁的朝贡队伍，元朝皇帝们不仅对前来的王公贵族、使臣给予赏赐，连其随从也加以赏赐。

就以忠烈王时期为例，他在位三十四年，朝贡十四次，最多的一次随行人员达一千两百人之多，这么大的使团，每个人都要拿一份赏赐，可想数字极为惊人。而有元一代，高丽朝贡次数达二百四十四次，其中世祖朝八十二次，成宗朝二十六次，武宗朝十七次，仁宗朝十七次，英宗朝五次，泰定帝朝六次，文宗朝六次，宁宗朝一次，惠宗朝八十四次。朝贡拿来的高丽参之类的土特产自不在少，而拿走的真金白银更是无法计算。

频繁的往来，使得双方的文化科技交流十分深刻。元朝在建筑、服饰、历法、医学等方面全面影响了高丽，还将棉花种植传入高丽，使棉布成为朝鲜半岛的重要出口品。同时，程朱理学传入高丽，逐渐在高丽思想文化领域中占据统治地位。而高丽的饮食、舞蹈、茶道也传入元朝，成为官民追逐的风尚。

神风只是传说

——元朝征日本

在第二次世界大战末期,日本在战败前垂死挣扎,为了对付美国的军舰,发明了一种"神风战术",让飞行员开着装满炸药的飞机直接撞击美国军舰,美其名曰"一机换一舰"。而那些执行自杀任务的飞行员,便被称为"神风特攻队"。

为什么日本会把这种战术称为"神风"?因为他们相信,神风曾经帮助过自己取得胜利,取名"神风"会带来好运。

而要说清所谓"神风"的来历,就要从元世祖忽必烈攻打日本说起。

1192年,日本经过源平之战建立了镰仓幕府,征夷大将军和天皇共掌日本,成为双头政治。虽说是双头政治,但天皇对世俗没什么权力,基本上成为神官,主管祭祀。这已经是很奇特的了,而在第一代幕府将军源赖朝死后,将军家也很快失去权柄,实权落在将军家老丈人北条家手中,称为"执权"。"双头"成为"三头",天皇传承不休,将军传承不休,执权也传承不休。这样的格局,除了日本,在任何国家都不可能存在。

镰仓幕府执权传到第七代北条政村之时,在亚洲大陆上,大元朝诞生。忽必烈接受了高丽王朝的归附之后,也将目光投向了这个东方岛国。

至元二年(1265),高丽人赵彝等对忽必烈进言,说日本国可通,应该派遣使者前去招降。忽必烈听从其言,于至元三年(1266)八月,命兵部侍郎黑的、礼部侍郎殷弘为国信正副使,带着国书出使日本。

这封国书写得相当客气，通篇都讲"讲信修睦"的道理，认为双方应该在日本称臣的基础上"通问结好，以相亲睦"，但在国书结尾，也发出了如果拒绝便会"以至用兵"的威胁。

自古以来，日本就基本游离于中国传统朝贡体系之外，不愿也不曾成为"天朝"的藩属国。早在隋朝大业三年（607），日本在给隋炀帝杨广的国书中就有"日出处天子致书，日没处天子无恙"之语。即使唐朝时日本疯狂地派遣遣唐使学习唐文化，却也并未做出臣服的表示。面对忽必烈的挑战，日本直接表示："国书内容十分无礼，不必回书。"

若是在忽必烈的祖父成吉思汗时代，日本装聋作哑的举动可能早就遭到武力打击了，但忽必烈此时已经不再是讲究开疆扩土的"世界征服者"，而已经是讲究秩序建设的"世界统治者"，没得到日本回应，便又于至元七年（1270），派任高丽经略使的赵良弼赴日本宣谕。

赵良弼，字辅之，女真人，本姓术要甲，河北赵州（今赞皇）人，金朝进士出身。其人明敏多智略，深得忽必烈赏识，此时已经五十四岁了。忽必烈念他年迈，不想派他去，经赵良弼坚请再三才不得不同意，但为了保护其安全，打算派三千士兵护送。赵良弼坚辞，只带书状官二十四人前往。

至元八年（1271）九月，赵良弼一行到达日本肥前金津岛（又称绝景岛），被当地守护送往镰仓幕府所在地太宰府以西的守护所。在这里，镰仓幕府为了给远来的大元使臣一个下马威，派兵包围使团驻地，大声喧哗，兵刃交举，甚至焚毁周边民居。可这些举动并没能恫吓赵良弼，他一笑置之，坦然自若。

第二天，日军布置士兵占据周边山地，责问赵良弼前来的使命，要求赵良弼交出国书，诡称："我国自太宰府以东，上古使臣，未有至者。今大朝遣使至此，而不以国书见授，何以示信！"赵良弼言道："隋文帝遣裴清来，王郊迎成礼，唐太宗、高宗时，遣使皆得见王，王何独不见大朝使臣乎？"坚持只有见到日本国王才能递交国书。可日方再三威逼，赵良弼为了不把事情闹僵，将国书抄录了一个副本交出。

此时，镰仓幕府执权北条政村已经因为前封国书中那句"以至用兵"吓得退位，让位给第八代执权北条时宗。北条时宗只有十八岁，血气方刚，终于做出了派使臣回访，拒绝称臣修好的决定。

日本派出二十六人的使团回访元朝，忽必烈听从姚枢、许衡等人谏言，认为"此辈探听我方虚实，不宜听其入见"，也让日本使臣吃了个闭门羹，但派兵攻打日本的决策已经定下了。

赵良弼被日本扣押了近两年，直到至元十年（1273）五月才被放归。在日本期间，他详细记载了日本群臣爵号、州郡名数、风俗土宜等，回国后献给忽必烈。忽必烈对他在日本不卑不亢的表现十分满意，称赞其"不辱君命"。

至元十一年（1274），战争大幕正式拉开。忽必烈在高丽建立征东行省，征发高丽船工、民夫三万五千人，建造了九百艘大战舰。当年十月，忽必烈以忻都为都元帅，洪茶丘、刘复亨为左右元帅，率领大军四万，从高丽的合浦出发，浩浩荡荡远征日本。

这四万大军的统帅虽是蒙古人忻都，但副职洪茶丘是高丽人，刘复亨是汉人，士兵基本组成蒙古兵很少，大部分为高丽军和汉军。

是年十月四日，元军在对马岛登陆，占领该岛后，又进而攻占壹岐岛，先后消灭了两支日军小部队。二十日，元军主力在九州的博多登陆。这时，镰仓幕府召集了九州各地守护的十万多人马前来应战。双方战意已决，立即在百海原地区展开厮杀。

日军从白江口海战后，一直都是内讧，没有和外敌交过手，装备、战术仍停留在六百年前，但因为内讧不休，武士们不畏死，再加上人多势众，一开战，便疯狂地向元军阵地发起无秩序冲锋。

面对日军冲锋，元军在方阵中施放"震天雷"轰击日军，并发射毒箭。从没有见过火药武器的日本武士纷纷倒毙在火光之中，避开"震天雷"的，又被毒箭射中，顿时伤口溃烂，从而损失十分惨重。

双方的武器虽然相差较远，但还不至于如机枪对大刀般一边倒。日军的顽强勇悍，最终弥补了武器装备上的差距。通过奋勇突击，他们终于冲过了元军火力范围，进行短兵相接。日本刀是"世界三大名刃"之一，锋利无比。日本武士又都是职业化战士，武艺超群。日后明朝倭乱，一名日本浪人可以"单刀入阵"，明军"五兵莫御"。此时元军中，骁勇的蒙古军只是少数，汉军、高丽军哪里是日军对手，元军顿时出现混乱，以至于连副统帅刘复亨都中箭受了重伤。

元军士气大衰，攻势散乱，也已经损失惨重的日军趁机撤退重新布阵。元军害怕遭到夜袭，不敢在陆地上扎营，退回船上进行休整。

一天的战斗，双方各有损失，都没有克敌制胜的妙招。但元军跨海远征，后援不济，日军则可以从本州、四国诸岛源源不断地开来，陷入消耗将对元军极为不利。可只要应对得法，在已经占领的对马、壹岐站住脚等待后援，战事还是大有可为。岂料，就在当天夜间突然刮起了猛烈的台风，元军船只被倾覆二百余艘，落水淹死者不可胜数。

第二天，当日军又来交战时，发现海面上已经空无一船，只有随波漂流的尸体和碎木，待到抓到了幸存的元军俘虏后才知道元军遭受台风死伤过半，其余已经撤退回国了。日本大喜若狂，举行盛大的庆功仪式，因为这一年是日本年号的文永十一年，所以这次战役被日本人称为"文永之役"。

日本欢欣鼓舞，元军这边却是凄惶无比，在遭受台风打击后好不容易撤回本土，只剩下一万三千五百人。

忽必烈从带兵以来，无论是亲自指挥还是坐镇遥制，从没有遭受过如此惨败。不过，此次大败是败于天，非战之过，他也就不好处罚忻都等人，而是积极准备再次征讨日本。

仗是要打的，但那场台风给元朝君臣留下的阴影也颇大。为了能减少伤亡，忽必烈还是先后在至元十二年（1275）和至元十六年（1279）派礼部侍郎杜世忠和周福、栾忠等出使日本，希望"文服"。幕府执权北条时宗根本不予回复，将杜世忠等人全部杀害。

文服无望，忽必烈调集兵马钱粮准备二伐日本。至元十八年（1281），元朝已经灭亡南宋，水军、物资都更为充足的忽必烈正式下诏东征。此次东征声势比第一次浩大得多，共两路大军十四万人马，北路军由忻都、洪荼丘率领四万作战部队，战船九百艘，从高丽金州合浦出发；南路军由阿剌罕、范文虎、张禧率领十万江南军，战船三千五百艘，携带农具和稻种从扬子江口出发。两军约定于六月中旬在壹岐汇合，北路军主管作战，南路军则负责在被占领区屯田，做长久打算。

当南路军出发前，主帅阿剌罕病倒无法成行，由阿塔海代领其军。这个小变故看似没什么关系，却直接关系到此次远征的成败。范文虎是忽必烈钦点的副帅，阿剌罕的离职，使他成为实际上的主帅。而范文虎其人懦弱无能，贪生怕死，当他还是南宋将领的时候，便以常弃军逃跑闻名。

有这么一位主帅，第二次征日本之战，胜负已经没有什么悬念了。

六月初，东路军绕过对马和壹岐，侵入博多湾，攻克了志贺岛。但因为镰仓幕府已经在博多湾附近建起了牢固的石堤，元军战舰竟找不到一处可以登陆的地点，只好停泊在海面。

以后一个月里，元军多次强行登陆失败，日军也多次进行偷袭，双方各有损伤，战况胶着之下，元军退到肥前的鹰岛，等待南路军赶来会合。

七月初，南路军终于到达，两军汇合。元军将领们正商议大举进攻，然而就在即将发起总攻的八月一日夜间，剧烈的台风再次来临，元军舰船大都捆绑在一起，面对如山巨浪，相互震撼撞击，纷纷沉没，数万将士还没有和日军交上手便葬身鱼腹。

一场像样的仗都没有打，便损失如此之巨，再加上对台风的恐惧，元军统帅们都已斗志全消。八月五日，范文虎等人丢下部队，乘船逃走。近十万士兵被扔在日本，群龙无首，在日军的攻打下很快溃灭。元军士兵大部被屠杀，少数江南士兵被俘虏后成为奴隶。

这一年是日本弘安四年，因此此战史称"弘安之役"。

连续两次大败，损失十余万大军，日本却连皮毛都没有伤到。忽必烈又气又急，于至元二十年（1283），命阿塔海为日本省丞相，与彻里帖木儿右丞、刘国杰左丞募兵造舟，准备三征日本。御史中丞崔彧、淮西宣慰使昂吉儿上疏言劳民太甚，请求暂缓，再加上江南出现动乱，第三次征日遂作罢。

说起元朝与日本的战争，人们总会津津乐道"神风"，也都和日本人一样喜欢将之归结于天意。其实，要不是当时的日本武士为了保家卫国浴血奋战，台风恐怕也发挥不了什么作用。如果日军一触即溃，在"文永之役"时，恐怕就要被元军长驱直入了，那时候"神风"即使再厉害，又能帮得了日本什么呢？

热带雨林中的噩梦

——元朝征安南

越南史称交趾,其领土是今天越南的北部,南部是占城国,在明朝后期才为其所吞并。安南在秦汉三国时期,一直是中国领土,称为"交州",三国时是吴国的地盘。唐朝时,在宋平(今河内)设立安南都护府。到唐朝末年的唐懿宗时期,南诏国国王世隆崛起于西南,建立"大礼帝国",击灭安南都护府,其地盘遂为南诏管辖。随着世隆死去,大礼帝国衰微,安南又被五代十国中的南方十国之一南汉纳入统治,为交趾节度使辖地。

938年,交趾节度使杨廷艺叛南汉自立,被部将所杀,其婿吴权继起,击败了前来镇压的南汉水师,从此从南汉独立。不过,吴权的政权仍是五代十国乱世之延续,并未独立于中国之外。968年,交趾本地豪族丁部领平定境内的"十二使君"之乱,正式建号称帝,国号大瞿越,定都华闾(今越南宁平省宁平市),自称大胜明皇帝,这便是越南历史上第一个朝代丁朝。这时五代十国已经被北宋所结束,宋太祖封丁部领为"交趾郡王",称为"列藩"。这标志着这块土地从中国彻底分离了出去。

交趾历经丁朝、前黎朝、李朝,李朝时被北宋赐名为"安南"。1225年,李朝被外戚陈家所篡,陈朝建立。

陈朝的建立者名叫陈守度,他自己并未称帝,而是扶持从侄陈日煚为陈太宗,自称太师。陈氏叔侄好不容易获得政权,却马上就遇到了外来的强大威胁——蒙古军。

1252年，还是宗王的忽必烈出征大理，在攻破大理都城之后留下猛将兀良合台继续攻略云南其他不愿归附的部落。兀良合台是蒙古名将速不台之子，也是一流名将。在他的努力之下，云南各地尽数平定。大理国远处西南偏僻之地，地狭民贫，蒙古不惜以十万大军攻之，无非是为了战略包抄南宋。当大理国灭亡后，兀良合台却发现，要包抄南宋还有一个障碍，那便是安南，于是派出两名使者前去劝降。

此时，安南陈朝君臣不知道蒙古军的可怕，对于劝降断然拒绝，将蒙古使者投入监狱。

兀良合台哪里容得下这种侮辱，1258年年初，他与儿子阿术率军征讨安南。陈太宗陈日煚亲率主力布阵于红河南岸，"隔江列象骑、步卒甚盛"，但面对蒙古的强将锐卒不堪一击，红河防线失守，首都升龙（今越南河内）陷落。

因兵力有限，兀良合台占领升龙九日后，撤兵回云南。而安南经此教训，也改变了"侍北"策略。1260年，元朝建立，安南第二任国王陈圣宗陈日烜主动遣使表示归附。忽必烈派官员出使安南，宣谕："尔国官僚士庶：凡衣冠典礼风俗，一依本国旧制。已戒边将不得擅兴兵甲，侵尔疆场，乱尔人民。卿国官僚士庶，各宜安治如故。"安南从此得享短暂太平，中统二年（1261），忽必烈封陈日烜为安南国王。

但是，元朝对于藩属国的要求，有君主亲朝、太子入质、设置达鲁花赤的内容。陈圣宗不愿接受，以宣谕诏书中有"一依本国旧制"为理由，百般推托。待到陈圣宗去世，其子仁宗陈日燇即位时，元朝已经灭亡南宋，忽必烈向安南下了最后通牒，要求立即答应条件，否则"修尔城池，以待其审处焉"。仁宗知道这已经是最后通牒，拖无可拖，干脆积极备战。

至元二十一年（1284），忽必烈命第九子镇南王脱欢为统帅，兵分六路压向安南。陈仁宗与大将陈国峻分兵迎敌，但毕竟装备训练差距太大，安南军又遭惨败，首都升龙再次失守。

安南军正面抵抗虽然失败，但很快便在陈国峻的筹划下，开始了游击战。主力部队分散四方，以小股部队不停地袭扰元军。元军欲寻安南军主力决战不可得，疲于奔命，损失惨重，再加上热带雨林气候使得兵士大量患病，战斗力日减，眼看就要陷入泥潭，脱欢无奈，只得听从众将谏言，撤军北还。

岂料，出击时安南军不见踪影，撤退时却四面八方而来。陈国峻指挥安南军民层层阻击元军。为保护脱欢安全，大将李恒舍命断后，且战且退，被毒箭射中而亡。

如此惨败，忽必烈勃然大怒，原本准备第三次攻打日本的计划被搁置，决定"专事交趾"。至元二十四年（1287），忽必烈征调江淮、湖广、江西三行省的蒙古军、汉军、新附军七万人，云南蛮兵六千人，海南岛四州黎兵一万五千人，近十万人马再征安南。

此战仍是以九皇子镇南王脱欢为统帅，设立"征交趾行尚书省"，以大将奥鲁赤为平章政事，程鹏飞、阿八赤为右丞，乌马儿、樊楫为参知政事，统归镇南王节制。

是年十一月，元军分东路、西路、海路三面攻入安南。

安南军仍然在正面战场节节败退，元军一路斩关夺隘，跨过红河，再次占领升龙。

可是，安南经过两次战争洗礼，已经总结了丰富的作战经验，在陈国峻的安排下，坚壁清野，主力分散，以小规模的丛林战骚扰元军，只等着元军疲敝之时再发动反攻。

面对安南的战术，镇南王脱欢也并非毫无应对之法，他吸取上次经验，采取步步为营的策略，分兵占据安南州县，立寨防御。这一招确实有效地避免了被安南军搞得疲于奔命。但是，安南百姓反抗热情高涨，与元军极不合作，就地筹粮等同于缘木求鱼。而从本土运送粮食又遭到安南军阻截，无法运达。

粮食不济，脱欢不得不放弃步步为营，命令所部寻找安南主力决战，可茫茫雨林，熟悉地貌的安南军总是隐藏得恰到好处，元军费了九牛二虎之力也无法找到。而潮热的气候又再次让元军成批病倒，脱欢除了仰天长叹"地热水湿，粮匮兵疲"之外，拿不出任何办法。

一直拖到至元二十五年（1288）二月，斗志几乎为零的元军终于在听从众将领劝说的脱欢率领下分路撤退。同上次一样，这时候安南军如同从地底下冒出来一样，处处阻击元军。右丞阿八赤率精锐步骑开路，每天作战数十次，终于在内傍关中毒箭身亡。脱欢改道由单已县和盏州撤退，方才逃回广西，但所率人马已经损失十之六七。

陆军损失惨重，水军更惨。乌马儿、樊辑率水军沿白藤江入海撤退，在入海口遭到陈国峻伏击，安南军在河道钉了木桩，元军水师被困在江面进退不得，四百艘战船全军覆没，乌马儿、樊辑双双被俘杀。

再次惨败于蕞尔小国，忽必烈勃然大怒，虽然脱欢是他的亲儿子也无法姑息，忽必烈将他先调至淮南江北，再迁汴梁，最后贬谪到扬州，并下令终身不准入觐。脱欢从此郁郁不得志，未能再被委任领兵，也没能再见父亲一面。

连续两次击退世界最强大的帝国，安南君臣百姓确实有足够的理由自傲，但连年战争让小小的安南遍地焦土，如果战争持续下去，即使不被打败，也会被拖垮。安南于是遣使上表，献上国王的金制跪像，谢罪乞和，并送还俘虏。

忽必烈虽然接受了贡礼，但仍然要求安南国王亲自朝见。可无论是陈仁宗还是继任的陈英宗都害怕遭遇不测，就是不愿意亲自朝见。

安南王不愿意亲自来，忽必烈的怒气始终难消，按他自己的话说："此事犹痒在心，岂诸人爬搔所及。"至元三十年（1293），已经在病榻上的忽必烈任命湖广行省右丞刘国杰为湖广安南行省平章政事，与宗王亦吉里带、江西行省枢密院副使彻里蛮调集五万六千大军准备四征安南。可老皇帝已经风烛残年，没等到大军出发便驾崩于大都。元成宗铁穆耳继位，下诏罢征安南，两国关系终于由战争走向和平。

战争可以加速文化交流，但付出的代价太大；和平交往虽然交流速度放缓，却往往更为持久，影响更为深远。元成宗之后，元朝和安南使节往来不绝，商旅互通有无，僧人、儒者相互学习。元朝的杂剧传入安南，从而形成了安南独特的歌剧艺术。

元朝征讨安南之役，与征讨日本之役一样，是史学家，特别是战史学家津津乐道的话题，他们大多都归之于热带雨林的恶劣气候才使得元朝接连惨败。而以笔者所见，将战争归结于气候就如归结于"神风"一样，都显偏颇。安南之胜利，其一在于坚决的抵抗意志，其二在于气候确实不适合元军，其三则是陈国峻高明的战略。这三点缺一不可，少了哪一个，安南的结局都不会十分美妙。

所谓天时不如地利，地利不如人和，安南虽未得天时，却占了地利与人和，能够赢得胜利，又有何奇怪。

慵懒中成就治世

——元成宗铁穆耳

1294年2月18日,即元朝至元三十一年正月十九,这一天,王朝的奠基者,一代雄主忽必烈病逝于元大都紫檀殿,享年八十岁。

晚年的忽必烈遭遇了人生中一系列打击,他最挚爱的妻子察必皇后在他六十六岁的时候去世。

察必皇后出身于世代与黄金家族联姻的弘吉剌部,这是个盛产美女的部落,察必皇后也是个"貌甚美"的人。可貌美和受宠并没有让她成为安享荣华的后宫妇人,她积极地为丈夫出谋划策,裨补阙漏。后世史家认为忽必烈时代种种善政,都离不开察必皇后的监督、劝谏。

察必皇后病逝,忽必烈甚为悲伤,一些史家甚至认为,"忽必烈晚年在决策方面会反复无常,那是因为他对察必的去世感到深深的失望"。

而察必皇后去世不久,忽必烈选定的继承人真金太子也在四十三岁时英年早逝。

真金太子是忽必烈和察必皇后的长子,自幼接受姚枢、窦默、王恂等儒臣的教育,系统学习儒家经典。在众多大儒的熏陶下,真金情感丰富,仁慈孝友,父亲"违豫",便会"忧形于色,夕不能寐",母亲"暴得风疾","即悲泣",因此很得忽必烈与察必的宠爱。三十一岁时,真金被正式册立为皇太子,成为大元皇朝无可争议的接班人。

因为忽必烈重用理财之臣，使得朝堂上党争迭起，而真金太子又是儒臣集团的坚定支持者，因此不可避免地被卷入其中。至元二十二年（1285），有人上书请忽必烈禅位于太子，忽必烈惊怒交加，下令彻查。虽然经调查，其事与太子无关，但真金仍忧惧成疾，不久与世长辞。

连丧妻、子，忽必烈陷入悲痛中无法自拔。他晚年不断地发动战争，便是一种情感的宣泄。然而，诸多战争总是以失败而告终，导致国力耗损，劳民伤财。

当忽必烈得享高龄而寿终正寝时，辉煌和遗憾同样耀眼。

忽必烈去世后，群臣上谥号为"圣德神功文武皇帝"，庙号为世祖，蒙古语谥号为"薛禅汗"，意即"睿智皇帝"。

忽必烈在太子真金去世后，一直没有再册立太子，直到至元三十年才将"皇太子宝"之印送给真金太子的第三子，皇孙铁穆耳。这只算是一个册立的表示，并非正式指定其为继承人。

所以，当忽必烈去世后，宗王、贵族、重臣不得不再次拿出蒙古老传统，在上都召开"库里勒台"，选定嗣君。

在一番看似平静，实则暗流汹涌的博弈后，当年四月十四日，铁穆耳在上都大安阁登基为帝，是为元成宗。

忽必烈称帝之时，指出要"祖述变通"，因为他要开创新的帝国框架，名为继承实则创业。而成宗最为紧要的问题就是守成，保住爷爷留下的遗产。

为政首在用人，想要保持政策的一贯性，官僚系统便要尽可能地与前朝保持一致。同时，针对党争之类的情况，新皇帝也要有所调整。成宗一朝，所用宰辅重臣中，蒙古人、色目人、汉人基本上较为持平，而从施政理念来说，则以清静无为为宗旨。

成宗较为慵懒，施政基本上"委任责成"于宰相。他先后重用两位宰相，一为完泽，二为哈剌哈孙。完泽秉政时间最长，最受信任。他既是右丞相，又是太傅，施政理念几乎贯穿了成宗执政期。其人是坚定的"平和主义者"，讲究"恪守成宪"，于朝政能少动便少动，而且喜欢"与儒臣论定朝仪"，时人称"一荐完泽，天下享和平清静之乐余十五年"。完泽去世后继任为右丞相的哈剌哈孙虽为功勋贵族出身，却也"斥言利之徒，一以节用爱民为务。有大政事，必引儒臣共议"。

因为讲究平和守成,成宗在位期间没有出现世祖时期血腥的政坛风暴。但是,这也使得成宗时期官场形成无所事事、人怀怠心、政令难行的低效作风。

世祖朝颁布的《至元新格》中要求官员限期五天处理一般公务,限期七天处理中等公务,限期十天处理重大公务,但是官员常用半年才能处理一件不重要的事务,要用整整一年处理一件重要公务。时人对官吏执行上司政令的低效,乃用"一紧二慢三休"进行讽刺。元成宗自己也很慵懒,在位已六年,还对朝廷六部官员叫不出名字。

懒惰的皇帝加上低效的行政机构,用这样的组合来管理如此幅员辽阔的国家,想不出事也难。成宗朝却大有承平气象,官民两相安,这不得不说是归功于他变武功为文治,推行与忽必烈相反的好静不好动政策,客观上促成了与民休息环境的形成。

元世祖忽必烈"定官制,立纪纲","留意治道,固属开国英主",但他"嗜利黩武",在位期间战事频仍,百姓负担沉重——仅就征讨日本、安南等国进行的打造船只的差役,就让百姓"离家远役,辛苦万状,冻死、病死不知其几",而四处征战产生的繁重军务开支导致国库空虚,为了弥补空虚重用理财之臣又导致党争不断,这就不可避免地出现了政策变化频繁而百姓无所适从的情况。

成宗一继位,便叫停对外战争,释放安南使节,同时拒绝了大臣继续讨伐日本的建议,派使节出使日本。

终止战争的同时,成宗下诏禁止在农忙之时征发差役,"国用民财皆本于农,所在官司钦奉先皇帝累降圣旨,岁时劝课,当耕作时不急之役一切停罢,无致妨农","农民尽力耕桑之时,其敕有司非急之务慎勿生事烦扰",禁止徭役"妨其农时"。并注意社会救济,建立养济院和惠民药局——"诸鳏寡孤独、老弱残疾,穷而无告者,于养济院收养","贫民疾病,失于救疗,坐待其毙,良可悯焉。宜准旧例,各路置惠民药局,择良医主之,庶使贫乏病疾之人不致失所"。朝廷出钱赈济和赏赐百姓,也并不吝啬,"元贞以来,朝廷恪守成宪,诏书屡下散财发粟,不惜巨万,以颁赐百姓"。

成宗执政时期,北方"京畿所储充足"。江南也摆脱了战争的创伤,"世道清平，人获休息"。

不过，在与民休息的同时，成宗也有弊政，比如中买宝物和滥赏。

所谓中买宝物，就是从海外购买的珍稀珠宝用来上供给皇帝。忽必烈在打仗方面很舍得花钱，但在私生活上比较简朴，对于中买宝物并不重视，在位期间，一些色目商人经常拿些宝石珍珠之类在皇帝面前"促销"，总是被忽必烈拒绝。而到了成宗朝，皇帝不但对促销的来者不拒，还经常组织采买。

皇帝喜欢稀罕宝物，也就不会问价钱，商人、权贵又从中哄抬物价，往往一块宝石总会被以其价值数倍甚至数十倍的价格卖给皇室，这么一来，为买宝物而花销的银钱自然以骇人的速度从国库中流走。

滥赏则是对宗王勋贵的过分赏赐。

成宗刚一登基，赏赐就没完没了，中书省大臣不得不建言皇帝花钱量力而行："朝会赐与之外，余钞止有二十七万锭。凡请钱粮者，乞量给之。"到了第二年，中书省官员更进一步建言："陛下自御极以来，所赐诸王、公主、驸马、勋臣，为数不轻，向之所储，散之殆尽。今继请者尚多，臣等乞甄别贫匮及赴边者赐之，其余宜悉止。"成宗表面"从之"，可依然我行我素。

当然，成宗这么大手大脚赏赐宗王皇亲，是有着不得已的苦衷：毕竟自己并没有无可辩驳的继承人名位，爷爷忽必烈始终没有正式册封自己为"皇太孙"，自己是靠着"库里勒台"宗亲重臣推举才即位。可想而知，登上九五之尊的成宗并不像自己在即位诏书中所说的那么理直气壮，他必须用超过惯例额度和次数的赏赐才能安抚宗亲。

这样的情况就如魔咒一般，成宗之后皇位的传承，几乎每一代都有着这样那样的问题，而成宗开始的这种贿赂型赏赐似乎是避免同室操戈从而巩固皇位合法性的最佳方法。于是，滥赐成为元代痼疾。

虽然有这两项弊政，但总体来说成宗让百姓得以休养生息，算是一个合格的守成之主。可是因为受臣子挑唆，他在执政晚期发动了一场毫无意义的战争，使他身后的评价大打折扣。

毫无意义的战争

——征讨八百媳妇国

与成宗交手的国家，有一个让人充满遐想的名字——"八百媳妇国"。

这八百媳妇国为傣族的一部，兴起于泰国北部边陲的夜柿河地区，原本只是个小部落，臣服于泰国北部哈利奔猜王国（中国史册称为女王国）。

元朝时期，其国王孟莱勇武有为，联合泰国南方的素可泰王朝（暹国），在至元二十九年（1292）吞并了哈利奔猜王国，之后又向西征服了帕尧王国，定都清迈，从此称雄泰国北部。

所谓"八百媳妇"的国名，是中国史书对其的称呼，原因是传说其国王世世有八百个妻子，她们各领一寨，故此得名。其国王有八百个妻子，岂不让人羡煞？不过，当时的泰国妇女都是"长眉睫，不施脂粉，发分两鬓。衣文锦文，联缀河贝为饰。尽力农事，勤苦不辍"，属于超级贤内助，绝非娇声嗲气、弱不禁风的佳人。泰国自古保存母系社会风俗较多，从被八百媳妇国所灭的哈利奔猜王国被称为"女王国"便可看出其妇女至少能顶半边天。以中国的观念，女人各领一寨，必定要与国王有夫妻关系才行，其实大非如此。泰国人称这个国家为"兰那泰王国"，意为百万稻田国。

这八百媳妇国原本和元朝并无交集。世祖时期对东南亚各国用兵，安南、缅甸、占城都没能幸免，泰国南部的暹国、罗斛国虽没挨打，但也早早称臣纳贡。可能是灯下黑的原因，躲在泰国北部的八百媳妇国反倒太平无事，元朝也一直没想起来让它朝贡，更没有动兵。

可元朝强盛时期，周边的小国并不是安分守己就可独善其身，八百媳妇国在成宗朝平白因为缅甸的内乱，走向了元朝的对立面。

世祖时代，元朝攻伐缅甸蒲甘王朝，缅王那罗梯诃波帝虽积极抗战却是屡战屡败，最后反被自己儿子所杀，辉煌一时的蒲甘王朝遂四分五裂，形成阿瓦、白古、东吁、木邦、孟养、孟密、阿拉干等国分裂割据的局面，而蒲甘王朝的王族虽然已经和地方政权区别不大，但还是名义上的缅甸主宰。成宗继位后，封那罗梯诃波帝另外一子的立普哇拿阿迪提牙为缅国王，其子信合八的为缅国世子，赐以银印、虎符，并"戒饬云南等处边将，毋擅兴兵甲"，希望缅甸能够"尔国官民，各宜安业"。但自己的爷爷把人家从地区大国打成了小割据政权，自己靠着敕封和印信就能够让人家安居乐业吗？

的立普哇拿阿迪提牙虽然有缅王的称号，但实权掌握在掸族首领阿散哥也兄弟手中。缅王得到元廷册封，便想借此重新恢复旁落的王权。可元廷那么遥远，皇帝的诏书并不能起到实际作用，缅王的作为遭到强有力的反弹。

大德二年（1298），阿散哥也兄弟等人攻陷蒲甘，杀害缅王及世子宗室等百余人，并恶人先告状，奉贡入元朝，向成宗报告说缅王有不奉元朝圣旨，擅自攻伐其他部落的罪行，自己为大皇帝废黜缅王，是为了维护大元的权威。但幸存的缅王另一王子窟麻刺哥撒八逃到云南，向行省诉冤，指出阿散哥也兄弟在叛乱中不但杀害了缅王父子，连元朝派驻蒲甘的国信使随员、商人百余人也杀害了。之后，又陆续有忠于蒲甘王朝的官员逃到云南向元朝哭诉。

成宗闻报大怒，于大德四年（1300），命云南行省平章政事薛超兀儿、左丞忙兀都鲁迷失等为统帅，出兵一万二千取道永昌腾冲入缅作战。

阿散哥也兄弟自然不是元军对手，首府木连城被围困，"城中薪食俱尽，势将出降"。眼看大势已去，阿散哥也却使出一招在官场常见，而在战场罕闻的计策——重贿元朝统兵官。元军诸将都是贪财之辈，收受阿散哥也重金贿赂后，便以"天热瘴发"为由撤围班师。

阿散哥也用金钱退兵之后，立即于是年秋天赴阙请罪，希望求得原谅。成宗出兵缅甸，只是履行宗主国对藩属的责任，见蒲甘王族实在扶不起来，阿散哥也兄弟对自己也算恭顺，便顺水推舟承认了其在缅甸北部的统治权。

事情到这里，成宗仍然没有放弃"守成""惟和"的方针，没有酿成大错。可一个人在这时站了出来，对成宗一顿撺掇，终于使得元朝西南边陲兵连祸结。

这人便是云南的行省左丞刘深，他以八百媳妇国帮助过阿散哥也兄弟作为借口，上奏成宗，提出："世祖以神武混一海内，功盖万世。皇帝继位以来，未有武功以彰显神武天资，西南夷有八百媳妇国未奉大元正朔，请允许为臣为陛下征之。"

这个上奏既是撺掇，也是激将，成宗被"继位以来，未有武功以彰显神武天资"一句所刺激，接到奏疏，立即发钞十万锭作为军资，命刘深率军二万前去征讨八百媳妇国。

出征诏书一下，朝廷内部顿时乱了起来。御史中丞董文选、燕公楠、陈天祥等人认为出兵是"以有用之民而取无用之地"，请求罢兵，左丞相哈剌哈孙也认为"苟将非其人，未见所利"。可成宗"用兵意甚坚"，仍然坚持发兵。

大德五年（1301）四月盛夏，刘深率军取道顺元侵入八百媳妇国。

刘深原本以为可以如前朝征讨安南、缅甸一般，遇到对方的军事抵抗，自己可以战场杀敌，立功封爵。岂料，八百媳妇国的自然环境比缅甸、安南还要恶劣，烟瘴遍地。刘深的大军在盛夏季节冒着烟瘴前行，还没有作战，士兵非战斗减员便已有十之七八。八百媳妇国根本没动一兵一卒，元军便已经到了崩溃的边缘。非但如此，为保障吃饭，刘深又驱民夫负粮食辎重辗转于丛林溪谷之中，以接济军需，每运送一次便要几十天才能到达，民夫死亡率更是远超作战部队，又因"溪洞险恶，无木牛流马可运"，所以"率一斗粟数十倍其费始达"，耗费钱粮无以数计。

到了这步田地，战争实际上已经失败，刘深不但不退，反而向云南各地土司征调民夫勒索赠品，并发出了"身死行阵，妻子为虏"的威胁。其中，顺原路总管、彝族女首领蛇节被要求缴纳黄金三千两、马三千匹。

这位蛇节，是前顺原路总管阿那之妻，阿那去世后承袭夫位。其人素有艳名，矫健多力，且有谋略。刘深的勒索使她愤怒不已。而此时，雍真葛蛮土司宋隆济在遭到勒索后一怒之下起兵反元，蛇节遂与之联合，一同掀起反旗。

宋隆济、蛇节等军都是当地少数民族，熟悉地理，剽悍善战，很快就攻陷杨黄寨，接着又进攻贵州。刘深的作为早已使云南遍地堆满了干柴，宋隆济、蛇节如同火星一般，立即使得战火蔓延。不但是彝族，车里白衣族、江头江尾和尼族、傣族金齿等也相继起兵，乌撒（治今贵州威宁）、乌蒙（治今云南昭通）、东川（治今云南会泽）、芒部（治今云南镇雄）、武定、威楚（治今云南楚雄）、普安等地一片刀光剑影。

刘深被围困在绝谷之中，所幸宗王阔阔相救，才逃出生天，但经此一战，再加上先前的损失，"士卒伤殆尽"，"将士存者才十一二"。

没能攻灭他国开疆扩土，自己的辖区内却被弄得动荡不安。成宗深恨刘深无能，下旨罢免刘深等人官职，收缴符印，同时，派出大将刘国杰率军平叛。

刘国杰，字国宝，女真人，是世祖时代与张弘范齐名的大将，在灭宋、平定漠北宗王叛乱等战役中屡立大功，被赐为"霸都"称号，人称"刘二霸都"。成宗继位时，世祖时代的名将已经凋零殆尽，刘国杰可说是硕果仅存，此时已经六十八岁了。

虽然年老，但毕竟是百战良将，刘国杰面对不利形势，诱敌深入，大小四十余战，于大德七年（1303）二月将蛇节俘虏。宋隆济虽然逃走，不久却被他侄子诱执献与元军。随着两个领袖被俘杀，各地叛军群龙无首，渐次被平定。

战事虽然平定了，可原本安宁的云南经此战乱，民生凋敝，社会秩序混乱，经多年才稳定下来。成宗悔怒交加，将刘深处死。

想当年，世祖忽必烈启用名臣赛典赤·瞻思丁治理云南，"心滇之心，事滇之事"，使得各族杂处的边远之地一片太平。岂料赛典赤去世才二十余年，便因为刘深的胡作非为闹得干戈遍地。时人不禁赋诗慨叹：

雨中夜过金沙江，五月渡泸即此地。
两岸峻极若登天，下视此江如井底。
三月头，九月尾，烟瘴拍天如雾起。
我行适当六月末，王事役人安敢避。
来从滇池至越巂，畏途一千三百里。

干戈浩荡豺虎穴，昼不惶宁夜不寐。
忆昔先帝征南日，箪食壶浆竟臣妾。
抚之以宽来以德，五十余年为乐国。
一朝贼臣肆胸臆，生事邀功作边隙。
可怜三十七部民，鱼肉岂能分玉石。
君不见，南诏安危在一人，莫道今无赛典赤。

至于八百媳妇国，原本只是帮了缅甸一些忙对抗元军。这样的小事，只需派一国信使诏谕便可以解决，完全不用兵威相加。日后，在元仁宗皇庆元年（1312），该国开始主动遣使入贡。泰定帝泰定四年（1327），八百媳妇国国王又两次遣使朝觐，希望得到册封。于是，元朝在其地设蒙庆宣慰司都元帅府，以其国王任宣慰司都元帅，后又将其名改为八百宣慰司都元帅府。八百媳妇国在有元一代多次朝贡，成为元朝相当恭顺的藩属之国。

结合前因后果，成宗发动的这场战争毫无必要，不但净赔不赚，还白白浪费了无数生命。成宗原本平和的执政期，被他自己的一时冲动，平添了荒唐的血腥。

皇后与宰相的争斗

——成宗之后的帝位之争

大德七年（1303），元成宗一朝秉政时间最长的中书右丞相完泽病逝，完泽有辅助成宗惟和安民的功劳，却也是行政上抱残守缺、效率低下的主要责任人。

在完泽之后，哈剌哈孙继之为中书右丞相。这位谙熟儒学的勋臣之后，以为政雷厉风行为特色。在江浙行省任左丞相时，便在莅职短短的七十日内革弊兴利七十余项，是个很有手腕的改革派。成为中枢宰辅之后，立即对官吏遴选制度进行修订，使官吏所用非人的情况获得好转，同时核定贪赃罪罚及丁忧、婚聘、盗贼等制度，禁止进献户口和山泽之利。一时间，"选庶官，齐百度，罢斜封，汰冗员，绝宝货，约滥支，节淫费，量入制出。择民牧，屏世守，定赃律，刚正目举，有中统、至元之风"，时人称为"朝廷更正"。

可以想见，如果成宗能够给哈剌哈孙足够的时间施展拳脚，元朝的国运绝不会仅仅局限于"安定"的层面上。

可惜，从大德六年开始，成宗便大病不断，原本就较为慵懒的他，从此视朝的次数更少，理政之事也基本委托给了自己的皇后卜鲁罕。卜鲁罕皇后原本是哈剌哈孙的支持者，哈剌哈孙入相，与其大有关系。看似强势的皇后却是个夫唱妇随的女人，丈夫主张"惟和"，她就提倡"平允"，并不主张进行改革。

皇帝病休，皇后不支持，哈剌哈孙的"朝廷更正"也不得不流于有始无终。

成宗于大德九年（1305）六月在病中册立嫡长子德寿为皇太子，坚持了世祖时代改用汉法立储的制度。国本既定,成宗之后的权力交接会较为平稳本是题中应有之意,但似乎天意偏不叫大元皇室消停一般,年轻的德寿太子在被册封半年后就一病而亡。已经病入膏肓的成宗经此打击,更加消沉,有生之年没有再册立太子。

无论是卜鲁罕皇后还是哈剌哈孙都明白,成宗之后的帝国政局,必然要因为皇位承袭的晦暗不明而出现动荡。

这一后一相,都在暗自做着准备。

大德十一年(1307),元成宗铁穆耳驾崩,终年四十二岁。

应该由谁来继承皇位呢?

成宗末年,执掌朝政的于内是皇后卜鲁罕,于外是中书右丞相哈剌哈孙。如果这二人能够态度一致,任何动荡都不会有。但偏偏他们在由谁来继承皇位上完全背道而驰,并引发了激烈的政争。

太子早逝,那么以血缘来论,最有资格继承帝位的是成宗兄弟的儿子们。真金太子有三子,长子甘麻剌,次子答剌麻八剌,三子便是成宗。甘麻剌有子松山、也孙铁木儿等,答剌麻八剌早逝,但留下三个儿子,长子阿木哥,次子海山,三子爱育黎拔力八达。

皇位似乎应该从这些年轻的亲王中选出,不过甘麻剌一支已出封漠北,"具有盟书,愿守藩服","不谋异心,不图位次",可说自动放弃了皇位继承权。而答剌麻八剌的长子阿木哥是侍女所生,也没有继位资格。那么,只剩下海山和爱育黎拔力八达两人了。

这两位亲王一文一武,都属于元帝国第四代亲王中的佼佼者。

海山十七岁时便在北边带兵,在大德年间与窝阔台、察合台两汗国的战争中战功卓著,受封怀宁王,在"帖坚古山会战"中,表现卓越,多次突破敌方阵营,并亲手射伤了察合台汗国可汗笃哇。大德十年(1306)七月,海山更是在老臣月赤察儿的协助下,趁窝阔台、察合台两国交兵之机,发动突袭,一举摧毁了窝阔台汗国之汗察八儿的营地,俘虏军民十余万人。经此一战,完全摧毁了窝阔台汗国立国的基础。在他的身边,不但有十数万精锐之师,还有世祖老臣、成宗继位之初便是"三公"的月赤察儿,以及久镇边关的大将土土哈、床兀儿父子等众多将领的鼎力支持。

而爱育黎拔力八达自幼受儒家教育，"天性慈孝，聪明恭俭，通达儒术，妙悟释典"，在他身边聚集着一大批汉人儒士如李孟、陈颢、王结、王毅、王约等，即使是蒙古、色目侍臣，也大都倾心儒学。爱育黎拔力八达名声在众多儒士的宣传下广为人知，儒家士人都将他看成振兴文运的希望所在。

以哈剌哈孙的意思，继承大统的，只能在这两位亲王中选择。一向主张"平允"的卜鲁罕皇后却走了一招不"平允"的险棋，她不打算选择两个侄子中的任何一个，而属意于真金太子之弟忙格剌之子安西王阿难答，在左丞相阿忽台、中书平章赛典赤·伯颜、八都马辛等人的支持下，决定立其为帝，并由自己垂帘听政。

这位阿难答是忽必烈嫡孙，久镇边关，麾下有二十万大军，实力雄厚，即位的资格并不差。但他和成宗毕竟隔了一层，只是其堂弟，和真金太子一系出身的宗王们相比，还是疏远很多。

卜鲁罕皇后一派谋划相当早，早在大德九年（1305）十月，德寿皇太子病重之时，便将爱育黎拔力八达及其母亲答己赶出大都，安置于怀州（今河南沁阳）。这样一来，海山远在西北边防，爱育黎拔力八达母子又不在中枢，也就很大程度消除了答剌麻八剌一系在朝廷中的影响力。同时，卜鲁罕皇后又借着阿难答陪同投降的西北叛王明里帖木儿回大都之机，将之留在朝廷。成宗去世后，更是下令切断了大都通往漠北的驿道，避免朝中大臣和海山取得联系。

可是，政治斗争往往不会因为动手早便可获得成功，在关键时刻当机立断才是成事的关键。在成宗去世后，卜鲁罕皇后与阿忽台等人并没有立即让阿难答宣布继位，而是举行朝会让大臣们商议，结果在参知政事何玮、翰林学士畅师文等儒臣的据理力争之下，事情始终不能决定。

相反，哈剌哈孙一派则表现得相当果断，弥补了早期准备不足的劣势。卜鲁罕皇后刚下令封锁驿道，哈剌哈孙便授命大宗正府总管阿沙不花改署手中驰驿文书的日期，使封锁令晚于自己派出的密使出发。载着报告成宗已死消息的驿马及时赶到了漠北海山处，使得卜鲁罕皇后的谕旨成为一纸空文。同时，哈剌哈孙的另一位密使也赶到了怀州，通知了爱育黎拔力八达和他的母亲答己。

给两位皇位竞争者传递完消息后，哈剌哈孙悉收京城百司符印，封府库，

"称病卧阙下，内旨日数至，并不听，文书皆不署"，搞起了"非暴力不合作"，自己以生病为借口罢工，同时"卧阙下"，坚守在自己的工作岗位上不让别人取而代之，形成了一个"我不做事，你们也做不成事"的局面，等待海山或爱育黎拔力八达的到来。

哈剌哈孙在成宗晚年掌管怯薛宿卫，也就是保障皇宫安全的御林军，大都局势牢牢地掌握在手里，他的强力抵制，使得卜鲁罕皇后一派已经没有可能用正常的手段来夺取政权了，除非强行举行阿难答的登基大典及皇后的垂帘听政仪式，来个"名分早定"，才有可能挽回颓势。可无论是卜鲁罕皇后还是阿忽台等人都没有行非常之事的勇气和魄力，面对哈剌哈孙的不合作，竟然束手无策，坐失良机。

从成宗去世的正月开始，哈剌哈孙死守在中书省，"未尝一至家休沐"，如同巨石一般拦在皇后一派面前，两派之间形成了一个僵局。

剩下的，就看海山和爱育黎拔力八达能否尽快赶到大都，将这僵局打破。

十七岁便统兵西北的海山，此时已经度过了八年的军旅生涯。战争的铁血硝烟把他打造成了意志坚定、不甘人下的铁腕人物。对于突如其来的皇位诱惑，海山没有丝毫的犹豫，在得到成宗去世的消息之后，立即率大军三万从驻地称海出发，准备回大都争夺帝位。

但毕竟漠北离大都太过遥远，即使海山日夜兼程，也需要相当长的时间才能赶到。因此，他需要自己的弟弟，身处怀州的爱育黎拔力八达先赶到大都去稳定局势。

相对于海山的果决，爱育黎拔力八达却显得优柔寡断，迟迟没有做出离开怀州前往大都的决定。因为他身边只有文人儒士和少量护卫，不像哥哥有千军万马，一下子要决定这么一件虽有极大诱惑但也有着极大风险的事，也确实为难。

时间一点点流逝，角逐的各派不可能总是在僵持当中，一旦卜鲁罕皇后下定决心临朝称制，哈剌哈孙作为臣子，无论如何也无法再行绊阻。即使是拥兵自重的海山，也只能要么束手就擒，要么顶着谋逆的帽子进行反抗，两种选择的前景都不会美妙。

所幸，爱育黎拔力八达有一位好老师、好谋士，名叫李孟。

白衣宰相

——李孟的野望

李孟，字道复，号秋谷，是后唐皇室沙陀贵族后裔，潞州上党（今山西长治）人。李孟曾祖父是金朝进士，祖父李昌祚在金朝曾任潞州税务同监，后归降蒙古，被授予潞州招抚使之位，父亲李唐在汉中担任幕僚。

与很多书香门第出身的孩子一样，李孟从小便是读书的料，"生而敏悟，七岁能文，倜傥有大志，博学强记，通贯经史，善论古今治乱"。成人后，他开馆授徒，名声大振，乃至得到了"宰辅之器也"的评价。

既然有当宰辅的本事，李孟自然不甘心在地方上屈就，他多次拒绝了被举荐为官的机会，三十岁时来到大都。

李孟早有才名，到大都后，很快便得到举荐，被真金太子召见。可惜，真金太子很快便因病去世，李孟未能得到拔擢。

大好机会擦肩而过，让人愤懑，但一扇门关上时，一扇窗又打开。真金太子的正妃阔阔真为孙子海山、爱育黎拔力八达选聘名儒为师。李孟以自己的才学受到推荐而当选，成为两个皇孙的老师。不过，海山和李孟的师徒缘分较短，在大德三年（1299）时，海山出镇漠北，从此远离了李孟。而爱育黎拔力八达留在大都，继续接受李孟的"日侍讲读"。

李孟作为老师勤勉称职，甚得爱育黎拔力八达信任和敬重。年轻的亲王为表达对老师的敬爱，召画工为之画像，命集贤大学士王颙书其号"秋谷"二个大字,并亲自刻匾并署名其上。爱育黎拔力八达与其母答己出居怀州时,李孟仍随侍左右,忠、勤如故。

在怀州的四年,李孟"诚节如一,左右化之,皆有儒雅风,由是上下益亲",成为爱育黎拔力八达身边从臣的核心,也从王爷的老师,进而成为首席心腹谋士。

当成宗驾崩,朝中局势大变,宰相哈剌哈孙的使者秘密前来请爱育黎拔力八达进京的时候,李孟知道,学生成为皇帝的机会来了,而自己成为帝师乃至宰辅的机会也来了,绝不能错失良机。

面对犹豫彷徨的爱育黎拔力八达,李孟首先以大义进谏道:"支子不嗣(指阿难答属于支系),世祖之典训也。今宫车晏驾,大太子(指海山)远在万里,宗庙社稷危疑之秋,殿下当奉大母(指答己),急还宫庭,以折奸谋、固人心。不然,国家安危,未可保也。"之后,又摆出利害:"邪谋得成,以一纸书召还,则殿下母子且不自保,岂暇论宗族乎!"

面对挑战,仅有道义力量支持,勇气会难以持久;仅有利害的考量,则无法激发勇气。爱育黎拔力八达在这一席话面前已经无从拒绝,于是不再犹豫,言道"先生之言,宗庙社稷之福",立即陪着母亲答己率少量护卫侍从疾驰大都。

当他们来到大都时,已是大德十一年(1307)二月十六,距离成宗去世已经过去一个月。

爱育黎拔力八达母子突然赶回大都,使得卜鲁罕皇后等人措手不及,一时没有安排什么措施来应对。爱育黎拔力八达祭奠了成宗灵柩后,便在城外安顿下来,准备下一步行动。

面对晦暗不明的宫廷局势,李孟挺身而出,作为爱育黎拔力八达的密使赶回大都,冒充郎中面见了在中书省装病的哈剌哈孙。在得知卜鲁罕皇后一派已经下定决心让阿难答在三月三日举行登基大典的消息后,立即回到城外告急:"事急矣!先发者制人,后发者制于人,不可不早图之。"

回到大都是一回事,发动政变可是另一回事。爱育黎拔力八达又犹豫了,左右的侍从也大都劝他谨慎:"皇后(指卜鲁罕)深居九重,八玺在手,四卫之士,一呼而应者累万;安西王府中从者如林。殿下侍卫寡弱,不过数十人,兵仗不备，奋赤手而往，事未必济。不如静守，以俟阿合（阿合为蒙古语，意思是兄长，指海山）之至，然后图之，未晚也。"——凭着我们这几十号人就要对前朝皇后的派系动手，无异于以卵击石，还是等海山的大军到了再动手比较稳当。

李孟则认为现在局势间不容发，进谏道："群邪违弃祖训，党附中宫，欲立庶子，天命人心，必皆弗与。殿下入造内庭，以大义责之，则凡知君臣之义者，无不舍彼为殿下用，何求而弗获！克清宫禁，以迎大兄之至，不亦可乎！且安西既正位号，纵大太子至，彼安肯两手进玺，退就藩国；必将斗于国中，生民涂炭，宗社危矣。且危身以及其亲，非孝也；遗祸难于大兄，非悌也；得时弗为，非智也；临机不断，无勇也。仗义而动，事必万全。"

爱育黎拔力八达在老师的劝谏下，已经下定了决心，但仍需要更多精神上的支持，于是下令占卜。在紧要关头请冥冥上苍为自己指点迷津，很多帝王都这么做过，比如唐太宗李世民在发动玄武门之变前也要占卜。神明的指点，往往是最大的精神支撑，要是占卜不吉，也就会彻底丧失士气。

所幸，占卜的结果按李孟的解释是："筮不违人，是谓大同，时不可以失。"爱育黎拔力八达终于放下一切负担，振袖而起，率从人进城。

这占卜的情节载于《元史·李孟传》，这是突出了李孟的运筹帷幄，谋定大计。不过，在《武宗本纪》《仁宗本纪》及《哈剌哈孙传》中，都有哈剌哈孙于三月一日夜遣人密报皇后已定于三日临朝称制的消息，并提出"怀宁王远，不能猝至，恐变生不测，当先事而发"的主张。哈剌哈孙为掌权右丞相，手里又掌握着怯薛宿卫，他的情报和意见，恐怕才是爱育黎拔力八达最终下定决心的原因。若说"定难"首功，哈剌哈孙当仁不让。不过，李孟的谋划赞襄之功，也确实不可磨灭。

爱育黎拔力八达已经下定决心，周围众人誓死保护，再加上哈剌哈孙的蓄谋策应。相对于做事畏畏缩缩的卜鲁罕皇后一党，可说政变一发动，一切已经没有了悬念。

三月二日，爱育黎拔力八达率李孟等侍从、卫士由延春门入宫，在哈剌哈孙的配合下，调动怯薛宿卫控制了宫廷。

紧接着，便是一场大清洗。阿忽台、赛典赤·伯颜、八都马辛等人均被逮捕诛杀，还想着成为皇帝的阿难答也被骗入宫中逮捕。卜鲁罕皇后则被流放东安州，后被赐死。

卜鲁罕皇后一党灰飞烟灭，他们违背法统，又没有利用枪杆子，失败可说必然。卜鲁罕皇后为人其实还算平和、知廉耻，执政期间也没有什么恶政，赛典赤·伯颜、八都马辛等人都是很有能力的大臣，成宗朝整理财政很有贡献，一朝玉石俱焚，是很可惜的。

政变一举成功，爱育黎拔力八达自任监国，哈剌哈孙仍为中书右丞相，李孟被任为中书参知政事，其他各有功人员均得封赏，一片皆大欢喜的场面。可是，他们马上就面临着如何对待正在和林枕戈待旦的怀宁王海山的问题。

按说，爱育黎拔力八达已经掌握了皇权，可以顺理成章地继位。倾向于他的诸王阔阔出、牙忽都等都劝进道："今罪人斯得，太子实世祖之孙，宜早正天位。"

别人说什么，爱育黎拔力八达并不看重，但老师的话非常重要。那么，李孟对于学生做皇帝是什么态度呢？

《元史》中记载比较混乱，既有李孟"尝劝皇弟以自取"，也就是劝爱育黎拔力八达即位为帝的记载，同时，又有记载李孟的劝进是海山近臣的诬陷。爱育黎拔力八达在听到这样的诬陷后，态度却是"亦不敢复言孟"，可见其事并非空穴来风。以李孟以天下为己任的志向和并不迂腐的性格来判断，劝学生自立为帝，应该是完全有可能的。

而作为海山和爱育黎拔力八达的母亲，一直怀有干政之心的答己此时也从幕后走到了前台，让阴阳家推算两个儿子谁更适合立为皇帝，结果是："重光大荒落有灾，旃蒙作噩长久。""重光"是海山的生年，"旃蒙"是爱育黎拔力八达的生年，也就是说，哥哥继位将难以长久，而弟弟继位则会大吉大利。于是，作为母亲，答己派人送信给海山道："汝兄弟二人，皆我所出，岂有亲疏。阴阳家所言，运祚修短，不容不思也。"

对帝位势在必得，且拥兵自重的海山原本以为母亲和弟弟搞定了卜鲁罕皇后一党后，会主动迎接自己回京继位。岂料，母亲竟然送来这么一个"噩耗"。海山立即派康里脱脱回京送信，表达自己的愤怒。

在给母亲的回信中，海山毫不客气："我捍御边陲，勤劳十年，又次序居长,神器所归,灼然何疑。今太后以星命休咎为言,天道茫昧,谁能豫知?设使我即位之后,所设施者上合天心,下副民望,则虽一日之短,亦足垂名万年,何可以阴阳之言而乖祖宗之托哉!此盖近日任事之臣,擅权专杀,恐我他日或治其罪,故为是奸谋动摇大本耳。"

在回信的同时,海山也统率大军兵分三路南下,直指大都。他深知口头上说得再厉害都是虚的,还得凭军事实力。没等母亲、弟弟做出反应便大兵压境,其军人性格可见一斑。

面对儿子的武力威慑,答己连忙向康里脱脱解释:"修短之说虽出术家,为太子周思远虑乃出我深爱。贪慝已除,宗王大臣议已定,太子不速来何为?"爱育黎拔力八达也秘密召见康里脱脱,让他回去一定要向哥哥说明自己无意"觊望神器","太子天性孝友,中外属望。今闻汝所致言,殆有谗间。汝归速为我弥缝阙失,使我骨肉无间,相见怡愉,则汝功为不细矣"。

康里脱脱便是向海山通报成宗死讯的大宗正府总管阿沙不花的弟弟,常年在海山身边为将,其人忠诚厚道,曾被世祖赞为"后日大用之才"。经他的竭力解释,海山终于对母亲和弟弟"释然无疑"。

皇位问题得到了解决,但曾经"尝劝皇弟以自取"的李孟从海山回信中那句"此盖近日任事之臣,擅权专杀,恐我他日或治其罪,故为是奸谋动摇大本耳"中看出了杀气。他知道,自己的时代还没有到来,需要隐忍,于是向爱育黎拔力八达请辞:"执政大臣,当自天子亲用,今銮舆在道,孟未见颜色,诚不敢冒当重任。"爱育黎拔力八达当然舍不得老师,坚决不准。可李孟干脆不辞而别,隐居了起来。

大德十一年(1307)五月,海山在上都见到母亲和弟弟后,正式在大安阁继位,是为元武宗,改元至大,以明年为至大元年。

六月,为了表彰弟弟的"定难之功",海山立爱育黎拔力八达为皇太子,相约"兄终弟及,叔侄相传",也就是他的皇位传给弟弟,弟弟再把皇位传给自己的儿子。这类似于宋太祖与宋太宗的"金匮之盟"。然而,金匮之盟有着"烛影斧声"的千古之谜,兄弟礼让的背后,蕴藏着杀机。海山和爱育黎拔力八达能够摆脱这种宿命吗?

军人皇帝的改革

——元武宗与"至大新政"

一场血腥的宫廷政变，宣告了元成宗时代的正式落幕，年轻的皇帝元武宗海山意气风发地宣告自己时代的来临。而他的即位诏书，也让天下臣民如沐春风：不但大赦天下，而且将恩泽遍于四方，上至两都，下至偏远的"云南八番、田杨地面"全都减免赋税、差役。

新皇帝是由西北苦寒之地而来，带来的难道只有温暖吗？

很快，寒风便随之而来。

按规矩，新皇登基需要封赏朝臣勋贵。何况武宗得国并非先皇一纸遗诏，而是源自血腥政变。在即位诏书中，武宗还不得不说自己是"乃有宗室诸王、贵戚元勋相与定策于和林，咸以朕为世祖曾孙之嫡，裕宗（真金太子）正派之传，以功以贤，宜膺大宝"。他的继位比之叔叔成宗还不名正言顺，那么不惜钱财爵位的封赏自是必然。

赏赐于是绵绵不绝，武宗刚即位四个月，便把上都、大都的府库掏了个精光："帑藏空竭，常赋岁钞四百万锭，各省备用之外，入京师者二百八十万锭，常年所支止二百七十余万锭。自陛下即位以来，已支四百二十万锭，又应求而未支者一百万锭。臣等虑财用不给，敢以上闻。" ——国库年收入二百八十万，一般每年存留十万。武宗一下子就花掉了四百二十万，还有一百万准备花，也就是说，他即位四个月花掉了国库两年的收入、五十二年的盈余。

钱不够了，武宗便滥赐爵位，对于亲戚，一口气封了十九个王，其中"一字王"便有十四个。要知道，一字王在王爵中最为尊贵，元朝王爵分为六等，一字王属于第一等"金印兽钮诸王"（其余五等分别为金印螭钮、金印驼钮、金镀银印驼钮、金镀银印龟钮、银印龟钮）。在世祖时代，只有皇子会封为"一字王"，成宗朝也奉行不悖，海山自己立过大功，身份又尊贵，也才是授予金印螭钮的"二字王"，可他把这不成文的规定彻底破了，所封的一字王中，除魏王阿木哥和宁王阔阔出是世祖嫡系后人外，其他如兖王买住韩、越王秃剌、豳王出伯、定王药木忽儿、寿王乃蛮台等全是疏族，甚至身为驸马的高丽国王王谌也被加封为沈王。

王爵尚且如此滥赐，其他爵位就更是满天飞，"今天子即位，加恩近臣，佩相印者以百数"，"曰国公、曰司徒、曰丞相者，相望于朝。自有国以来，名器之轻，无甚今日"。武宗继位仅两个月，"内降旨与官者八百八十余人，已除三百，未议者犹五百余"，成宗朝本就臃肿的官僚队伍越发迅速膨胀。

不过，这些要是比起武宗刚即位十天便开始的大手笔来说，就显得微不足道了。

那便是营建中都城。

武宗要修建的中都，原本是旺兀察都离宫，处于大都与上都之间的驿道上，是皇帝们巡幸两都时的歇脚之处，规模相当有限。武宗的决策，几乎就是从平地上建设一座足以成为帝国都城的庞大城市。

至大元年（1308）正月，中都城正式开始建设，第一批建设队由枢密院六卫军一万八千五百人组成。二月，又加入上都卫军三千人。前后投入中都建设的军人有二万一千五百人。中都城面积约九平方公里，仅宫城中的宫殿建筑遗迹便有十三座，大者三千多平方米，小者也有一千多平方米。这样规模的城市，不到一年时间便完成了大体施工（当年七月），当时张养浩批评武宗的《时政书》中有"或度辽伐木，或济江取材"的说法，又要从东北运木料，又要从南方运石材，仅靠二万多名军人是无论如何也无法完成的。笔者推断，这些军人应该是监工，真正负责施工的是数倍于此或十数倍于此的民工，可惜史料有限，我们无法知道到底有多少人参与了中都城的修建，但所耗用的人力、物力之惊人，应该是毋庸置疑的。

当中都初具规模后，武宗一面继续建设使之完善，一面在其中设留守司、光禄寺、虎贲司等数十官府，还设库存放钱币、金银器，竭力使之成为元朝的又一个政治、经济中心。

北有上都，南有大都，都是极尽奢华壮丽的京城，若是为了享受，在那两座都城中营建宫殿、园林即可，况此时边境晏然，国内安靖，没有迁都的必要。武宗营建中都城，横竖看不出合理的原因，当时的人们谁也看不出这个年轻的皇帝脑子里在想些什么。

皇帝的心思如何，大臣们不知道，可皇帝的所作所为造成的混乱，则让他们无法沉默。御史大夫张养浩便向武宗上了一份著名的奏疏《时政书》，指出武宗登基以来，有着赏赐太侈、刑禁太疏、名爵太轻、台纲太弱、土木太盛、号令太浮、幸门太多、风俗太靡、异端太横、取相之术太宽等十大弊政。

张养浩所作的散曲《山坡羊》九首为千古名篇，其中的《潼关怀古》中那句"兴，百姓苦；亡，百姓苦"更是成为脍炙人口的警句。在他看来，武宗这位统兵有方的青年天子，在治国方面实在很糟糕。

武宗何以如此？先期避祸的李孟不会明白，期望进行"更正"的哈剌哈孙不会明白，写《时政书》的张养浩也不会明白。

很多事情，在当时想不明白，而跳出当时的环境，后人倒可分析出一二。武宗的荒唐，自也有其内在原因。

那便是对官僚政治体制的反抗。

元朝脱胎于大蒙古国，然而两者的政治基础迥然不同。大蒙古国时期，帝国的使命便是不停对外征服，整个国家的运转全是围绕军事。从成吉思汗到后来的窝阔台、贵由、蒙哥，历任大汗虽宽、峻各有不同，但与其说是国家首脑，倒不如说更像是军事指挥官。元朝建立后，世祖忽必烈已经建立了一整套适合内政而并不适合对外战争的官僚体制。到成宗朝，因为皇帝本人的能力和敬业问题，官僚政治体制发挥了极大的作用，前有完泽，后有哈剌哈孙，都是文官系统的代表人物。尤其是哈剌哈孙，作为丞相，可以利用官僚系统阻挠卜鲁罕皇后的谋划，甚至还能够协助爱育黎拔力八达轻而易举地铲除前朝皇后一党。这在大蒙古国时期是不可想象的。要知道，按照蒙古旧制，大汗死后，皇后是可以合法摄政，并组织召开选汗的库里勒台，由亲贵勋臣选举大汗的。

武宗年纪轻轻便总兵漠北，身边都是彪悍少文的武将，做起事来是没有商量只要执行的军令风格。面对足以让政局一朝变换的官僚集团，他的反感和提防是可想而知的。即位后不分亲疏大封一字王，打破成规，滥赐官爵。这一方面是收买人心，巩固地位；另一方面是对已经日趋成熟的官僚政治体制的蔑视和颠覆。

而营建中都，何尝不是如北魏孝文帝为了推行汉化改革，由平城迁都洛阳一般的打算呢？只不过他的谋划，与北魏孝文帝正好相反。武宗要的是一个由自己主宰的全新的帝国中枢，不但人要新，连都城都要新，一切的一切都要从自己这里重新开始。

这样的玄机，连武宗的亲弟弟，皇太子爱育黎拔力八达都完全不能理解，何况张养浩呢？

不能理解皇帝，自然也不会被皇帝所容。在上书之后，张养浩很快就被改任翰林待制的闲职，之后又干脆被罢官，他怕再遭打击，便也学习李孟，出京隐居去了。不过，与他相比，对武宗即位有着决定性功劳的哈剌哈孙则更显得冤枉：在成为"太傅"后仅一个多月，哈剌哈孙便被外调为岭北行省左丞相，出抚漠北。

让哈剌哈孙从一代权相成为地方官的原因，正是因为其代表了官僚政治体制，与武宗欲要推行的一套完全格格不入。随着他的外调，朝中的重要位置，完全被武宗的军旅从臣所占据。

经过继位之争和武宗的刻意清洗，成宗朝的宰辅班子一扫而空，武宗得以加大改革的步伐。至大二年（1309）八月，他下诏将已经罢废十几年的尚书省重新恢复，以自己的心腹乞台普济、脱虎脱分任右、左丞相，三宝奴、乐实为平章。

尚书省在世祖朝几经废立，是世祖忽必烈重用理财之臣，分化宰相权力的标志。而武宗重开尚书省，自然是因为财政已经到了不得不整顿的地步，当然也是为了集中权力，扩张皇权。

对于整顿财政，武宗的措施是发行新钞。至大二年九月，诏行"至大银钞"，确定以新币一两兑换至元钞五贯、白银一两、赤金一钱。新币发行，自然要坚挺一些。可新币的使用必然要有与旧币兑换的问题，这就出现了弊端。世祖至元二十四年发行的至元钞是二贯准花银入库价一两、赤金入库价一钱。两相比较，至元钞五贯还不如以前的二贯，发行更早的中统钞更是只抵至大银钞一两的二十五分之一。这样的改革，会把通货膨胀的患害转嫁到小民百姓身上。所幸，在"至大银钞"发行的同时，至大三年（1310）正月，尚书省发行铜钱"至大通宝"，其一文准至大银钞一厘，并允许历代铜钱与至大钱一起流通，利用信誉稳定的金属辅币来平抑小额零售商业领域内物价的过分波动。

同时，通过大幅提高海运，囤积大量重要物资，使政府增强调节物价的能力。经过对海运的整顿，海运运量从成宗时的一百二十四万余石升至二百九十二万余石，使得"海漕之利，盖至是博矣"。

于是，虽然新旧钞票兑换差价很大，但物价没有飞涨，相比于大德年间，武宗朝金、银价格仅仅涨了1.25倍，盐引上涨约1.5倍，茶引价格没有变化。

至于集中权力，武宗的表现更为明显。尚书省宰辅全为他"潜邸旧臣"，在他的授意下，脱虎脱、三宝奴、乐实等尚书省大臣一步步架空中书省，将尚书省建构成国家行政的首脑部门，统领百官，总理一切庶务。尚书省彻底凌驾于其他机构之上，包括御史台和宣政院。从武宗设立尚书省开始，元朝的决策更多依靠皇帝及其宰相们的决断，百官集议则很少举行，即使举行也多为关于郊祀典礼和灾异等急务的泛泛而谈。至于宗王贵戚，也早在武宗贿赂式的滥赏下心满意足，只要不触及他们的利益，他们对于武宗的乾纲独断是不会有任何阻碍的。

整顿了财政，集中了权力，并且营建新都，武宗的手笔不可谓不大，但这些是一种准备，是为了更大的蓝图所做的准备。

下一步，武宗要做什么呢？可惜，没人知道。因为他来不及走下一步，就匆匆谢幕了。

二十七岁登上皇位的武宗何尝不希望自己能够长久坐在龙椅上呢？如此年轻的他原本也应该长时间统御庞大的帝国。

然而现实是残酷的，武宗的至大年号只持续了四年，他在位的时间只有三年半。

太后身边的男人

——铁木迭儿

武宗年少从军，身边没有长辈约束，贪酒好色的毛病自然沾染不少，史称"惟曲蘖是沉，姬嫔是好"。当了皇帝，武宗更加放纵自己，终于年寿不长。

史书对于武宗的身体状况没有明确的记载，但到至大三年（1310）年底，便有了"大赦天下"及"大都、上都、中都免至大三年秋税，其余诸路今岁被灾人口曾经体覆者，依上蠲免"的旨意。大赦天下和减免税赋，要么是有了重大喜事，要么就是要为皇帝祈福，也就是说，只有三十岁的武宗病了，而且很沉重。

皇帝病重是很不得了的事，尤其联想起在他即位前，太后答己占卜的那句"重光大荒落有灾，旃蒙作噩长久"，人们更对武宗的病情忧心忡忡。武宗身边的亲信大臣们都不约而同地开始考虑，应该由谁来继位？

这本不是问题，因为武宗早就册封自己的弟弟爱育黎拔力八达为"皇太子"，说好了"兄终弟及"。可武宗身边以三宝奴为首的近臣都是皇帝心腹，而爱育黎拔力八达身边也有一帮心腹，兄终弟及之后，彼心腹必然会代替此心腹，这是关系到荣辱升降乃至身家性命的事。要自保，就必须趁早考虑武宗易储。

然而，易储之事遭到了很大的阻力，朝中大臣多不支持，甚至武宗最信任的亲信重臣，出任尚书右丞相的康里脱脱也持反对态度。三宝奴已经说出"今日兄已授弟，后日叔当授侄，能保之乎"这样的话，康里脱脱也只是认为："在我不可渝，彼失其信，天实鉴之。"坚决不肯附议。

易储的大事，就这么流产了。

这不能说三宝奴太笨，实在是身为皇储的爱育黎拔力八达够聪明。

爱育黎拔力八达在"班朝诸司"中均安置了"自己人"，且将太子詹事院升为从一品，将之完善为自成一体的政治力量。"皇太子"党羽分布朝堂，已经很难撼动，而以康里脱脱为代表的一部分武宗近臣，似乎也早已倒向了太子一派。

不过，在成宗去世后的夺位之争中，爱育黎拔力八达的表现是既缺乏主见，也缺乏心计。而在武宗一朝，他却韬光养晦，不动声色地安排好了日后的布局，并收拢了众多有力人士。前后表现如此不同，让人疑惑——他身后一定有人。

不错，确实有人，这个人就是李孟。

李孟不是早就在武宗初年便辞官隐居了吗？

他回来了，在相当关键的时刻恰到好处地回到了爱育黎拔力八达身边。

爱育黎拔力八达对于李孟，不仅仅是学生对老师的尊敬、君主对谋臣的信赖，自幼丧父的他对李孟更有着如儿子对父亲的依赖。从李孟离开的那一天，爱育黎拔力八达便在寻找让老师重新归来的机会。

至大二年，李孟隐居两年后，爱育黎拔力八达借着一次家庭聚会的机会向武宗提起了李孟。

在欢乐的宴会上，爱育黎拔力八达突然"戚然改容"。武宗觉得奇怪，关切地问："吾弟今日不乐，何所思邪？"爱育黎拔力八达答道："赖天地祖宗神灵，神器有归，然成今日母子兄弟之欢者，李道复之功为多。适有所思，不自知其变于色也。"

武宗毕竟也和李孟有过几年的师徒情分，于是"即命搜访之"。李孟虽然隐居，但哪里会真的让皇家找他不着？他很快便在许昌陉山被找到，回朝任职。

至大三年（1310）正月，李孟回朝入见，被武宗特授中书平章政事、集贤大学士。这些职务虽然位高却不权重，但他又回到了政治中枢，可以和爱育黎拔力八达旦夕见面，也就可以再次发挥谋主的作用，辅助学生在险恶的局面中占得先机。

那么李孟到底为爱育黎拔力八达做过什么谋划？在拉拢武宗近臣，粉碎易储计划时，他有过什么样的动作？

很遗憾，在史书中完全没有直接的记载，只有太子宾客、翰林承旨姚燧及张养浩等人在文章中提出李孟"两扶青天之红日"，"两定内难"，说明李孟不仅是在成宗死后，也在武宗末年的朝局中起过决定性的作用。

至大四年（1311）正月初八，年仅三十一岁的元武宗病逝，皇太子爱育黎拔力八达继位，是为元仁宗。

武宗旧臣的担心很快应验了，"先帝"死去不过三天，仁宗便下令罢废尚书省，"百司庶政，悉归中书"，并立即逮捕脱虎脱、三宝奴、乐实、保八、忙哥帖木儿、王羆等六人。四天后，脱虎脱、三宝奴、乐实、保八、王羆五人被诛杀，忙哥帖木儿被流放海南。

又过了五天，仁宗下诏"罢城中都"，已经颇具规模的中都城停止一切营建工程。三月，仁宗正式即位，改年号为"皇庆"，以次年为皇庆元年，下诏"至元三十年已后诸衙门改升刱设，并多余员数，非世祖皇帝之制者，从省台分拣，减并降罢"。四月，仁宗又下诏废至大银钞和至大铜钱，恢复中统钞的发行和使用。

也就是三个月的时间，武宗的所有施政措施全部被推翻，人事、机构、经济政策一律来了个大翻盘。

仁宗既把武宗旧臣杀、流一空，自然要有自己的宰辅班子。于是，仁宗身边出现了三位宰辅，其一是李孟，官拜中书平章政事；其二是完泽（不是成宗朝的宰相完泽，只是同名），官拜中书平章政事；其三是铁木迭儿，官拜中书右丞相。

要说官位高低，铁木迭儿是中书右丞相，是货真价实的首辅宰相，李孟和完泽只能算是助理宰相。

李孟是仁宗的老师、首席谋臣，还是两次定策功臣，完泽是仁宗藩邸旧臣，当皇太子时的太子詹事，他们当宰相理所当然。但他们都没能当上首辅，却让铁木迭儿当上了。铁木迭儿何许人也？

其人虽是蒙古人，但家族并不显赫，在世祖朝只是个普通怯薛，成宗朝授同知宣徽院事，兼通政院使，是管理宫廷宴饮、祭祀和驿站的中级官员。武宗时铁木迭儿任宣徽院使，后外调云南行省左丞相，可没多久，便嫌云南艰苦而逃回大都。

没担任过朝中要职，出任外官又擅离职守，这样的人怎么就当上了宰相？

历史上总有一些能力平庸而又没有背景的人却爬上了高位——因为他们平庸甚至无能，但运气总是出奇的好，比如汉朝的邓通、董贤便是绝好的例子。

若是换了别人，担任同知宣徽院事和宣徽院使的职务，成天和吃喝打交道，要么借着职务之便捞点外快，要么就要想办法调到实权部门。可铁木迭儿借着久任此职，有进出内宫的便利，成为武宗和仁宗的母亲——答己太后的入幕之宾。

当仁宗准备任命自己的老师李孟和心腹完泽为相时，答己毫无道理地从后宫传旨命铁木迭儿为中书右丞相。仁宗本就性格柔弱，所谓"事皇太后，终身不违颜色"，不敢逆母意，只得下旨以铁木迭儿为相。

不过，新朝新气象，场面已经铺开，一个丞相的职位给谁并不伤大雅。仁宗并没有理会被母亲空降的铁木迭儿，仍然和老师李孟一起商量如何推行新政。

李孟三十九岁时入京求官，从当皇子老师开始，至今也有十七年了，从壮年熬成了年近六旬的老翁，一直都是在幕后出谋划策，如今终于可以到前台一展身手了。

既然要布新，就需先除旧，仁宗虽然废除了武宗所有政令，可武宗朝留下的弊端还在，不清除，新政难举。李孟帮着学生继续进行大扫除，向着滥赏、滥爵、怯薛冗员这三大积弊开刀了。

李孟的手段并不新鲜，也就是拿着世祖时期的"祖制"为招牌，大力整顿——世祖爷当年什么样，就要恢复到什么样：对宗王勋贵的赏赐，必须"复其旧"，按照原行定例颁给；所有额外增赐全部停罢；武宗对于名爵看得过轻，李孟奏请削夺滥冒的所有名爵，对于僧道官也尽行罢黜；对于怯薛，李孟针对怯薛人数累朝增加，怯薛队伍惊人膨胀，成为财政的沉重负担，奏请仁宗对怯薛进行精简，凡不合格的一律淘汰。

在革除积弊的同时，李孟也做着将来的准备，借着兼领国子监的机会，大力整饬学政，亲自督导国子监诸生的学业，并和另一位宰相完泽一起向仁宗提出："方今进用儒者，而老成日以凋谢，四方儒士成才者，请擢任国学、翰林、秘书、太常或儒学提举等职，俾学者有所激劝。"——这可以说是在为日后开科举打基础。

在李孟的辅佐之下，"仁宗初政，风动天下"。仁宗更加倚重李孟，言道：

"道复（指李孟）以道德相朕，致天下蒙泽。"

值得一提的是，有权谋的李孟在推行新政之余，也暗中将矛头指向了新任中书右丞相铁木迭儿。历经沧海的李孟已经看出此人并不简单，必定会依仗答己太后来乱政。他未雨绸缪，向仁宗提出对宣徽院、太府监进行钩考。

宣徽院掌管宫廷饮膳、宴飨及宿卫廪给，太府监则是管理左、右藏等内库的衙门，这是类似后世清朝的"御茶膳房"和"内务府"，属于政府管辖之外的"皇差"，政府各部门有着层层制约，尚且贪渎成风，这些机构就更是欺冒、滥支无所不用其极。可以说一旦钩考，必然会查出问题。

推行新政，从我做起，拿皇室自己的衙门开刀，以做表率，这理所当然。

但这不是关键。

关键是，现任中书右丞相的铁木迭儿可是当了多年的宣徽院使，这要查起来，岂能轻易脱身？

李孟的软刀子看似无力，实则藏着致命的杀招。

如果换成别人，这一招使出来，不死也得掉层皮。但铁木迭儿和答己太后的关系非同寻常，这招虽好，却越不过仁宗对母亲的惧怕和孝顺。

于是，本是陪绑的太府监倒了霉，仁宗下诏，要太府监"自今虽一缯之微，不言于朕，毋辄与人"——以后花一分钱也要先告诉皇帝，太府监的官员也就断了中饱私囊之路。正经目标宣徽院该怎么处理，却没了下文。

李孟出了阴招，铁木迭儿也用阴招化解。不动声色中，两人便已斗了一个回合。李孟未能中的，自然有被报复的担心；铁木迭儿虽躲过一劫，也免不了惊出一身冷汗。

于是，一个奇妙的现象出现了，当仁宗的第一个年号"皇庆"刚刚开始，他正打算将新政深入推行的时候，铁木迭儿和李孟几乎同时提交了辞呈。

皇庆元年（1312）正月，李孟以归葬其父母为由告假，仁宗反复嘱咐他要早去早回，可李孟这一走便是整整一年，直到十二月方才回来销假。而他回来后，便反复向仁宗坚辞政务，让学生解除了自己平章政事的实职，只保留原职衔，留任翰林学士承旨，从台前又回到了幕后。相对于李孟的迂回，铁木迭儿倒相当决绝，是年三月以生病为由请辞中书右丞相，仁宗本就不喜欢他，自然照准。

李孟虽有政治抱负，却并非一往无前的烈士型人物，他推行的一系列政策严重侵害了蒙古勋贵的利益，再加上发现铁木迭儿的地位被太后弄得牢不可破，便首先想到了自保，退了一步。而铁木迭儿发现自己虽然被太后宠幸，可皇帝并不喜欢自己，自己目前也没有皇帝所需要的东西，留在这位子上还需提防他人暗算，于是也退了一步。

所不同的是，李孟退的这一步，充满了志气难伸的惆怅，他在《偶成》诗中无奈地慨叹：

　　　　日午山中道，停骖进步难，
　　　　硷侵苔径滑，风吹毳袍寒。
　　　　匡国终无补，全身尚未安。
　　　　一尊茅店酒，强饮不成欢。

而铁木迭儿在走出中书省，回头看着皇宫的斗拱飞檐，必然会信心满满地暗中言道："皇上，你一定会需要我，我还会回来。"

复举与易储

——元仁宗的心思

皇庆元年（1312）五月，仁宗以平章政事合散为中书左丞相。皇庆二年正月，以太府卿秃忽鲁为中书右丞相。

秃忽鲁是蒙古勋贵，祖父勃鲁欢是蒙哥汗时期的丞相，父亲也先不花是真金太子的王傅。合散是色目人，世祖朝任辽阳行省左丞相，成宗朝迁河南行省平章政事，其人是个屯田高手。

两位中书丞相一个是蒙古勋贵，一个是色目人，都是谨慎无欲之人，奉行对皇帝只帮忙不添乱的方针。仁宗的新政在他们操持下，得以平稳展开。

在李孟革除积弊的基础上，仁宗分别从内、外两方面进行整顿。

对内，严格抑制蒙古勋贵，尤其是皇族诸王的权力。至大四年（1311）冬，仁宗下诏罢废诸王断事官，蒙古人犯盗诈者令所隶千户鞫问，将诸侯王在自己领地上的司法权收归中央。皇庆二年（1313）四月，废除诸王封地达鲁花赤由封主自己任命的旧制，而以朝廷委派流官担任，诸王只能任命自己封地的副达鲁花赤，这是将诸侯王封地的行政权也大半收归中央。

对外，仁宗则着重于严禁近侍干政，整顿选法，选用儒士充任官员。

选用儒士为官，在仁宗之前，往往是通过荐举，将有名望的儒士延请到朝廷为官。但仁宗想更彻底一些，他想恢复科举："朕所愿者，安百姓以图至治，然匪用儒士，何以致此。设科取士，庶几得真儒之用，而治道可兴也。"

仁宗复举，一方面是受老师李孟影响，李孟就常对仁宗言："自古人才所出固非一途，而科目得人为盛。今欲取天下人才而用之，舍科目何以哉。然必先德行经术，而后文辞，乃可得其真才以为用。"另一方面，仁宗也有着自己的心思——贵族制度仍有存留，皇帝难以乾纲独断，以哥哥武宗的军人性格尚且需要用贿赂的方式安抚宗王贵族。即使是皇帝最信任的近侍怯薛，也大都出身勋臣贵戚，有着传统的身份与权力，虽然对皇室忠心，却也不能予取予求。以世祖忽必烈的威势，也还得启用身份低微的理财之臣做白手套"夺勋旧之权"。用新的、系统的选官方式来给朝廷换血，用完全由皇帝选拔任命的科举官员来填充官员队伍，才能真正实现皇权的最大化。

不过，要复科举，也并不是那么容易。自从蒙古帝国窝阔台汗五年（1234）金朝灭亡，科举在中原汉地停废近一个世纪。而淮河以南地区，自南宋灭亡以后停止科举也有三十余年了。仁宗在朝会上提出恢复科举时，得到的回应是"上而大臣且笑且怒，下而素以士名耻不出此，亦复腾鼓谤议。赞其成者才数人耳"。

大臣们大都不赞成，而丞相秃忽鲁、合散虽然从来勤勤恳恳地帮皇帝做事，要他们支持皇帝力排众议，却是没有这样的气魄。

仁宗比较软弱，要决定大事身边必须有信任的人来支持和谋划。而这样的人，除了师父李孟，不会有第二个。

皇庆二年（1313）十一月，仁宗以行科举诏颁布天下。每三年开试一次，分乡试、会试、殿试三道。延祐元年（1314）十二月，仁宗重新任命李孟为中书平章政事，一力主持重开科举事宜。

李孟本就力主复举，现在被任命总理此事，自然不再顾虑，竭尽全力办差，将所有的阻挠都视为浮云。

延祐二年（1315）春，在李孟的主持下，元朝开国以来第一次科举考试终于开始，李孟担任廷试监试官。

科举重开，这消息对于久久压抑于无进取之路的士人，尤其是江南士人来说，有着拨云见日、枯木逢春的欣喜。一时间天下风动，士人奔走相告，纷纷投身于科举，"如阳春布获阴崖冰谷，菱粒无不翘达"。甚至一些南宋遗老，如赵仪可、陈大有等人，都是年过古稀的老人了，也抱着"重期将相公侯选，肯信倡优卜祝同"的心意，出而赴考。

延祐科考，按右、左两榜分别取录"国族暨诸部"，也就是蒙古、色目士子和汉、南人士子。考试科目分经义疑、古赋诏诰章表、时务策论三门——"经疑经义以观其学之底蕴，古赋诏诰章表以著其文章之华藻，复策以经史时务以考其用世之才"。

经过乡试、会试、殿试，大元朝第一科的考试顺利结束，取士五十六人，蒙古、色目子弟十六人，其余均为汉人和南人。

早年因谏言武宗不成自行隐退的张养浩，早已被仁宗召回。这次延祐复科举，他也以礼部侍郎的身份参与其事，在考试后提出为了日后更好地收罗人才，可以适当放宽录取分数线，使得很多落榜的考生也获得了官职。这看起来有徇私之嫌，当考生们向他致谢时，张养浩却一律不见，只是遣人告知："诸君子但思报效，奚劳谢为！"

元朝的科举从这时开始，共举办了十六次，取士一千二百余人，这和宋、金及后来的明、清相比，确实少得可怜，用儒士补充官员队伍也是杯水车薪，没能够最终达成目的。但因为科举考试以程朱理学对儒学的经典阐释为判卷标准，从而推动了理学在全国范围内的传播普及，开了今后六百年"经义取士"的滥觞，对后世影响巨大。

为了复举而让李孟再入中书，也使得铁木迭儿有了复出的机会。在仁宗母亲的压力下，铁木迭儿再次入相。

铁木迭儿复相，仁宗母亲的阴影又笼罩在仁宗的头上，而且铁木迭儿一上任，主持的对江南地区考校田粮便出了乱子——"名曰自实田粮，实是强行科敛"，为了增加上报田土，地方官甚至拆毁民房，平毁坟地来增加所谓的田土数量。导致江西爆发农民暴动，暴动者攻陷宁化，自立为王。仁宗一面停止考校，减免租税，一面调兵镇压，这才平息了暴乱。

按说，铁木迭儿捅了这么大的娄子，即使有太后撑腰，和皇帝的关系也要极为紧张了。出人意料的是，仁宗与铁木迭儿的关系却进入了蜜月期。

因为铁木迭儿主动请缨，为仁宗去做一件不光彩的事——更换储君。

当年武宗即位，册封仁宗为"皇太子"，兄弟二人约定"兄终弟及，叔侄相传"——武宗的储君是仁宗，而仁宗的储君只能是武宗的儿子。

现在，武宗的长子和世㻋已经十五岁，算是成年人，已经可以被立为太子了。

可是仁宗不愿意，在享受了皇权的至高无上后，他希望将这权力移交给自己的儿子，长子硕德八剌。

但当年的约定朝野皆知，仁宗要传给自己的儿子，是有很大压力的，宗室们不会同意，身边的儒臣们恪于君臣之义也不会赞同。

当然，易储的事情可以慢慢来，毕竟自己年轻，儿子也还小。可仁宗已经等不得，并不是因为他性急，而是他的身体已经每况愈下。仁宗在潜邸时便"饮酒常过度"，当上皇帝对于饮酒也没有克制，身体的各个器官终于被酒精严重损坏。

更换储君，对仁宗来说，刻不容缓，而由身为中书右丞相的铁木迭儿来操办易储，可以减轻自己很多道德上的压力。因为铁木迭儿身后有太后，可以代表这是母亲要求儿子改立孙子。

延祐二年（1315）十一月，仁宗封武宗长子和世㻋为周王。在世祖时代，真金太子被封为燕王，从此燕王就成为太子的专利，至今没有人受封。仁宗封侄子为周王，也就是明确宣布，侄子不可能成为太子了。紧接着，延祐三年（1316）春，铁木迭儿便不失时机地上奏议立硕德八剌为皇太子。

和世㻋还在大都，还没有就藩，此时册立自己的儿子为太子时机不到，仁宗将奏议压下来——先准备和世㻋的去处。

延祐三年三月，仁宗命周王到封地云南就藩。

见叔叔违约，又将自己封到云南那么偏远的地方，年轻的和世㻋不愿隐忍，行至陕西时，与众多武宗旧部串联，起兵造反。

仁宗虽然并不长于权谋，但和只是今天高中生年纪的侄子相比，还是老谋深算得多——和世㻋阵营中早就有他的内应。兵变开始没多久，和世㻋内部便有大将率部反正，和世㻋顿时陷入危险境地，无奈之下率从人"盘桓屯难，草行露宿"，狼狈西奔，投靠察合台汗国之汗也先不花。

也先不花将和世㻋一行安置在金山外，也就是今天的扎伊尔山，塔尔巴哈台（新疆塔城）南乌道三百里的地方。从此，和世㻋便在察合台汗国安居下来，"每岁冬居紮颜，夏居斡罗斡察山，春则命从者耕于野泥"。

直到十五年后，他才因一个偶然的机会重新回到家乡，成为元皇朝的明宗皇帝，走上了再次争夺皇位的不归路。

解决了侄子，仁宗终于可以放心册封儿子了。延祐三年（1316）十二月，年仅十三岁的硕德八剌被立为皇太子，"兼中书令、枢密使，授以金宝"。

原本就有太后撑腰的铁木迭儿，易储之事后，自恃有功的他愈加放肆，以中书右丞相的身份，广布党羽，"以憎爱进退百官"，以至于"恃势贪虐，凶秽愈甚，中外切齿"。

仁宗虽已经倦于政事，但不能不为儿子的日后着想，于是拔擢契丹人萧拜住为中书平章政事，党项人杨朵儿只为御史中丞，以制衡铁木迭儿。

萧、杨二人都是清廉耿直之臣，而且是仁宗在潜邸时便重用信任的心腹，对铁木迭儿"慨然以纠正其罪为己任"，多次与御史台诸多御史发起对铁木迭儿的弹劾，使得铁木迭儿失去中书丞相之位。他们想进一步诛杀铁木迭儿时，却"以太后故，终不能明正其罪"。

延祐七年（1320）正月，三十六岁的元仁宗爱育黎拔力八达撒手人寰。至于朝局之事，他生前都不能完全掌控，身后更是无法可想了。

少年君相

——元英宗与拜住

延祐七年（1320）正月，元仁宗爱育黎拔力八达病逝于大都光天宫。

父亲壮年病故，对于年仅十七岁的太子硕德八剌来说无疑是极大的打击，他"哀毁过礼，素服寝于地，日歠一粥"，表现出极大的悲痛。

有人因父亲的去世而悲痛，有人却因儿子的死亡而欣喜。就在硕德八剌还沉浸在父亲去世的哀痛中无法自拔的时候，他的祖母答己太后却开始了全面干政的布局。仁宗去世仅三天，答己便又把铁木迭儿任命为中书右丞相。

朝堂之上立即掀起了铁木迭儿一手策划的血腥大清洗，仁宗生前重用的股肱之臣或死或罢，只有李孟因为是仁宗老师的身份幸免，但也被夺其所受封爵，仆其先世墓碑，并降职为集贤侍讲学士。

延祐七年三月，皇太子硕德八剌即帝位于大都，是为元英宗，改元至治。年轻的皇帝环顾四周，发现父亲的老臣都已不在，自己"孑然宫中"，要想摆脱祖母和权臣的控制，他必须有自己的班底。

英宗并无藩邸幕府，父亲留下的老臣又都被清洗，只能提拔新人倚为心腹，他将目光落在了时任金紫光禄大夫、开府仪同三司的拜住，以及自己的大舅哥、翰林学士承旨、宣徽院使铁失身上。

拜住是成吉思汗开国功臣木华黎的后裔，世祖朝宰相安童之孙，很小的时候便"宏远端亮有祖风"。因为家世显赫，武宗至大二年（1309），年仅十一岁便任怯薛长，此后平步青云。延祐二年（1315），十七岁时官拜资善大夫、太常礼仪院使，十九岁进荣禄大夫、大司徒，二十岁进金紫光禄大夫，二十一岁加开府仪同三司。

英宗即位，拜住刚满二十二岁，他的才能和志向与小他五岁的皇帝极为契合，立即便被任命为中书参知政事，五月，直接被提拔为中书左丞相。

而铁失是英宗皇后速哥八剌的亲哥哥，英宗和皇后感情亲密，对大舅哥自然也多了一份信任亲近，一继位便擢拔为光禄大夫、御史大夫、忠翊侍卫亲军都指挥使。

以英宗的安排，拜住在中书省牵制铁木迭儿，铁失的任务则是"徽政虽隶太皇太后，朕视之与诸司同，凡簿书宜悉令御史检核"——以皇亲的身份监视太皇太后答己的专用衙门：徽政院。

见英宗不受掌控，答己与铁木迭儿决定发动政变，废黜英宗，立英宗之弟安王兀都思不花为帝。然而因行事不机密，被拜住侦知。

英宗与拜住商议诛除逆党。拜住认为，虽然密谋之事已经知道，但并无证据牵涉铁木迭儿，因此要将参与者都抓获后详细审问。英宗却有不同的看法："彼若借太皇太后为词，奈何？"

于是，拜住立即差人四处行动，将众多参与逆谋者全部捉拿，并不经审讯立即诛杀。安王兀都思不花原本并不知情，却糊里糊涂成为"谋主"，也被降为顺阳王，不久赐死家中。此时英宗才十七岁，兀都思不花应该更小，真是可怜生于帝王家。

经此一役，铁木迭儿的党羽四去其三，元气大伤，为了避嫌，他也不敢再肆意妄为。答己太后也失去了众多心腹，"后势焰顿息焉"。这是英宗的一次大胜利，他年纪虽轻，却已有了刚毅果断的手段，但兀都思不花的死，也显示出英宗冷酷的一面。

重创了祖母在朝中的势力，英宗以为自己可以掌控天下，几乎是迫不及待地颁发了一系列诏令，如命豪门大户与百姓分摊徭役，停止中买宝物，停止修建佛寺等。但因为太后与铁木迭儿仍能控制朝局，英宗诏令发出的时候动若雷霆，收到的实效却是微乎其微。

面对自己的无力，英宗用放纵自己来宣泄沮丧和愤懑。他不停地酗酒，酒后迁怒身边侍从，甚至诛杀为自己表演的艺人。可能是酒精的麻醉不足以让他平静，他还迷恋上了毒品，派人采买被称为"打里牙"的鸦片来吸食。

到了至治元年（1321），英宗甚至做出了诛杀无辜大臣的错事。这年二月，监察御史观音保、锁咬儿哈的迷失、成珪、李谦亨上疏，谏止营造寿安山佛寺。英宗大发雷霆，下令将观音保、锁咬儿哈的迷失处死，将成珪、李谦亨施以杖责，流放于奴儿干地。不再过分营造佛寺本是英宗自己提出来的，四位御史的上疏也是出于节省耗费的好意，但寿安山佛寺是英宗下令建造的，四人建议停止，使得英宗政令不行的受挫感顿时爆发，也就成了年轻人使性子的牺牲品。

当英宗因为无力挣脱祖母的罗网而一度自暴自弃的时候，中书左丞相拜住则竭力保持着朝政的平稳。正青春年华的他，身居相位，建功立业的劲头何尝比英宗稍小？但现实毕竟要正视，在太皇太后答己还活着的时候，无论英宗还是他都不可能大展拳脚。能做也必须要做的，则是维持局面，静待其变。

但英宗的率性胡来，也让拜住十分紧张。他可不希望与自己志同道合的皇帝因放纵而过早地自蹈死路。于是，他总是利用各种时机向英宗进谏。

当英宗情绪正常时，便会恢复有为之君的做派，希望多听到有利于国计民生的建议，他常问拜住："今亦有如唐魏徵之敢谏者乎？"拜住巧妙地回答："盘圆则水圆，盂方则水方。有太宗纳谏之君，则有魏徵敢谏之臣。"英宗闻言"并善之"，自己的行为确实有了收敛。

功夫不负有心人，到至治二年（1322），右丞相铁木迭儿和太皇太后答己终于熬不过两个小辈，相继倒下了。这一年八月，铁木迭儿一病不起，呜呼哀哉。不过十余天后，九月，太皇太后答己也随之病逝。

答己死后刚一个月，至治二年十月，英宗便将拜住擢拔为中书右丞相，并且虚左丞相之位而不拜，让二十四岁的拜住成了元朝从未有过的"独相"。

至治二年到三年之间，英宗和拜住这对君臣一路高歌猛进，大力推行新政。

首先，英宗继续仁宗所未能完成的法典的编纂，于至治三年（1323）二月，完成了《大元通制》并颁行天下，元皇朝从此有了统一的政制法程。

之后，是改革税制，纾解民困。

此时帝国的环境已经相当不乐观，至治二年（1322）一月至九月，全国各地水旱频仍，加之霜、雹、蝗灾遍及山东、河北、四川、湖北及江南，而因为灾荒引起的抗税、抗粮民变也此起彼伏。再不进行整顿，民变的星星之火就可能会燎原。

至治三年（1323）四月，英宗下诏"行助役法"，规定要大田主按照百分之三的比例拿出一部分田地，用其每年的收入分担一般农民的劳役负担。"助役法"推行后，极大地减轻了农民负担。

至治三年夏六月，拜住看到海运粮比世祖时增加了数倍之多，虽然有运力增强的原因，却也存在加重江南百姓负担的情况，于是向英宗上书请求减免二十万石，英宗准奏，并将铁木迭儿主政时所增加的江淮粮也一并减免。

在短短一年当中，英宗和拜住这对君臣"振立纪纲，修举废坠，裁不急之务，杜侥幸之门，加惠兵民，轻徭薄敛"，以图"天下晏然，国富民足"。尤其是二人在"搜访山林隐逸之士"来充任朝廷官员方面更是不遗余力，如寻访成宗朝老臣虞集时，"时集以忧还江南，拜住不知也。乃言于上，遣使求之于蜀，不见；求之江西，又不见；集方省墓吴中，使至，受命趋朝"——追着虞集几乎跑遍了中国南方才最终找到，比三顾茅庐还要艰苦执着了。

虞集字伯生，是南宋在采石矶大破金军的名相虞允文的五世孙，成宗朝为大都路儒学教授、国子学助教，仁宗朝任太常博士、集贤院修撰，其人学识渊博，精于理学，为元代"儒林四杰"之一，读书人的领军人物。对他的启用，可说是一个标志性事件，是英宗大规模启用儒臣的前兆。与他一起被召回的，还有大书法家袁桷，仁宗朝以敢谏闻名的马祖常等人。

然而，当虞集跟随使臣"受命趋朝"奔波于道之时，一场巨变降临在皇帝英宗和丞相拜住头上，这一对求贤若渴的年轻人没能见到这位儒林领袖。

孤独无依的结局

——南坡之变

元世祖忽必烈确定立储制度,是为了停止"库里勒台"上贵族选举皇帝的祖制,从而从贵族封建走向中央集权。但历史老人似乎要和他开玩笑,从他去世开始,立储制度就形同虚设。元成宗靠"库里勒台"得以登基,元武宗、元仁宗靠政变才得以登基。宗王贵族因为有对皇帝的认证权,皇帝要用大量金银赏赐来贿赂他们,对于其封建权力不敢过于剥夺。例如,仁宗不许宗王驸马等封地自行委派达鲁花赤、停止滥赐滥封等一系列改革便最终流产。

英宗硕德八剌可说是元朝开国以来第一个不用宗王贵族支持,靠太子身份即位的皇帝。因此他对宗王贵族不再客气,登基之时,赏赐诸王、百官的黄金只有仁宗时的八分之一,白银只有二分之一,钞票虽然增加了五倍,但此时钞票贬值得厉害,远不如真金白银。至治二年(1322)三月,甚至因为"以国用匮竭,停诸王赏赉"。

而为了推行新政,英宗充分展现了自己的"果于刑戮",对于与自己行政难以和谐的宗王、官员屡屡处分,毫不留情面。时人记载,"大臣动遭谴责","廷臣懔懔畏惧"。

罚重赏轻,威压朝野。英宗的手段不可谓不强硬,他将中翊卫、宗仁卫,以及左、右钦察卫和左、右阿速卫全部交给了最信任的拜住和铁失掌管,兵权高度集中,防范也不可谓不严密。

但他万万没有想到，自己视为亲人的铁失，偏偏是最危险的敌人。

铁失是皇后的哥哥，得到英宗重用，但奉行平衡术的他脚踩两只船，和铁木迭儿过往甚密，甚至拜了他为干爹，所谓"名为义子，实其腹心"。

平衡总有被打破的时候。铁木迭儿一党在英宗的打击下逐渐衰弱，更随着铁木迭儿及答己的死而土崩瓦解。铁失的处境开始不妙，所幸因为妹妹和皇帝感情很好，他才没有被牵连。

铁木迭儿一党已经灰飞烟灭，皇帝对自己仍然信任有加，正常说来铁失应该心无旁骛，竭力报国。可世上最大的恐惧，是对恐惧本身的恐惧。皇帝的信任，自身地位的崇高，并没有让铁失感到安全。自己曾经的作为，皇帝真的可以既往不咎吗？

本就被恐惧折磨得寝食难安的铁失，每当看到英宗决绝地处分宗王、大臣，心头的重负就会加重一分。恐惧到了极致，便演变成为失去理智的狂怒。这怒火将英宗对他的信任、知遇之恩、亲戚之情全部烧成了灰烬，剩下的只有不是你死就是我活的执拗。

仅他一人的怒火并不可怕，但英宗的"吝啬""果于刑戮"在众多宗王、大臣中已经积聚了太多的怒火，这些怒火足以形成一座蓄势喷发的火山。

高高在上的英宗并没有看到这座火山，但主持政务事必躬亲的拜住则敏锐地感觉到不祥的预兆。

拜住开始筹谋铲除铁失。

至治三年（1323）三月，英宗巡幸上都。到了六月，随侍的拜住将铁木迭儿的罪状整理上奏，英宗下诏"夺其官，仆其碑"。此时，铁木迭儿的党羽、儿子已经杀、罢一空，朝堂之上只剩下曾经拜铁木迭儿为干爹的铁失一人，拜住的上奏看似和死人过不去，实则将矛头指向了铁失。

可想而知，这一举动会给铁失带来何等的震动——一直恐惧的事情将要变成现实！

对铁失来说，现在只有等死和弑君两个选择了。在他身边，聚集了众多同谋者。

也许是有了某种预感，在上都的英宗一度感到心神难安，"夜寐不宁"，于是"命作佛事",但被拜住以国用不足的理由谏止了。

铁失抱着最后的希望,让僧人们进言:"国当有厄,非作佛事而大赦无以禳之。"——只要皇帝答应做佛事,便会实行大赦,自己便会安全了,也就不会考虑弑君了,毕竟弑君是危险的赌博,无论成功与否,满盘皆输的可能性极大。

然而,拜住当面呵斥了请愿的僧人:"尔辈不过图得金帛而已,又欲庇有罪耶?"

铁失彻底绝望,看来皇帝和丞相是必欲置自己于死地而后快了。那么只好先下手为强。

铁失将动手的时机选在了八月,皇帝将在这个月南回大都。而从上都回大都路上所要经过的南坡驿(上都西南三十里),是最好的动手场所。

因为,他所掌管的阿速卫军,驻地是在潮河川,正好护卫着皇帝南下的道路,而拜住掌管的钦察卫军,驻地则是在清州(今沧州青县),并不负责护卫銮驾。

弑君的计划布置得天衣无缝,甚至连接班人都已经选好。八月二日,铁失派心腹斡罗思赶到漠北,面见了英宗的堂叔,成宗哥哥甘麻剌之子,镇守边关的晋王也孙铁木儿,明白无误地告知他:"我与哈散、也先铁木儿、失秃儿谋已定,事成,推立王为皇帝。"

罗网已经张开,懵然不知的英宗和拜住注定无法逃脱。

也许有人会说,拜住既然有了铲除铁失的想法,为何动手那么迟缓?

这不能怪拜住,他对付铁失走的是正常程序,揭露铁木迭儿的恶行,最后揪出铁失,让英宗施以惩罚。

毕竟铁失是英宗的大舅哥,是信任不疑的心腹,扳倒他不能一蹴而就。只要布置得法,一步步来,铁失难逃一死。

拜住不是神仙,他不可能预料到铁失敢于铤而走险,弑君谋逆。

八月二十七日,英宗的车驾离开上都,向大都前进。当晚,皇帝一行驻跸南坡驿。

夜深人静之时,铁失开始了行动。

他先秘密命阿速卫兵守住行幄,然后率领奸党手持利刃冲进拜住的帐房。拜住正要就寝,忽然听到外面有喧嚷声,手秉烛台站起来欲要查看,只见铁失的弟弟索诺木手里拿着明晃晃的刺刀已经冲了进来，拜住厉色喝道："你等意欲何为？"言未已，索诺木已抢上一步，手起刀落，将拜住端烛台的右臂剁落地上，拜住大叫一声，随仆于地，逆党趁势乱砍。

拜住已死，铁失又带着逆党闯入帝寝。英宗时已就卧，闻声方起，正在披衣下床，逆党已经劈门而入。英宗忙叫宿卫护驾，谁知卫士们不知去向，那罪大恶极的铁失，居然走至榻前，亲自动手，把刀一挥，将英宗杀死。

这个血腥之夜，便是著名的"南坡之变"。年仅二十岁的英宗和年仅二十五岁的拜住，在毫无防范的情况下被逆臣所杀。《元史》记述极为简略，仅"以铁失所领阿速卫兵为外应，铁失、赤斤铁木儿杀丞相拜住，遂弑帝于行幄"这么简单的一句。

以上描述，则是借用蔡东藩《元史通俗演义》的桥段。虽说不上身临其境，但铁失一党的凶残，英宗、拜住的无助，也已绘声绘色。

英宗和拜住的遇害，后世多有惋惜，有说法认为："以先帝之刚明英断，丞相之公平秉直，使天假以年……则其规举施设将大有可观者。自古忠臣义士，欲除奸邪，率为小人所构，宁非天耶？宁非天耶？"

不过，如前所述，元英宗虽然有锐意进取、治国安民的志向，但也是一个很情绪化，做事过于狠辣的人物。如果他在位日久，元朝完成集中皇权的建设，是否真是好事，是不可定论的。例如，他在生命结束前五个月做的一件事，便是元朝唯一的一起文字狱。

而这起文字狱的罹难者，是南宋恭帝赵显。

赵㬎投降后，被北迁大都。世祖忽必烈封他为"瀛国公"，安置于大都居住。但在至元十九年（1282），大都发生了中山人薛保住聚众数千人起事欲救出文天祥的事件。为了避免小皇帝被人利用，世祖忽必烈于至元二十五年（1288）十月将赵显送到吐蕃萨迦寺学习佛法。

赵㬎继承了赵宋皇族善于学习的基因，在高原苦寒之地竟然很快掌握了藏语、藏文，并对佛法有了精深的研究，翻译了《四明入证论》《百法明门论》等经典，还成为萨迦寺的"本波讲师"，也就是主持讲经的老师。藏人对这位前朝皇族高僧很尊重，称之为"蛮子合尊"。"蛮子"是蒙古、吐蕃人对江南汉人的称呼，并无鄙视的意思，很多蒙古人自己起名就叫"蛮子"，而"合尊"是对于出家为僧的皇室子孙的尊称。

到至治三年（1323）时，赵㬎已经五十二岁了，他原本可以在雪域高原得享天年，可就在这年四月，英宗下诏将他处死。

赵㬎被杀的原因，一般都记载为"文字狱"，他曾经写过一首诗："寄语林和靖，梅花几度开？黄金台下客，应是不归来。"这首诗表达了他还念故国家乡的情怀，英宗看到，认为有不臣之心，于是痛下杀手。

但是，"黄金台"是大都八景之一，陶宗仪的《南村辍耕录》也说"此宋幼主在京师所作也"。此时赵㬎已经离开大都数十年，一篇旧作会让英宗起杀心，有些牵强。

还有种说法，是有占卜师向英宗提出西方有僧人反叛，英宗派人调查，发现在吐蕃有很多人跟随了蛮子合尊赵㬎，于是将他处死。在至治三年三月，确实有西番参卜郎（今四川理塘北）诸族叛乱，英宗敕镇西武靖王搠思班等发兵讨伐，正好可以印证这一说法。

不过，流传最为广泛的，还是英宗进行了元朝第一起，也是唯一的一起文字狱，并用赵㬎祭了刀。

文字狱对于文化及世道人心的损害无需笔者多言。英宗如果能够活下去，会不会让元朝如清朝一样，大兴文字狱？从他杀赵显一事来看，答案并不乐观。也许包罗万象、胸怀宽广的元朝将不复存在，张养浩、马致远、萨都剌、贯云石、王实甫等璀璨的名字，也许将是罹难于文字之祸的牺牲者。

史册之中的英宗是一位中道崩殂的英主，但纵观他三年的帝王生涯，优点和缺点一样醒目，天若假年，他会开创一个什么样的时代，委实难以定论。如要笔者对他有所评价，也只能说一句"欲称英主却又休"了。

玩平衡木的高手

——泰定帝

英宗遇弑身亡,在血泊中登上帝位的,是晋王也孙铁木儿。

也孙铁木儿是成宗大哥晋王甘麻剌的长子,是英宗的叔叔。他自幼跟随父亲镇守漠北,父亲去世后袭晋王爵位。甘麻剌在成宗继位时曾试图争位,但得不到皇族和重臣的支持,只能安心做个王爷。也孙铁木儿吸取父亲的教训,从未表现出对皇位的觊觎,及至成宗去世,也没有积极运作谋取皇位,甘心拥戴答剌马八剌一系的武宗、仁宗。

可到了英宗继位,也孙铁木儿敏锐地感受到中央局势的云谲波诡,非常隐晦地做了一些部署,派自己的心腹倒剌沙之子哈散入京跟随丞相拜住,并成为皇宫宿卫,专门负责"常侦伺朝廷事机"。铁失等人的逆谋,也孙铁木儿事先便得到了消息,待到铁失派人通知弑君之后会拥立自己为帝的时候,他已经做好了回京继位的准备。

作为皇帝的叔叔,真金太子的长房长孙,也孙铁木儿可不愿意将自己和铁失等铤而走险的逆党扯在一起。得到铁失的通知后,他故作姿态地将使者关押,并派人向英宗"告变"——虽然漠北距大都近万里之遥,告变使者无论如何不可能在事变发生前警告英宗,但这种形式是必须有的。

至治三年(1323)八月二十七日,英宗被铁失等人所弑。九月四日,逆党中人诸王按梯不花和也先铁木儿便拿着皇帝玺绶到达也孙铁木儿驻地,迎他回京继位。此间相差不到十天，可想而知联系之紧密。

拿到皇帝大印的也孙铁木儿在龙居河（今克鲁伦河）即皇帝位，是为泰定帝，改元泰定。泰定帝对铁失等人都给予了封赏，但在登基后一个月零两天，便将铁失等直接参与杀害英宗的凶手全部处死，并"戮其子孙，籍入家产"。

十一月中，泰定帝一行抵达大都。这时逆臣中的首恶差不多都已被诛杀。但朝中的英宗旧臣并不想就此罢休，中书平章政事张珪，监察御史许有壬、赵成庆等人纷纷上疏要求彻底清查逆党。但泰定帝认为"逆党胁从者众，何可尽诛"，除了已杀之人，都进行了赦免或从轻处罚。

泰定帝不想除恶务尽，一方面是因为自己在英宗被弑中有脱不开的关系，另一方面则是出于稳定的需要。

此时的大元皇朝，已经没有多少资本来承受剧烈的政治震荡了。

从仁宗末年开始，元皇朝便灾害不断，到英宗朝，灾害的次数和程度都更为加强，不但有水灾、旱灾、霜、雹、蝗灾也四处肆虐，遍及山东、河北、四川、湖北及江南，而因为灾荒引起的抗税、抗粮民变也此起彼伏。英宗虽在执政的末年大力整顿吏治，并广为赈济，但因为他的突然遇害，灾害的后遗症仍然相当强烈。到泰定帝即位之后，西北各省连年爆发雨雹、地震，甚至影响到荆湖北部地区，东南从浙东到苏北沿岸不断发生海溢，华北则时而雨雹山崩，时而旱蝗。

国家大势如此，泰定帝所面对的朝堂却是相当诡异复杂。从武宗开始，因为种种改革而造成的元朝上层内部的纷争日趋激烈，到英宗朝达到高潮，历任皇帝都没能在扩张皇权与维系皇族内部稳定之间找到平衡，而英宗一朝更是将这种平衡彻底打破。英宗在"南坡之变"中遇害，是平衡打破后，各种矛盾总爆发的结果。

泰定帝也孙铁木儿虽然凭借自己真金太子长子一系的血统和常驻漠北掌握军权的优势获得皇位，其所面临的问题却需要谨小慎微地予以解决。他的年号先选定为"泰定"，后改元"致和"，可见其对国事家事天下事事事稳定的渴望。

诛杀铁失一党，是为了标榜自己的清白，也是宣示天下自己得位的光明正大。这是泰定帝的第一步，之后便是安抚各派势力，让他们诚心拥戴自己。

铁失一党被杀的同时，泰定帝"召诸王官属流徙远地及还元籍者二十四人还京师"。继位后的第三个月，至治三年（1323）十二月，泰定帝将被铁木迭儿诬杀的杨朵儿只、萧拜住、贺伯颜，以及被英宗所杀的观音保、锁咬儿哈的迷失予以平反昭雪，对于被罢免的王毅、高昉、张志弼，以及被流放的李谦亨、成珪也召还录用。对于英宗朝儒臣之首，中书平章政事张珪、王居仁，泰定帝予以留任，对于王约、王结等人也以"三老"之名进行尊礼，奉诏商议中书省事。

对于宗王勋戚，泰定帝恢复了被英宗停发的宗王赏赍，将仁宗、英宗时代一降再降的赏赐额度提高，一次性便赏赐金七百余锭、银三万三千锭，钱及币帛若干。比起英宗来说，金的赏赐高出七倍，银的赏赐高出两倍，已经足使皇族满意。同时，泰定帝大力封赐王爵，连封二十四个王，几乎包含了皇室各支系，以此来获得支持及皇族内部的稳定。尤其在封王之后，泰定帝还先后让十七王出镇各地，其中宣靖王买奴出镇益都，威顺王宽彻不花出镇湖广，靖安王阔阔不花出镇陕西，镇南王帖木儿不花出镇扬州，改变了元代宗王出镇只在边关而不在内地的惯例。

至于中枢宰辅，泰定帝完全用自己的潜邸旧臣充任，旭迈杰为中书右丞相，倒剌沙为中书左丞相。

泰定帝的布局安排，可明显看出其求得稳定的用心。以自己潜邸之臣为腹心，蒙古大臣旭迈杰为右丞相，是坚持蒙古"大根脚"为相的传统。以倒剌沙为首的回族人充任宰相班底，是为了集中进行理财。恢复宗王赏赍，封赐王爵，乃至派宗王出镇各地，是营造皇族共治、家国一体的氛围。而平反冤狱，留任儒臣，则是安抚儒化大臣与汉人儒臣，平复仁宗、英宗旧臣尤其是儒臣的不满。

作为一个通过政变即位的皇帝，又面对连续三朝的激烈政争残局，泰定帝的一番举措立竿见影。

潜邸之臣成为中书宰辅，而且"左右相日值禁中，有事则赴中书"，以保证核心决策不为朝局或派系所影响。这虽然使宰辅班子被儒臣批判为"专权自用，疏远勋旧，废弃忠良"，却也保持了最高权力的稳定和行政效率，各种决策能够"汛扫积滞，几无留牍"，迅速做出处理。儒臣在批评专权的同时，也不得不承认"此贞观、开元间议事也"。

皇室宗王得到安抚，不再如英宗朝一般敌视皇帝，而宗王出镇各地，对应付连年天灾而出现的不断民变也有明显的震慑效果，"泰定之世，灾异数见"，却能够"天下无事,号称治平"。

回族理财之臣的理财手段,虽然受到诟病,却也让从仁宗朝开始的严重的通货膨胀得以缓解,物价得到平抑,跌落到延祐六、七年以前的水平,有些物品甚至还低于腾贵前的价格,如盐引,仁宗朝官定价格是一百五十两钞一引,泰定二年便下跌到钞一百二十五两。

对于英宗朝有关民生的改革,泰定帝也进行了坚持。元英宗的至治新政,有关民生的改革最重要的是"助役法"。英宗虽是"助役法"的开创者,但其在位短暂,因此真正的推行是在泰定朝:"泰定之初,又有所谓助役粮者。其法命江南民户有田一顷之上者,于所输税外,每顷量出助役之田,具书于册,里正以次掌之,岁收其入,以助充役之费。凡寺观田,除宋旧额,其余亦验其多寡令出田助役焉。"地方上的官员以此推行,"凡民田百亩,令以三亩入官,为受役者之助",取得了很好的效果,"民赖以不困"。

当然,泰定帝也认为,最终的稳定还得集中皇权,传承稳固。因此在泰定元年,册立长子阿速吉八为皇太子,并马上遵从大臣的建议"如裕宗故事,择名儒辅太子"。同时,面对朝廷中"有欲罢科举法者"的议论,仍然继续坚持。泰定元年(1324)三月便开科举士,八剌、张益等八十六人中举;泰定四年(1327)三月,再次开科,又有阿察赤、李黼等八十六人金榜题名。

虽然泰定帝也有宽纵宗亲、滥买宝石、斥巨资修建佛寺等弊政,但纵观其执政的五年,不得不说他是在国家需要的时候执行了恰当的政策。在英宗被弑后一触即乱的局面中,他抑制党争、安定地方、清理财政、纾解民困。如果他在位不是五年,而是十五年,或者是十年,元朝的前景也许会光明很多。

但是,泰定帝仍没能摆脱元朝皇帝在位时间短暂的宿命。

泰定五年(1328),泰定帝在围猎时患病——也许是受了伤。是年二月,泰定帝改元致和,以当年为致和元年,这似乎是为了用改元来冲喜,祈祷泰定帝病体早愈。

三月,泰定帝下令巡幸上都,皇后、太子及丞相倒剌沙等人陪侍。

致和元年七月,泰定帝也孙铁木儿崩于上都,享年三十六岁。

大内战

——两都之战

泰定帝执政前期，他的中书右丞相是旭迈杰，其人被称为"谨守先朝法度，节用爱民，为一时贤相"。可惜，在泰定帝去世前，旭迈杰已经去世，朝中大权落在了左丞相倒剌沙手中。其人喜欢弄权，泰定帝去世后，他没有立即扶立太子即位，长达一个月的时间政由己出。

"国不可一日无君"，倒剌沙的弄权使得朝野上下议论纷纷，人心浮动，终于引起大乱。

在大都城中，一个名叫燕帖木儿的将领发动了政变。

燕帖木儿是钦察贵族，钦察人与蒙古人有一定血缘关系，原居于额尔齐斯河流域，"钦察"意即"浅肤色的草原居民"。7世纪时，钦察人被突厥人驱逐，西迁至伏尔加河流域和乌克兰草原一代。蒙古西征时，钦察人被征服，成为蒙古大军中的一支劲旅。其首领班都察"以强勇称"，是忽必烈身边的骁将。班都察的儿子土土哈更是忽必烈赖以镇守西北边疆的一代名将。至元二十三年（1286），元世祖忽必烈设钦察卫亲军都指挥使司，正式建立了钦察卫军。从此，钦察卫军便成为元朝皇室的禁卫军之一。

燕帖木儿是土土哈的孙子，其父亲床兀儿也是威震边疆的名将。他自幼就是武宗的宿卫，参与了武宗的一系列征战，颇有将才。其家族在武宗朝十分显赫，但在仁、英两朝时受到冷落。而到了泰定朝，燕帖木儿先是加太仆卿，后又迁同金枢密院事。

虽然泰定帝对自己有知遇之恩,但燕帖木儿也知道,无论是泰定帝在位,还是日后太子继位,自己这些武宗旧臣都是要逐渐边缘化的,想要大富大贵,只能从险中求——拥立武宗的儿子夺取帝位。

致和元年(1328)八月四日,燕帖木儿发动政变,在大都羁押了忠于泰定帝的大臣,控制了大都,并立即派人前去迎接武宗次子怀王图帖睦尔入京。

图帖睦尔时年二十四岁。十一岁时,哥哥和世㻋因为被废掉储位而举起反旗,结果战败逃亡察合台汗国。所谓唇亡齿寒,图帖睦尔也被流放海南岛。

直到泰定帝继位,图帖睦尔才被召回,受封为怀王。然而,他安稳了仅一年,又被命令迁往建康。

到泰定帝去世前夕,燕帖木儿等人为了发动政变,暗中派人将他安置到江陵。

八月二十七日,怀王图帖睦尔到达大都,入居大内。

惊闻大都的事变,倒剌沙便会同梁王王禅(甘麻剌次子松山之子)、湘宁王八剌失里(甘麻剌第三子迭里哥儿不花之子)、辽王脱脱(成吉思汗幼弟帖木格后裔)、诸王失剌和也速帖木儿等人加紧了对于上都的控制,并调集兵马准备反攻大都。

致和元年(1328)八月二十一日,也就是怀王图帖睦尔来到大都前六天,倒剌沙作为上都方面的总指挥,与辽王脱脱留守上都,而将其他诸王、将军、大臣全部派出,分兵四路南下,气势汹汹逼向大都。

其中,梁王王禅进军居庸关,诸王中的失剌进攻古北口,诸王中的也速帖木儿进攻辽东迁民镇,湘宁王八剌失里等则绕道山西,与陕西军队相配合,向东回攻紫荆关(今河北易县西北)。

在上都一方,拥有随驾怯薛、诸卫大军,并得到辽东诸王、湘宁王八剌失里、赵王马扎儿罕及陕西行省和行台支持,兵力颇为强盛。倒剌沙的四路并进、迂回包抄战略,便是基于兵力充足而制定的。他深知燕帖木儿虽然掌握了大都,但兵力有限,一旦分兵据守,必然陷入被动。四路大军只要有一路夺关成功,大都便可攻下。

然而,结果并没有如倒剌沙所愿。燕帖木儿的家底,是以左卫亲军、钦察卫、阿速卫为基础，利用"总环卫"而临时拼凑、征集的军队。虽然钦察、阿速两卫战斗力很强，但数量不足，真要是分兵据守，层层防御，那必然是左支右绌，难以招架。

他采取了"凭你几路来，我只一路去"的策略，不着重于各关隘的防守，而把部队主力收揽于麾下，采用迅速转移奔袭的方式，集中优势兵力，积极以攻为守。

八月二十四日，两都之战正式爆发。

是日，上都军诸王失剌率领所部最先进至宜兴（今河北滦平北），立足未稳，便遭大都方面枢密院同知脱脱木儿阻击，失剌败走。

这边刚刚胜利，上都军梁王王禅、右丞相塔失帖木儿便率军进至榆林（今河北怀来东），势头凶猛。燕帖木儿闻警，立即率主力于九月一日越过居庸关，迎头猛攻王禅，王禅不敌败退。

虽然屡屡胜利，但燕帖木儿已感到上都方的优势不仅是兵力雄厚，更在于占有大义名分，毕竟泰定帝是合法皇帝，太子是合法储君。军事是政治的延伸，政治上站不住脚，军事上无数次的胜利都无法承担一次失败的结果。

于是，燕帖木儿返回大都，请怀王图帖睦尔继承帝位。

图帖睦尔推托道："大兄在朔方，朕敢紊天序乎？"燕帖木儿马上反驳："人心向背之机，间不容发，一或失之，噬脐无及。"图帖睦尔于是道："必不得已，当明诏天下，以著予退让之意而后可。"

九月十三日，图帖睦尔在大都大明殿即皇帝位，是为元文宗，改元天历，并以致和元年为天历元年，直接否定了泰定帝的合法性。

大都城里的登基大典还未结束，前方战报传来，上都军辽阳行省平章政事秃满迭儿所部已于九月三日攻破迁民镇，并一路由东向西挺进，威逼大都。

就在文宗登基的同时，上都的倒剌沙也将泰定帝的皇太子阿速吉八扶上皇位，改元天顺，是为天顺帝。皇帝一立，拥护上都的将士们就有了主心骨，士气顿时也高涨起来，虽然有一路失败了，其他几路仍气势汹汹。秃满迭儿所部更是高歌猛进，攻破了迁民镇。

大都的登基大典只能草草结束。燕帖木儿与弟弟撒敦赶赴三河（今属河北)、蓟州（今天津蓟州区）拦截，双方一场激战，秃满迭儿难敌燕帖木儿兄弟的勇猛，所部败退。

这边刚击退敌军，没等喘口气的燕帖木儿又收到战报：上都军梁王王禅所部趁他和秃满迭儿交战之时，大举南下，于十六日袭破居庸关，大都再次告急。

燕帖木儿以脱脱木儿屯驻蓟州，自己率主力西返，二十日在榆河（今温榆河）截住王禅军。此时王禅军领军将领是枢密副使阿剌帖木儿。燕帖木儿身先士卒，亲自舞刀杀入敌阵，重伤阿剌帖木儿。

上都军损了主将，顿时混乱败退。燕帖木儿乘胜追击，先在横跨榆河的红桥之上将重组阵型的上都军击溃，之后又在白浮之野（在今北京昌平东北）追上上都军，两军再次鏖战。燕帖木儿仍是身先士卒，亲手斩杀七名敌人，上都军崩溃。

连续三次大败，梁王王禅倒未气馁，重新收拢败兵扎下营寨，与燕帖木儿对垒，意图将其牵制于此，策应其他几路友军。可燕帖木儿派弟弟撒敦绕到敌军背后发动偷袭，王禅军全面溃散。燕帖木儿兜后猛攻，"斩首数千级，降者万余人"，梁王王禅单骑逃走。

激战六昼夜后，九月二十六日，居庸关被燕帖木儿收复。

居庸关的胜利尚未庆贺，古北口方向又再吃紧。

就在燕帖木儿彻底击败王禅的同一天，上都军知枢密院事竹温台所部攻破古北口，进至石槽（今北京顺义北）。

燕帖木儿命弟弟撒敦率前锋驰往阻击，随后亲率大军倍道兼行，赶到石槽。竹温台没想到他来得这么快，还在让部队埋锅造饭，猝不及防间被击溃。

虽然多次失败，可上都众将仍挫而不馁，继续组织进攻。九月二十八日，上都军秃满迭儿、诸王也先帖木儿所部辽东军在蓟州击败脱脱木儿，一路南下占领通州，大都再次告急。

燕帖木儿闻讯，立即与其子唐其势从古北口率师南救。十月一日赶到通州，猛攻立足未稳的上都军，上都军只得放弃通州，狼狈退走。五日，秃满迭儿会合阳翟王太平、国王朵罗台、平章塔海的军队，发动反攻，与燕帖木儿会战于檀子山之枣林（今北京通州南），双方激战一天，未分胜负。到晚上，燕帖木儿命唐其势率军偷营，击破上都军，阵斩阳翟王太平，上都兵马"死者蔽野"，余部逃走。

燕帖木儿在南边刚刚稳定战局,上都军西路的攻势便又展开。

十月七日,上都军诸王忽剌台、阿剌帖木儿所部由山西出兵,攻破紫荆关,陷涿州(今属河北),逼近大都南城。与此同时,湘宁王八剌失里引兵入冀宁(今山西太原)。

燕帖木儿再次远途奔袭,命令全军上下边行军边吃饭,以最快的速度急行军。他再一次在上都军扩大战果之前赶到了良乡(今北京南郊),向着处于卢沟桥的上都军发动突袭。

上都军统帅忽剌台没想到燕帖木儿这么快出现,斗志全消,下令撤退。燕帖木儿一路猛追,击溃其部,将忽剌台、阿剌帖木儿俘杀。

到了现在,上都一方一败再败,十成主力去了六成,原本该调整战略,可倒剌沙集中了最后的部队,仍由秃满迭儿率领,再次攻入古北口,进逼大都。

此时,燕帖木儿已经没有其他几路敌军的负担了,他挥师北上,于檀州(今北京密云)迎战秃满迭儿。

累胜之师击屡败之军,这样的战斗根本没有悬念。

上都军再次大败,将领安童、塔海、国王朵罗台等均被燕帖木儿擒斩,秃满迭儿逃回辽东。

一直处于防守的大都一方军事总指挥燕帖木儿开始策划反击了。

不过,他不是要亲自率军去攻打上都,而是将一直隐藏的杀招使了出来——他的叔叔,东路蒙古元帅不花帖木儿。

不花帖木儿是燕帖木儿的叔叔,掌管着辽东的兵权,因为辽东诸王和地方官员大部分都拥护上都,他一直隐忍不动。现在,上都兵马已经损失殆尽,他立即发兵突袭上都。

内无防守之军,外无救援之师,上都的天顺政权已经穷途末路。倒剌沙束手无策,梁王王禅更是偷偷地出城逃跑,但很快便被抓获。倒是辽王脱脱显示出了血性,率不多的部队出城迎战,但众寡悬殊,很快便兵败战死。

打又打不过,跑又跑不了,剩下的路,只能是投降了。

十月十三日,倒剌沙肉袒出降,献出皇帝玉玺。混乱了两个月,上都政权终于土崩瓦解。

然而，作为天顺政权的名义首脑，天顺帝阿速吉八却不知所终。

对于其他政敌，文宗曾专门诏谕天下："诸王王禅及秃满迭儿、阿剌不花、秃坚等，兵败而逃，有能擒获者，授五品官；同党之人，若能去逆效顺，擒王禅等来归者，免本罪，依上授官；家奴获之者，得备宿卫；敢有隐匿者，事觉，与犯人同罪。"

诏书中偏偏没提天顺帝。因此可以断定，所谓"不知所踪"只是个借口，在那种情形下，身为小孩子的天顺帝无论如何不可能逃出生天，至于下场，只能是被杀害。而史无明载，可能是文宗不愿承担杀害叔叔的恶名，故意隐去了。

在倒剌沙兵分四路攻打大都的同时，忠于泰定帝的陕西行省、陕西行御史台也在调集兵马三面出击，猛攻山西、河南。随着上都投降，文宗传谕罢兵，陕西各路部队得知自己扶保的朝廷已不复存在，斗志全消，纷纷解体溃散。

至此，两都之战的硝烟才算散尽。文宗成了大元朝唯一的皇帝，天下大势看似可以稳住了。

但是，事情还远远没结束。

"世间骨肉可相逢"

——明文禅替

文宗在登上皇位时,是许了愿的:"当明诏天下,以著予退让之意而后可。"他在诏告天下的即位诏书中,也明白宣示:"朕以菲德,宜俟大兄,固让再三。宗戚、将相、百僚、耆老,以为神器不可以久虚,天下不可以无主,周王辽隔朔漠,民庶遑遑,已及三月,诚恳迫切。朕故从其请,谨俟大兄之至,以遂朕固让之心。"

现在,讨伐叛逆已经获得成功,漠北与大都的道路已通,那么,也该"遂朕固让之心"了。

战争结束后,文宗派大臣哈散及撒迪等到察合台汗国迎周王和世㻋返回大都。此时的察合台汗国在位的可汗名叫燕只吉台,既对元朝很恭顺,也与和世㻋关系很好。见和世㻋即将成为大元皇帝,燕只吉台亲自护送。

一路之上,和世㻋充分感觉到了众望所归的荣耀。先有诸多宗王、大臣"诸咸帅师扈行",后有各地重臣率众迎接,各种礼节无所不至。当他派自己的近臣回大都告知自己已经南来的消息时,"两京之民闻帝使者至,欢呼鼓舞曰:'吾天子实自北来矣!'诸王、旧臣争先迎谒,所至成聚"。这对于过了十几年苦日子的和世㻋来说,真是恍若隔世。

天历二年(1329)正月末,和世㻋一行到达蒙古故都哈剌和林。在漠北诸王、大臣簇拥下,和世㻋即皇帝位,是为元明宗。犹如当年武宗、仁宗一般,明宗也随即立自己的弟弟文宗为"皇太子"。

三月,明宗一行到达洁坚察罕之地。燕帖木儿来到行在,向明宗呈献皇帝玉玺。

对于这位赌上身家性命为自己和弟弟争夺皇位的燕帖木儿,明宗心存感激,除了弟弟已经封赏的"中书右丞相、开府仪同三司、上柱国、录军国重事、监修国史、答剌罕、太平王"等官爵外,还特意授予太师职衔,深加慰劳。同时,明宗还对燕帖木儿言明:"凡京师百官,朕弟所用者,并仍其旧,卿等其以朕意谕之。"

而燕帖木儿经历了一系列血战之后,好不容易将文宗的皇位扶稳,现在又来了一个皇帝,心中的疑虑是不言自明的。身为朝廷首席重臣,他偏要亲自前来献玉玺,也是有着试探明宗心意的目的。

然而,明宗的表现看似非常得体,还是让他产生了惊惧。

因为,在文宗封给自己的众多官位中,明宗什么都保留了,偏偏漏掉了一个最重要的职务"知枢密院事"。

这可是掌握兵权的职位,失去了枪杆子,其他的荣宠还能保留多久?

谢过明宗的赏赐之后,燕帖木儿做了进一步试探,上奏道:"陛下君临万方,国家大事所系者,中书省、枢密院、御史台而已,宜择人居之。"

可明宗并没有理会燕帖木儿的提醒,在"然其言"后,下令"以武宗旧人哈八儿秃为中书平章政事,前中书平章政事伯帖木儿知枢密院事,常侍孛罗为御史大夫。甲午,立行枢密院,命昭武王、知枢密院事火沙领行枢密院事,赛帖木儿、买奴并同知行枢密院事"。

明宗一举将自己的近臣安插进中书省、御史台和枢密院,燕帖木儿则被排除在兵权之外。

紧接着,明宗的两次训示,更给了燕帖木儿重重的一击。

就在谈话当天,明宗设宴款待燕帖木儿。宴席上,明宗言道:"凡诸王、百司,违法越礼,一听举劾。风纪重则贪墨惧,犹斧斤重则入木深,其势然也。朕有阙失,卿亦以闻,朕不尔责也。"明宗明确表示,自己要整顿朝纲,加强监察力度,无论是谁,地位多高,都要规规矩矩做官,老老实实做人。

过了两天,明宗又向燕帖木儿等人传旨:"朕今居太祖、世祖所居之位,凡省、院、台、百司庶政，询谋佥同，摽译所奏，以告于朕。军务机密，枢密院当即以闻，毋以夙夜为间而稽留之。其他事务，果有所言，必先中书、院、台，其下百司及纮御之臣，毋得隔越陈请。宜宣谕诸司，咸俾闻知。倘违朕意，必罚无赦。"这是在强调，政府行政，要按规矩层层流转，最后由皇帝定夺。

燕帖木儿绝望了。自己在文宗那里，军政、行政、监察、卫戍等大权集于一身，是货真价实的一人之下万人之上。而到了明宗这里，自己只能是个谨小慎微、按部就班的"上班族"，这让人情何以堪！

无论怎么堂皇，推翻泰定帝一系算是犯上。已经做过一次，何不能再做一次？

燕帖木儿看着一脸正色的明宗，心中已经暗藏杀机。

与燕帖木儿一样，一下子从皇帝成了太子的文宗图帖睦尔，心中也是极不平静的。

不能说当初文宗让位不是出于真诚，如果只是虚伪，不会一再宣示要让位给兄长。两都之战后，也不会第一时间便派人前去迎接明宗。

但是，人性是复杂的。慷慨的谦让也会伴随着不甘和妒忌，只是在神圣的光环之下会隐藏得较深。而一旦有外来的刺激，这种不甘和妒忌便会释放出来，逐渐将自己曾经坚持的美好愿望消磨、腐蚀，最后点滴不剩。

如果明宗接到弟弟双手捧上的大礼之后，表现出谦恭、惶恐的姿态，凡事都低调进行，也许文宗会坚持自己的高尚作为，甘居储君。

但是明宗一直保持着极为高调的行为方式。先是毫不犹豫、当仁不让地接过了皇冠，他的使臣也堂而皇之地回到大都，造成了两都士民欢呼"吾天子实自北来矣"而诸王、旧臣"争先迎谒，所至成聚"的社会舆论。之后，他又毫不客气地任命官员，分派属吏，"选用潜邸旧臣及扈从士，受制命者八十有五人，六品以下二十有六人"。

对明宗来说，这是理所当然。而对文宗而言，明宗这么做往轻了说是得了便宜卖乖，往重了说就是不知天高地厚！——这天下是我和臣下脑袋别在裤腰带上挣来的，我念你是大哥把桃子给了你，你非但没什么感谢的表示，还如此飞扬跋扈！

已经分别十几年的兄弟，感情本已淡漠。再有这么一层隔阂，所谓兄友弟恭，就只是停留在表面上的了。

天历元年（1328）八月，明宗到达旺忽察都之地，而文宗也赶到，兄弟二人终于见面了。

旺忽察都的名字拗口难记，也很陌生，但这里曾经相当辉煌过——这便是当年武宗执意要大力兴建的元中都。

这里见证了武宗、仁宗兄弟看似礼让实则各怀心腹事的"武仁授受"，皇位交替之间，有多少腥风血雨，这里注定不会是感情的寄宿之所，而只能是阴谋的渊薮之地。

八月二日，兄弟二人见面了，"明宗宴帝（指文宗）及诸王、大臣于行殿"，可以想见，在酒席宴上，阔别多年的兄弟难免要各诉起流离之苦，也要展望一下日后一同治理国家的宏伟蓝图。

在兄弟见面的同时，文宗和燕帖木儿也见面了，这对患难君臣会说些什么呢？

史无明载，只能推测。无疑，燕帖木儿一定会向文宗说起明宗的种种不是。说起争位之艰难而又拱手让出的种种不甘，也许会有"窃为陛下不值"的言语，而文宗恐怕也会对燕帖木儿大诉自己的后悔与无奈。

君臣一定都会有这样的判断：让明宗坐稳皇位，我们的前景堪忧。

用已有的荣华富贵，去交换一个莫测的未来。如果可以选择，为什么要换？

明宗的命运就此决定。

就在明宗和文宗见面宴饮四天后，八月六日，连龙椅都没有正式坐过的明宗便不明不白地"暴崩"于行幄。

明宗和世㻋在路上走了近一年，当他与阔别已久的大都城近在咫尺的时候，便这样死于非命。

明宗"暴崩"的死因，史家多倾向于"毒杀"之说。依据便是日后明宗之子惠宗登基之后，为父亲伸冤，言道："文宗稔恶不悛，当躬迓之际，乃与其臣月鲁不花、也里牙、明里董阿等谋为不轨，使我皇考饮恨上宾。"月鲁不花、明里董阿是燕帖木儿心腹，文宗系统的核心人物，也里牙则是太医院使，推测其是以侍疾进药之机将明宗毒害。

不过，明宗此时正是三十岁的盛年，虽然元朝皇帝多短寿，但从其一路南下，一直到旺忽察都之地的记载，是没有生过什么病的。没有生病，何来服药之说？而明宗一行来到腹里，已经进入文宗、燕帖木儿的绝对势力范围。他身边的武装，不过是与他一起返回的护卫一千八百三十人而已，虽有察合台汗国之汗燕只吉台的护送，但也并没有率领察合台汗国的重兵。明宗在旺忽察都的情形，与当年"南坡之变"的英宗极为相似：忠于自己的护卫很少，而扈从之军的首脑却是逆谋的主谋。

而在明宗死亡的时刻，"既而帝暴崩，燕帖木儿闻哭声，即奔入帐中，取宝玺"——听见哭声便立即进帐抢夺玉玺，这怎么看都不像是毒杀的现场。

可以大胆假设，明宗之死，很有可能如英宗一般，是被燕帖木儿控制行宫宿卫后，差人直入行幄，将其刺杀。

明宗已死，燕帖木儿立即簇拥着文宗疾驱还上都。八月八日，文宗抵达上都。八月十五日，文宗在上都大安阁再次登基。

从两都之战到文宗复立，不到一年，大元朝三个皇帝轮流做，史称"三帝更位"。

皇帝只剩下一个，天下终于恢复了平静。但这场变乱带来的负面影响却沉重而深远。

在政权上层，各派势力的精英人物均在动乱中损失惨重。粗略统计，在两次重大的变故中，被杀、流放、罢官、籍没家产的诸王、大臣多达百名以上，作为元朝统治核心的蒙古、色目贵族元气大伤，人心离散，而回族大臣作为从世祖时便是举足轻重的政治势力更是一蹶不振。

朝廷中各派势力势均力敌的局面被打破，燕帖木儿一家独大，终于成为有元一代第一个足以威胁皇权的权臣。而权臣乱政自此要持续十年之久，深刻影响了元朝后期的政治走向。

战争的破坏也给国家带来难以抚平的创伤，"初，关、陇、陕、洛之郊号称沃土，国家承平百载，年谷丰衍，民庶乐康。然自致和之秋，军旅数起，饥馑荐臻，民之流亡十室而九"。京畿、关陕、河南等地一片疮痍，莫说小民百姓，即使世家大户也惨遭荼毒。两都之战时，"北兵夺紫荆关，官军溃走，掠保定之民。本路官与故平章张珪子景武五人，率其民击官军死，也先捏不俟奏闻，辄擅杀官吏及珪五子"——连张弘范、张珪家族都被残害，可想而知破坏之严重。

而在明宗暴死后，一起新的战乱又陡然而起。忠于明宗的云南诸王秃坚等于至顺元年（1330）正月起兵反对文宗，战火弥漫整个滇东北，文宗先后调四川、江浙、河南、江西、陕西、朵甘思、朵思麻等处军队，历时一年有余方才镇压下去。所耗的钱粮、对当地百姓的伤害，自是不言而喻。

经过这番动乱，元皇朝终于不可避免地进入衰落期。

第二章

元朝后期

郁郁不得志的"雁门才子"

——萨都剌

"南坡之变""两都之战"都是血腥暴力的权力之争,皇族重臣为了权势互相残杀,让元朝走向了衰落。

朝堂上兵戈不断、鲜血四溅的同时,元朝的文化却在走向成熟。不仅元曲的创作达到了高峰,诗歌界也能人辈出,十分辉煌。

诗歌一直是中国文学皇冠上最璀璨的明珠,历代文人都要在诗歌创作上争奇斗艳,耗尽心血,不如此不能展现一代之文采。虽然有"盛唐之后难为继"的说法,但其实诗歌创作一直是文人们最为看重的。元代的诗坛也是文人们趋之若鹜的"艺术最高沙龙",在这个沙龙中高手如云,而且与其他时代相比,更有着多民族精英荟萃的特点。这就使得元代诗坛内涵更为丰富,且异彩纷呈。

按照专家的考证整理,现在整理出的元朝诗人共有3833位,不但人数众多,而且作品都流传至今。元代诗歌作为文学史上的一个重要环节,上接唐宋,下启明清。

元代诗歌经历了至元、大德间尚雅、尚己、重平淡自然诸多风格并存的繁盛时期之后,自元仁宗皇庆年间(1312—1313)起,开始向"重雅"的一面发展,在元仁宗延祐、元文宗天历年间(1314—1332)终于形成"一统雅正"的诗歌局面。后世都把这一时期视作元代诗歌发展的鼎盛时期,并把这个时期诗坛的代表人物虞集、杨载、范梈、揭傒斯誉为"元诗四大家"。他们的诗文被总体评价为"雄浑流丽"。

在元诗四大家之外，还有诸多诗人争奇斗艳，如赵孟頫、袁桷、廼贤、马祖常、泰不华、余阙等。

赵孟頫是宋朝皇室后裔，其人博学多才，能诗善文，懂经济，工书法，精绘艺，擅金石，通律吕，解鉴赏，不但书法和绘画是"元人冠冕"，诗歌的成就也很高。

袁桷是大德、延祐年间的文坛领袖，其诗歌对元代诗歌的确立与定型有着重要作用。他在诗歌创作上实践"词华近轻历，风雅近黄初"的主张，以古诗、歌行体成就最大。

廼贤是突厥葛逻禄人，长于江南鄞县，饱读诗书，在大都、上都等地求仕不成，却以诗闻名，"每一篇出，则士大夫辄传诵之"。

马祖常出身汪古部世族，以科举入仕。马祖常一生著述颇丰，有文集十五卷传世。时人称赞"其文词简而有法，丽而有章，卓然成家"，"文则富丽而有法，新奇而不凿，诗则接武隋唐，上追汉魏"，因此"大篇短章无不可传者"。及至近代，文学史将之视为对元代馆阁诗人群体与西域诗人群体的形成起了转折、定型作用的一代文宗。

余阙是党项人，元惠宗元统年间进士，其诗文"诗体尚江左，高视鲍、谢，徐、庾以下不论也"，著名宗教史学家陈垣先生认为他的诗"马祖常外，西域文家厥推余阙"。

泰不华是波斯人，英宗年间的状元，其存世的作品虽然不多，但真实感人，时生俊彩。

虽然名家辈出，高手如云，但要说元代诗坛最耀眼的明星，当首推萨都剌。

萨都剌，字天锡，号直斋。他是色目人族属，生卒年学界已有许多考证、论述，但争议颇多，应出生于至元十九年（1282）。他的祖父思兰不花、父亲阿鲁赤均为武臣，以世勋镇守云、代，遂留居雁门（今山西代县），所以萨都剌自称雁门人，他的诗集也命名为《雁门集》。

萨都剌的祖父、父亲虽是镇守云、代的武臣，家世显赫，但他出生后家庭已日渐窘困。为了摆脱"家无田，囊无储"的窘境，年轻时的萨都剌不得不与弟弟一起"寥落天涯",奔走吴、楚等地经商来贴补家用。经济上的拮据,谋生的艰难,为萨都剌的诗歌创作提供了丰富的生活素材和坚实的思想基础,这是养尊处优之人不能及的。

在经商过程中,他留下了《崔镇阻风有感》《题潭州刘氏姊妹贞节》《寄舍弟天与》《送闻师之五台》等作品,大多是对自己潦倒他乡,事业无成的感叹,如"佳节相逢作远商,菊花不异故人乡。无钱沽得邻家酒,一度孤吟一断肠"。

经商未能使萨都剌的经济状况有很大改善,加之思乡之情与日俱增,萨都剌便于二十六岁(元成宗大德九年)由吴、楚等地回到了家中,此后的大概二十年间,萨都剌一直居家耕读,博览群书,广交天下文人学士,与同道好友切磋诗文。

虽然家居生活比较闲适,但萨都剌仍然为自己志向不能施展而苦闷,写下诸如"自是麒麟种,卑栖又几年。故庐南雪下,短褐北风前。岁暮山林瘦,天高雨露偏。惟应丈夫志,未受故人怜"的诗句。

经过漫长的沉寂、积淀、等待,萨都剌终于迎来了人生的一大转机。泰定四年(1327),四十五岁的萨都剌考中三甲进士。从此以后,诗人便怀着丹心报国的抱负,开始了自己的仕宦生涯。

萨都剌中进士后,授镇江京口(今江苏镇江)录事司达鲁花赤(监治官),这是一个正八品的官职。萨都剌到镇江任职后,注重教育,监督市场,发廪赈贫,禁止巫蛊,移风易俗,颇多善政,自然赢得了老百姓的一片叫好声。之后他还历任翰林国史院应奉文字、江南诸道行御史掾史、福建闽海道肃正廉访知事等职。此时诗人的诗歌技艺也是日益精进,以诗名世。

萨都剌从出任京口达鲁花赤到任福建闽海道肃正廉访司知事的十余年间,是其在社会历史舞台上最为活跃的阶段,也是其创作最为旺盛的阶段。虽然担任的都是级别不高的官职,但他实心用事、报国立功的热情未尝减少。任职各地,萨都剌写下了众多清新平实、情趣盎然的写景记游佳作,如《送吴寅甫之扬州》《夜发龙潭》《兰谿舟中》《过赞善庵》,展现了他轻松而充满希望的生活。

但随着时光的流逝,数十载奋斗,萨都剌还默默无闻,沉落下僚,徒怀建功立业之抱负不得施展。继福建闽海道肃正廉访司知事后,萨都剌又历任燕山河北道肃政廉访司、江浙行中书省郎中、江南诸道御史台侍御史等职,仍是品级低微的小官,他开始由最初的心怀壮志变得抑郁消沉。

曾经,他写下《春日登北固多景楼录奉即休长老二首》,其一云:

> 醉拍阑干起白鸥,登临不尽古今愁。
> 六朝人物空流水,三国江山独倚楼。
> 短发凉风吹木叶,孤城落日下帘钩。
> 海门不管兴亡事,犹送春潮打石头。

虽然有"登临不尽古今愁"的感慨,但同时也有对时人珍惜现实、正视现实而须居安思危的劝诫,忧而不怨,哀而未伤,对当时业已日下的朝廷仍抱有幻想。

而当官十余载后,他已经意气消沉,写下了《越台怀古》:"越王故国四围山,云气犹屯虎豹关。铜兽暗随秋露泣,海鸦多背夕阳还。一时人物风尘外,千古英雄草莽间。日暮鹧鸪啼更急,荒台丛竹雨斑斑。"这已经是一种绝望的情绪了。

就在对自身仕途绝望的同时,萨都剌更多地关注民生疾苦,对底层百姓报以同情。在《鬻女谣》一诗中,他写出"道逢鬻女弃如土,惨淡悲风起天宇。荒村白日逢野狐,破屋黄昏闻啸鬼"的凄惨景象,而对当地官员,发出了"县官县官何尔颜!金带紫衣郡太守,醉饱不问民食艰"的斥责。在《早发黄河即事》中,写达官显贵们过着"朝驰五花马,暮脱千金裘。斗鸡五坊市,酣歌最高楼。绣被夜中酒,玉人坐更筹"的醉生梦死生活,而完全看不到黎民百姓"裋褐长不完,粝食常不周",甚至"饥饿半欲死,驱之长河流"。

元廷先是发生了两都之战的惨烈战争,之后又有"明文禅替"的伦常惨变。朝中大臣经过多次清洗,都噤若寒蝉,萨都剌则在诗中对这种为了皇权不顾兄弟亲情的行为提出了批评。诗云:

> 当年铁马游河漠,万里归来会二龙。
> 周氏君臣空守信,汉家兄弟不相容。

只知奉玺传三让，岂料游魂隔九重。

天上武皇亦洒泪，世间骨肉可相逢。

在萨都剌晚年，元朝已经天下大乱，起义军风起云涌。进入垂暮之年的诗人辞去了官职归隐起来。为了躲避战乱，他先后转徙杭州、绍兴、安庆、淮安等地。自己已进入老年，未能完成抱负，国家却彻底沉沦，萨都剌不禁感到"登高复怀古，路途极羊肠。目断云天阔，何由见洛阳"的绝望。在他最著名的《满江红·金陵怀古》一词中，萨都剌借咏怀前代，为元朝唱响了挽歌：

六代繁华，春去也、更无消息。空怅望，山川形胜，已非畴昔。王谢堂前双燕子，乌衣巷口曾相识。听夜深、寂寞打孤城，春潮急。

思往事，愁如织。怀故国，空陈迹。但荒烟衰草，乱鸦斜日。玉树歌残秋露冷，胭脂井坏寒螀泣。到如今，惟有蒋山青，秦淮碧。

因为萨都剌晚年遭逢天下大乱，他的事迹记载缺失，人们无法确切知道他具体的去世年份，这位杰出的诗人在历史漩涡中消失，实在是非常可悲可叹的事情。

在元代民族大融合的时代背景下，萨都剌兼容各民族文化精华，既具北方各民族文学清峻质朴的壮阔，又不失南方各民族文学绮丽妩媚的柔美。加之他宦游南北见多识广的丰富人生经验，又受元诗总体宗唐尚古思潮的影响，他的艺术风格基本上是俊逸洒脱，清新自然，从而为元代诗坛注入了一股清新之气。他不但集元诗之大成，而且直接开启了明初诗坛的创作风格。

《元代文学史》中评价他："其实萨都剌的诗风远不能以'清''丽'而不'佻''缛'来概括。大致说来，他的古体诗有雄浑之气，近体诗中的律诗趋向沉郁，绝句偏于清丽。就其捕捉形象的思力和熔铸诗歌语言的才力来说，又有深细新巧和色泽浓烈的特点。"

权臣也会是忠臣

——太平王燕帖木儿

元文宗图帖睦尔若不是皇帝，而仅以普通人来说，是一位素质很高的文人。他于诗、书、画均有很高造诣，其诗收于《元诗选》《御选宋金元明四朝诗》等书中，后世评价颇高，其书画被专业画家评价为"意匠经营，格法遒整，虽积学专攻，莫能及之，而天纵之才艺岂以是为夸美哉"，有《相马图》传世。

而作为皇帝，这些优点便会被人联想到南唐后主、宋徽宗这些亡国之君。不过，文宗自幼颠沛流离，转辗于江南、海南和荆湖，对国情民瘼也有相当的了解。在被流放海南时，文宗的生活相当窘迫，曾作《青梅》诗一首，诗云：

自笑当年志气豪，手攀红杏寻金桃。
溟南地僻无佳果，问著青梅价亦高。

曾经的天潢贵胄，可以"手攀红杏寻金桃"，如今却"问著青梅价亦高"，生活、政治上的压抑应能激发他有番作为。不过，依据《琼州府志》所载，诗中的"青梅"乃是一美丽女子，文宗深为钦慕，但追求不得，只能黯然神伤。这故事虽然属于桃色新闻，不那么可信，但即使是真的，文宗以皇子之尊追求平民女子而不可得，也会让他对自己的处境极为不满而产生改变命运的强烈愿望。

待到在金陵做怀王时，文宗便已经将这种愿望直接表现了出来。当时金陵的太平兴国寺要铸造数万斤的大钟，正在冶炼铜水时，文宗前去观看，摘下自己的碧珠指环投入铜水之中，默默祈祷："若天命在躬，此当不坏。"结果等大钟制成后，指环竟然嵌在大钟之上，"坚固完好，光彩明发"。

这虽然免不了是后世制造的"天命在此"的神话，但也可能是文宗自己制造出来的"预言"。他在金陵时，便已经多方联络湖广行省平章政事高昌王帖木儿补化、镇守武昌的威顺王宽彻不花等地方实力派，使他们在两都之战中坚定地站在自己一边。其志在大位的图谋已经相当明显。

而在燕帖木儿政变成功，派人请他回大都之时，他更是在路上写下了《自集庆路入正大统途中偶吟》，其诗云：

> 穿了氎衫便著鞭，一钩残月柳梢边。
> 二三点露滴如雨，六七个星犹在天。
> 犬吠竹篱人过语，鸡鸣茅店客惊眠。
> 须臾捧出扶桑日，七十二峰都在前。

清人顾奎光所编的《元诗选》中，评价此诗是："真情本色，不雕饰而饶诗意，赋早行者，无以逾之，结语尤见帝王气象。"他已经是按捺不住君临天下的雄心了。

按照规律，这么一个经历坎坷，了解民间疾苦而又素有大志的年轻人，登上皇位应该是可以成为一代英主的。前代不乏先例，如汉宣帝刘病已、唐宣宗李忱。

可文宗没能成为一代英主，虽然他在位期间也着实干了几件大事，对于实行文治、推广文化颇有些贡献，但整个大元朝在他手里内讧不断、民生凋敝，日益走向衰落。而他本人，则被后人看作被权臣所挟而无所作为的庸懦之君。

有人说，手段的正义才能走向目的的正义。这是否是普遍真理虽不能下结论，用在文宗身上却是千真万确。他有抱负有理想，他甚至知道国家的病根在哪里，该从哪里入手，但是，因为他夺取皇位的手段太过阴暗，所谓"得国不正，隐亏天伦"，使得他无法真正挺起腰杆来做一个强势帝王，不得不依靠和屈从于扶持自己登上帝位的燕帖木儿，与其共享皇权。

连皇权都让渡出去了,行政举措也就必须打折扣了。

如果在两都之战后,没有出现"明文禅替"的悲剧,文宗还不至于非得把自己和燕帖木儿死死绑在一起,甚至不惜让渡皇权。毕竟自己是皇帝,是前朝皇帝的儿子,有着充分的合法性,而自己的政敌,泰定帝一系本就与英宗之死有着扯不断的关系,且泰定帝死后,倒剌沙月余不立新君,也给了自己"权臣乱政"的借口。但是,当自己默许或者纵容燕帖木儿杀死自己的大哥,让自己重新登基之后,一切的合法、合理、合情就全都不复存在了。

在满朝文武眼中,在天下臣民眼中,自己是一个失信者、一个杀兄者、一个虚伪残忍有悖人伦的人,皇族的光环是屏蔽不了这些的,神圣的皇冠也只能引来无数人的侧目。

因此,在文宗在位的短短五年之中,皇族、朝中重臣、地方大员危言谋变之事此起彼伏。文宗只能紧紧抓住燕帖木儿这棵颇有权谋且善于统兵的大树,来保住自己的皇位。

一个是得位不正,有亏人伦的皇帝,一个是擅行废立,两次弑君的大臣,他们只能生死相依,荣辱与共。

而燕帖木儿也深深知道这一点,所以他对于文宗绝没有兔死狗烹、功高震主的顾忌,可以放心大胆地将一切荣宠、权力揽于手中,做一个货真价实的"立皇帝"。

他的官衔,加起来有六十八个字:中书右丞相、监修国史、知枢密院事、提调燕王宫相府事、大都督、领龙翊侍卫亲军都指挥使司事、就佩元降虎符、依前开府仪同三司、上柱国、录军国重事、答剌罕、太师、太平王。朝廷所有重要的部门,除了掌管监察的御史台,几乎一把抓,不过他也当过御史大夫,御史台也在其掌控之下。

对于朝政,文宗更是以"屡颁宠数未足以报大勋"为名,在中书省只立燕帖木儿一位右丞相,如英宗一般搞了"独相"制,并下旨:"凡号令、刑名、选法、钱粮、造作,一切中书政务,悉听总裁。诸王、公主、驸马、近侍人员,大小诸衙门官员人等,敢有隔越闻奏,以违制论。"——任何人奏事,哪怕是皇亲国戚,也不能越过燕帖木儿,除了皇帝的名号,燕帖木儿可说掌握了大元朝的一切，而且是皇帝心甘情愿给的。

一人得道鸡犬升天，这是亘古不变的。燕帖木儿如此权威赫赫，其祖上和家人自然也是倍加荣宠。父祖被追封三代，文宗封其曾祖父班都察为溧阳王，曾祖妣玉龙彻为溧阳王夫人，祖父土土哈为升王，祖妣太塔你为升王夫人，父床兀儿为扬王，母也先帖尼、公主察吉儿并为扬王夫人。其弟撒敦为知枢密院事，子唐其势为宣徽使，并也赐号"答剌罕"。

这"答剌罕"是从成吉思汗开始的，给予臣子极为尊贵的封号，只封赐给对于君主有救命大恩的臣子，享有九罪而不罚、随时可觐见、御前带武器、免税等八大特权。这样的封号进入元朝后颁发的并不多，而且都是于国于君有大功的臣子，且只封一人，世袭也只能一子袭封。而燕帖木儿家族竟然同时有三人受封"答剌罕"，其荣宠已经无可比拟。

在《元史》中，权倾一时的燕帖木儿被评价为"自秉大权以来，挟震主之威，肆意无忌"，这是对于权臣的标准型评价。不过，燕帖木儿并非那种有着"彼可取而代之"野心的人物，擅权也好，跋扈也好，主要体现在对于文宗皇位的维护之上。文宗要靠他维持统治，他又何尝不需要文宗这个伞盖来遮风避雨？因此，其"肆行无忌"，大部分表现为清洗、镇压文宗朝廷的反对派。

文宗一朝，各种动乱不断。在使用"天历"这个年号两年后，他改元"至顺"，至者极也，希望凡事都够非常顺利，但朝野的反对派从来没让他顺过。

燕帖木儿的主要任务，就是给文宗营造一个"顺"的环境。

天历二年（1329）八月，前丞相别不花与平章速速等人"潜呼日者推测圣算"，被告发后，全家流放集庆路。

至顺元年（1330）六月，知枢密院事阔彻伯、脱脱木儿等十人"谋变"，燕帖木儿"率钦察军掩捕之"。

同年七月，太医院使也里牙"坐怨望，造符箓，祭北斗，咒咀"，牵连到前刑部尚书乌马儿、前御史大夫孛罗、上都留守马儿等人，燕帖木儿将之全部诛杀。

至顺二年（1331）二月，湖广参政彻里、帖木儿与速速、班丹"坐出怨言"，彻里、帖木儿流放广东，班丹流放广西，速速被囚禁终身。

同月，诸王彻彻秃、沙哥"坐妄言不道"，彻彻秃被流放广州，沙哥流放雷州。

同年八月，内侍撒里不花等人行"巫蛊事"，皆被"杖一百七，流广东、西"。

至顺三年（1332）四月，安西王阿难答之子月鲁帖木儿，与畏兀僧玉你达八的剌板的、国师必剌忒纳失里沙津爱"谋不轨"，三人皆伏诛。

一次又一次的"怨望""咒咀""巫蛊""谋变""不轨"，全都被燕帖木儿一力镇压处置。与此同时，他也将明宗的孤儿寡妇整得死去活来。

至顺元年（1330），明宗皇后八不沙被害，紧接着，明宗长子妥欢帖木儿被流放高丽，"使居大青岛中，不与人接"。一年后，文宗"复诏天下，言明宗在朔漠之时，素谓非其己子，移于广西之静江"——不但将妥欢帖木儿发配到更边远的广西，还直接说其不是明宗的亲生儿子，断了明宗系争夺皇位的希望。

那么，当燕帖木儿全力平息朝廷内外大大小小的变乱时，文宗皇帝图帖睦尔在干些什么呢？

奎章阁里的影子

——文艺皇帝的无奈

在元朝诸位皇帝中,文宗是最具文艺气质的一位,爱好辞章书画且有很深的造诣,以前身陷宫廷斗争,颠沛流离,只能自娱自乐。天历元年(1328)被拥立为帝后,他第一时间便"立奎章阁学士院,秩正三品,以翰林学士承旨忽都鲁都儿迷失、集贤大学士赵世延并为大学士,侍御史撒迪、翰林直学士虞集并为侍书学士,又置承制、供奉各一员"。

奎章阁是元代大都皇宫内收藏文物书画、图书宝玩的殿阁,在兴圣殿西廊。在这里设立学士院,文宗无疑是希望将之建设成专属自己的学术和艺术殿堂。

元朝的最高文化机构乃仿效宋朝所建,但将三院改为两院。宋朝立翰林院、国史院和集贤院,翰林院掌管制诰,国史院编修国史,集贤院掌管刊刻经典,搜求古书。元朝则将翰林院和国史院合并,称为翰林国史院,为制诰和编修国史的所在。集贤院不但要刊刻经典,搜求古书,还负责国子监、道教、阴阳术数的管理。

在两院之外设立奎章阁,看似只是将两院恢复为三院,但实际意义并非如此。翰林国史院和集贤院已将原来的三院职能都兼顾了,另设一阁并无特别的职能,只是作为皇帝与文人观览经书、品评文章、吟诗作对、鉴赏文物的场所。而且,翰林国史院、集贤院的大学士都是从一品官位,奎章阁大学士只是正三品,地位较低,更是难以并称。

不过，因为奎章阁是文宗专门设立的，又是经常出入的场所，其地位虽低，在臣子们眼中，却是可以接近皇帝，谋得进身之阶的黄金屋，反而显得更重要。于是，奎章阁一立，当时元朝有名望的文人学者纷至沓来，如"自许才名今独步"，集诗人、书画家、金石学家为一身的大才子柯九思；名相不忽木之子，大书法家巎巎；大诗人泰不华；木华黎九世孙，精于书画的朵尔直班；"长词林"的回纥人忽都鲁儿迷失；并立于"元诗四大家"的虞集、揭傒斯；有"将之以忠义，守之以清介，饰之以文学"之誉的赵世延；有"鸿笔"之称的欧阳玄，以及当世大儒许有壬、苏天爵、宋本、李好文、贡师泰、郑深等，全都进入奎章阁，成为文宗的座上宾。

身边有了这么多文学之士，自然就会有编书的欲望。奎章阁成立后，文宗几经准备，于至顺元年（1330）四月正式下诏，命赵世延为总裁，虞集为副总裁，与翰林国史院官一起，采辑本朝典故，效仿唐宋会要，编修《皇朝经世大典》。

经过一年努力，第二年五月，《皇朝经世大典》完满编成。全书八百八十卷，目录十二卷，附公牍一卷、纂修通议一卷，将元代立国到文宗初期近百年的典章制度进行了全面的概括和总结，是元代典章制度的集大成者。其体例既参考了唐宋会要，又有所创新，凡君事四篇（帝号、帝训、帝制、帝系），臣事六篇，即治典（吏部典志）、赋典（户部典志）、礼典（礼部典志）、政典（军事方面的典志）、宪典（刑部典志）、工典（工部典志），而工典篇分为宫苑、官府、仓库、城郭、桥梁、河渠、郊庙、僧寺、道宫、庐帐、兵器、卤簿、玉工、金工、木工、抟埴之工、石工、丝枲之工、皮工、毡罽、画塑、诸匠二十二目，这是唐宋会要所没有的。各篇、目正文之前均有专文说明其内容梗概，详述变革之因、设立宗旨，这种编纂方法也比唐、宋会要为佳。

这么一部大型政书的编成，文宗十分得意，将之视为"示治平之永则"的标志。

文宗与燕帖木儿君臣二人，一个忙着专权施政、平定朝野，一个忙着吟风弄月、储才编书，可谓各得其所。历史走到这里，似乎有向虚君政治延伸的可能——皇帝端拱朝堂，只干些文化事业，而宰相则作为政府首脑，负责一切政务。

但这毕竟不正常。虽然这对君臣早已达成了默契，可这种违反惯例的政治结构本身就存在很多矛盾，即使当事人甘之如饴，这些矛盾也会时时刻刻涌现出来。

奎章阁学士院作为文宗的专属文化机构，很快便成了矛盾的焦点。

文宗使奎章阁"搜罗中外才俊置其中"，虽然因为自己的兴趣爱好，却也有着其他的希望——将之作为自己招揽人才，培植"皇党"的基地。

在说明奎章阁学士院的职能时，文宗明言："立奎章阁，置学士员，日以祖宗明训、古昔治乱得失陈说于前，使朕乐于听闻。"

这么一来，奎章阁的学士们就不仅仅是皇帝的侍读、秘书，而隐隐有了"帝师"的作用。帝师不仅是读书人的至高荣誉，也承载着极大的责任——教导皇帝成为圣君。学士们自然希望能够借着随侍皇帝左右的机会，突破燕帖木儿的大权独揽。在与皇帝吟风弄月之余，他们便试图参与朝政施行。

学士们的作为，对于朝廷内外一切事物无不洞悉的燕帖木儿自然早就了然。奎章阁隐隐成为新的权力中心，对朝政有了施加影响的能力，这是他万万不能容忍的。

虽然还只是落不到实处的威胁，燕帖木儿仍然针对奎章阁开始了一系列打击。

至顺元年（1330）六月，燕帖木儿先让文宗封自己为奎章阁大学士，领奎章阁学士院事，将奎章阁置于自己掌控之下。让勇冠三军的武将领导文化机构，文艺皇帝文宗的无奈可想而知。掌控奎章阁之后，燕帖木儿更进一步清洗受宠于文宗的学士。

第一个中招的是大学士赵世延。燕帖木儿向文宗进言："向有旨，惟许臣及伯颜兼领三职。今赵世延以平章政事兼翰林学士承旨、奎章阁大学士，引疾以辞。"——皇上，您可是说过，只有我和伯颜可以兼领三职，赵世延现在在中书省、翰林院、奎章阁都任职务，您应该让他病休。文宗知道燕帖木儿是没事找事，于是含混地说："朕重老成人，其令世延仍视事中书，果病，无预铨选可也。"这样才把事情压了下来。

可隔了一个月，燕帖木儿又指使监察御史葛明诚上书说："中书平章政事赵世延，年逾七十，智虑耗衰，固位苟容，无补于事，请斥归田里。"这下文宗知道燕帖木儿是较真了，无奈只好下诏："如御史言，世延固难任中书矣，其仍任以翰林、奎章之职。"——想把赵世延留在身边，只能让他交出中书省的实职，避免其身为宰辅又能常陪在皇帝左右，对朝政施加影响。

至顺二年（1331）三月，又有御史台臣向文宗上书："奎章阁参书雅琥，阿媚奸臣，所为不法，宜罢其职。"文宗自然知道其背后有谁，于是"从之"，贬雅琥为静江路同知。

雅琥原名雅古，字正卿，泰定元年进士。他是元朝中期著名的诗人，其诗被后人评为"句格庄严，词藻瑰丽，上接大历、元和之轨，下开正德、嘉靖之途"。因为诗写得好，文宗特意赐名雅琥。可就是因为得宠，为人侧目，雅琥落得个降职出京的下场。

雅琥刚被贬走几个月，是年八月，御史台臣又弹劾奎章阁监书博士柯九思，说其"性非纯良，行极矫谲，挟其末技，趋附权门，请罢黜之"。柯九思是当时书画鉴赏大家，文宗很喜欢他，"凡内府所藏法书名画，咸命鉴定"，为了让他出入皇宫方便，"赐牙章，得通籍禁署"。非但如此，文宗还"念其父谦善教，锡碑名'训忠'，敕侍读学士虞集为文以旌之"——这么一个皇帝身边红得发紫的人，自然很让人不放心，于是弹劾再起。文宗怕柯九思陷入危险，对他说："朕本意留卿，而欲伸言者路。已敕中书除外，卿其少避。"将他贬出大都。

文宗深知，无论赵世延、雅琥还是柯九思，不过是自己的替罪羊而已，他无奈地发现，自己这个皇帝无论从实际还是心理，都必须以虚君自许，哪怕是在笔墨堆里幻想一下乾纲独断也是犯忌讳的。所以，对于奎章阁学士们的劝谏和苦心，他只能充耳不闻，视而不见。

当大学士忽都鲁都儿迷失、虞集等人因为"拟制策以进，首以为问，帝不用"，感到"无益时政"从而请辞时，文宗干脆答道："若军国机务，自有省院台任之，非卿等责也。其勿复辞。"——政务上的事，都由燕帖木儿他们操持，这不是你们的责任。

大权独揽的燕帖木儿是文宗一朝的时代骄子，而坐在金銮殿上的文宗皇帝倒更像是这个时代的影子。不过，文宗年纪很小，即位时不过二十五岁，而燕帖木儿要比他大近二十岁，只要是正常情况下，文宗足可用比拼寿命的办法打败燕帖木儿，将这个既是栋梁又是芒刺的权臣甩在身后，开创自己的时代——比如汉宣帝之于霍光。

可元朝皇帝的寿命总是没有正常情况，武、仁、英、泰定四个皇帝没一个能活过四十岁，文宗年纪轻轻，当了不到五年皇帝，便也走到了人生的尽头。

至顺三年（1332）三月，文宗病入膏肓，自知不起。让他难过的还不仅仅是自己的英年早逝，而是继承人也有了问题。

文宗有二子，长子阿剌忒纳答剌，次子古纳答剌。至顺元年（1330）十二月，在燕帖木儿的一再敦请下，文宗立长子为皇太子。岂料，阿剌忒纳答剌没有福气，当上太子不过一个月，便暴病夭亡。儿子夭折让文宗痛惜不已，迷信佛法的他不禁认为这是哥哥明宗、兄嫂八不沙阴魂作祟，于是大做佛事，并依据阴阳家之言，将次子送出宫，专门买宅邸居住，并让燕帖木儿做其义父，改名燕帖古思。自己收燕帖木儿子塔剌海为义子，两人相换做亲。可能，文宗认为燕帖木儿是赳赳武将，可以镇得住冤魂。

但长子被立为太子后立即夭亡的痛苦仍时时缠绕着他，使他不敢再让次子成为太子。人在将死之时，对生平的错事总会有所悔悟，文宗本就对哥哥明宗有着"隐亏天伦"的负罪感，儿子之死更让他心神不宁。病重之时，他对燕帖木儿和自己的皇后卜答失里言道："朕之大位，其以朕兄子继之。"——他打算将皇位传给哥哥的儿子，减轻自己的内疚。

对专摄朝政的燕帖木儿来说，自然极希望自己的义子燕帖古思继承皇位。文宗毕竟是皇帝，别的事情不能自主，谁来继位却是燕帖木儿不能干涉的。不过，因为早年文宗已经将明宗长子妥欢帖木儿贬往广西，身边只有明宗次子，年方七岁的懿璘质班。于是，这个小孩子便被内定为皇位继承人。

至顺三年八月，元文宗图帖睦尔病逝于上都，年仅二十九岁。

十月，在燕帖木儿的操持下，懿璘质班即位于大都大明殿，是为宁宗，文宗皇后卜答失里为皇太后。

元代没有蒙古奶茶

——元人饮茶风俗

元文宗在位期间,是元朝宫廷文化达到最成熟的时期。

回族人忽思慧是元朝宫廷的饮膳太医,专门负责皇族的饮食医药。他在元文宗天历三年(1330),完成了自己的饮食学、医药学的专著,元代宫廷饮食集大成的《饮膳正要》。

这本书除了展现元代宫廷饮食的讲究和排场,还透露出一个信息,现代蒙古人喝的蒙古奶茶,在元代并没有出现。

现代的蒙古奶茶分为两种,简约型是用青砖茶熬出汤汁,加上牛奶和盐即可,若是豪华型,则用精美的铜锅熬制,不但有砖茶、牛奶和盐,还要加入奶豆腐、奶皮子、肉干、白油和炒米。蒙古人都认为,奶茶在成吉思汗时代便已经是蒙古人的传统饮品了。

可惜,很多传统都属于叠加的历史,是后面产生的东西加于历史之上,人们的很多历史记忆并非传承下来,而是创造出来的。

蒙古史学家扎奇斯钦先生曾对成书于13世纪由蒙古人自己写成的《蒙古秘史》中包括的早期蒙古族食物及其种类进行过归纳,共计十四项,包括各类动物的肉,如羊、鹿、鱼甚至土拨鼠,植物则有杜梨、山丁、红蒿、野葱、野蒜、野韭菜等,而饮品,不外乎肉汤、马奶、牛乳之类。即使到蒙古崛起之后,蒙古宫廷也是盛行喝葡萄酒,还有了米酒、蜜酒,但也没有饮茶的习惯。

在蒙古崛起前，辽朝的契丹人、金朝的女真人都有饮茶的习惯。辽人饮茶之前，要先点汤："今世俗客，至则啜茶，去则啜汤，汤取药材甘香者屑之，或温或凉，未有不用甘草者，此俗遍天下。先公使辽，辽人相见，其俗先点汤，后点茶，至饮食亦先水饮，然后品味以进。"到了金朝，女真人也迅速接受了饮茶。而且方法和辽人相同，喝茶时，"各就位，请收筹坐，先汤，次酒三盏，置果肴，茶罢，执筹，近前齐起"。不仅皇帝贵族，一般百姓也都爱饮茶，甚至到了"比岁上下竞啜，农民尤甚，市井茶肆相属"的地步。一些富贵人家，还开始分别处置精茶和粗茶，精茶用来点茶，而"以粗者煎乳酪"。

辽金时代，蒙古人已经在草原上繁衍生息，为何辽、金盛行饮茶，蒙古人却不饮茶呢？

原因很简单，辽朝也好，金朝也罢，疆域都是在中国北方，而茶叶产于南方。茶叶都是拿着真金白银、骏马肥羊从南方宋朝换来的奢侈品，自己消费尚且不够，哪里能够出口到蒙古？例如，金朝每年从南宋进口茶叶花费的丝绢就不下百万，更不用说用于易茶的盐货及其他杂物了。金朝皇帝虽然爱饮茶，可也觉得这样会"费国用而资敌"，于是限制民间饮茶之风。金章宗泰和六年（1206）十一月，章宗下诏规定七品以上的官僚，家中方许食茶。到宣宗元光二年（1223），这一限制升级到亲王、公主及见任五品以上官方许吃茶。

蒙古崛起后，虽然成吉思汗时期已经用兵金朝，占据了金朝山东、山西、河北、辽东大片土地，但包括成吉思汗在内的蒙古贵族并不居住在汉地，加之战事连年，茶的流通与饮用已极有限，以至出身于契丹贵族、又是金朝士大夫的耶律楚材多年喝不到茶，在无意间得到别人馈赠的茶叶后，一口气写了七首诗（《西域从王君玉乞茶因其韵七首》）表达感谢和欣喜，道出了"积年不啜建溪茶，心窍黄尘塞五车。碧玉瓯中思雪浪，黄金碾畔忆雷芽"的心声。

连茶都不喝，遑论奶茶了，成吉思汗自然是没有喝过奶茶的。

忽必烈建立元朝，1268年开始榷买蜀茶，从1275年起逐渐榷江南各地之茶，在1276年已设置常湖等处茶园都提举司，"采摘茶芽，以供内府"。蒙古贵族终于开始喝茶了。

但这也不是蒙古奶茶。

从《饮膳正要》一书中，我们可以看到元宫廷已享用十九种茶：枸杞茶、玉磨茶、金字茶、范殿帅茶、紫笋雀舌茶、女须儿、西番茶、川茶、藤茶、夸茶、燕尾茶、孩儿茶、温桑茶、清茶、炒茶、香茶等。

其中，"玉磨茶"是"上等紫笋五十斤，筛简净；苏门炒米五十斤，筛简净，一同搅拌和匀，入玉磨内，磨之成茶"。"紫笋"指一种茶叶名，一般指用茶芽制成的茶叶；"苏门炒米"是用印度尼西亚苏门答腊稻米制成的炒米；"玉磨"是用玉或其他石质细腻坚硬的石头做成的磨。用白话可描述为：将紫笋茶和稻米分别炒熟，随后将二者混合搅拌均匀，放入石磨中磨成细粉。

另外，"炒茶"则使"用铁锅烧赤，以马思哥油、牛奶子、茶芽同炒成"。马思哥油即用牛奶"打取浮凝"的白酥油。

"玉磨茶"和"炒茶"与当前蒙古族奶茶选取的原材料和制作技艺存在较大程度的相似性，虽然其中加入牛奶、白油、炒米之类，看似与今日的蒙古奶茶一样，但在根本上有不同，那便是，当时的茶都是要炒熟研磨，而今天的蒙古奶茶所用的茶都是压制发酵的青茶。

其实，元朝宫廷的饮茶方式源于宋代盛行的擂茶。擂者，研磨也。擂茶，就是把茶叶、芝麻、花生、绿豆、食盐、山苍子、生姜等原料放进擂钵里研磨后，冲开水和匀，加上炒米饮用的饮料。至于元朝宫廷不用芝麻之类，而是改为牛奶、白油，不过是加入了些草原元素罢了。

如果离开宫廷，看看元代的市井饮茶，便会明白了。元代无名氏编撰的家庭日用全书《居家必用事类全集》记载的茶的种类有：蒙顶新茶、脑麝香茶、百花香茶、枸杞茶、擂茶、兰膏、酥签茶、合足味茶法、制孩儿香茶法等。基本上都是擂茶或者是擂茶的衍生品。

宫廷饮茶极尽讲究，城市中民间的饮茶方式也很烦琐，这自然是元代城市生活繁荣的表现。生活在中原、江南的蒙古人自然也会如此饮茶，而且影响了仍生活在草原上的蒙古人。

元代诗人杨允孚曾经游历元上都，作有《滦京杂咏》诗。诗云："紫菊花开香满衣，地椒生处乳羊肥。毡房纳石茶添火，有女褰裳拾粪归。"文中的"纳石"是茶名，诗中展现的是住在蒙古包中的牧民，用干牛粪生火熬茶的情景。

元代蒙古人虽然饮茶，但似乎并没有到嗜茶的程度，茶不过是生活中的调剂，而并非必须。证据便是，当元朝灭亡，元室北遁形成北元，与明朝南北对峙之时，北元贵族要求与明朝互市做买卖，需要从明朝进口的，主要是绢缎衣帽、金银钞币、粮食药材及其他各种手工业品，虽种类繁多，却没有茶。而明朝也知道蒙古人对茶没有需求，所以很长时间内未将茶叶作为互市中的商品或赐品给予蒙古人。

蒙古人与茶再续前缘，并发展出蒙古奶茶，则是明朝中后期乃至清朝时期的事了。

为挡煞迎立的天子

——元惠宗的即位

元文宗驾崩,其侄子,年仅七岁的元宁宗即位。

朝野之人都明白,对燕帖木儿来说,那个坐在宝座上的小孩子宁宗不过是比文宗更为听话的傀儡而已。太平王的时代还会继续。

可似乎上天不忍心看着年纪幼小的宁宗被人随意摆弄,只让他做了四十三天的皇帝,便收走了他。是年十一月,宁宗懿璘质班崩,年仅七岁,成为元朝年纪最小、在位时间最短的皇帝,连改元都没来得及,"既未逾年改元,又未有所建设"。

从文宗病重开始出现的皇位危机刚缓解了一下,便再次爆发。

燕帖木儿旧事重提,向文宗皇后卜答失里提议,让文宗次子燕帖古思即位。

以卜答失里的内心,何尝不想让自己的儿子成为皇帝?可长子刚当上太子一个月便夭亡,侄子刚当上皇帝一个多月也夭亡,那个人人觊觎的至尊宝座简直成了可怕的诅咒,她不禁认为:"天位至重,吾儿恐年小,岂不遭折死耶?"

于是她又拿出了文宗立明宗之子为帝的遗言:"吾子尚幼,妥欢帖木儿在广西,今年十三矣,且明宗之长子,礼当立之。"——说白了就是让明宗长子妥欢帖木儿即位,如果诅咒再次降临,倒霉的也不是自己的儿子。

燕帖木儿虽然并不赞同文宗皇后的打算,但毕竟是主母,不能强行违逆,何况自己独霸朝纲,即使这个新的小皇帝不会很快夭亡,自己也控制得了局面,便顺水推舟答应下来。

卜答失里和燕帖木儿绝不会想到，这个决定将自己和家族都推向了无底深渊。

妥欢帖木儿是明宗和世㻋的长子，但不是嫡子，明宗正妻八不沙所生的是次子懿璘质班，而惠宗的生母只是侧妃，且不是蒙古人，而是畏兀儿人，哈剌鲁郡王帖木迭儿之女。

当年成吉思汗建立蒙古汗国，西域各小国都审时度势主动归附，哈剌鲁首领阿儿思兰汗便是其中一个。

哈剌鲁部是葛逻禄突厥的一支，归附之后成吉思汗封其为郡王，许子孙世袭，仍居故地。

明宗因为和叔叔仁宗争位而北逃，路过其地之时，阿儿思兰郡王已经传到第四代帖木迭儿。虽然明宗此时是个落难皇子，但对帖木迭儿来说还是高贵的，于是帖木迭儿将自己的女儿迈来迪嫁给明宗做了侧妃，婚后不久，惠宗便出生在明宗在西北的驻地金山。

惠宗的身世原本清清楚楚，然而因为"明文禅替"的残酷，其身世竟然成了千古疑案。

原来明宗暴崩之后，文宗复位，不久便处死了明宗正妃八不沙，并将妥欢帖木儿流放高丽，之后又流放广西。而流放侄儿的借口，便是说妥欢帖木儿并非明宗亲生儿子："明宗在日，素谓太子非其子。"

这个谣言，被后世很多史家所采信。到元朝灭亡，隐士权衡写了一本《庚申外史》，根据文宗当年的诬陷，说南宋末期皇帝赵㬎奉诏在甘州山寺出家，明宗从北方回大都时路过，将其一子收为自己的儿子，这个儿子便是妥欢帖木儿。

其实，赵㬎奉诏出家是在吐蕃，并非甘州，而明宗从金山回到中原是在天历二年（1329），其时赵㬎已死，这段记载本就有问题。可到了明朝洪武年间，福建正和县儒学训导余应借着这个故事写了一首《读虞集所草庚申君非周王已不子诏有作》诗，将故事进一步发扬。不但说明宗收赵㬎之子，还将赵㬎说成了元朝的驸马，娶了公主。

到了明永乐年间，时任尚宝司少卿的袁忠彻更进一步，将故事编得更圆，不再提驸马一说，而且编出明宗是看中了赵㬎的妻子，强行夺走，而此女已经有孕，被抢走后生下了妥欢帖木儿。为了更显真实，还抬出永乐皇帝来做注脚，说其在观看宋朝、元朝诸帝画像时，元朝诸帝从惠宗往上，个个"魁伟雄迈"，而只有惠宗和宋朝诸帝一般"气象清癯，若太医然"。以此证明，惠宗乃是赵宋皇族血脉。

赵㬎作为南宋末代皇帝，被俘虏北上，之后被迫出家，到了风烛残年又被赐死，是个很让人同情的人物。再加上元末民族矛盾尖锐，更会有人以他为蓝本编故事来发泄心中不满，将妥欢帖木儿说成是他的儿子，应该就是这种情绪的反应。而明代对于元史研究并不重视，即使官修《元史》都敷衍草率，更不用说民间的记载了，这样的以讹传讹大行其道，清朝及之后的很多学者便也着了道。类似的事情在历史上也不鲜见，如秦朝时传说秦始皇是吕不韦之子，清朝时传说乾隆皇帝是海宁陈家之子等，都不过是包含政治感情的小说家言。

天历二年（1329），明宗"暴崩"，年仅九岁的妥欢帖木儿被文宗徙往高丽，"使居大青岛中，不与人接"。过了两年，至顺二年（1331），文宗又将他"移于广西之静江"。到达广西静江后，他住进了当地大圆寺，大圆寺的住持秋江长老是一位博学儒僧，见这位被贬的皇子聪慧过人，心生喜欢，对之尽心教导，并妥善保护。在广西的两年，妥欢帖木儿通经书，习书法，成为一个很有学问的年轻人。

随着叔叔和弟弟相继死亡，原本无出头之日的妥欢帖木儿被定为储君，礼节隆重地被迎回大都。

嗣皇帝进京，燕帖木儿亲自到良乡迎接。这位曾经杀过两个皇帝，也扶立过两个皇帝的太平王根本没把这个一直处于流放境地，在大都中毫无根基的未来皇帝放在眼里。一见面，他便摆出两朝耆宿的派头，"与之并马而行，于马上举鞭指画，告以国家多难遣使奉迎之故"。在他看来，这位遭遇坎坷的皇子还不得对自己感激涕零吗？

可是，年仅十三岁的妥欢帖木儿表现出了不符合年纪的沉稳，面对口若悬河的大权臣，竟然"卒无一语酬之"。看着这个不发一语的小孩子，经历了无数风浪的燕帖木儿心中不禁有些慌乱，"疑其意不可测，且明宗之崩，实与逆谋，恐其即位之后追举前事"。

人已经接来了，天下人都知道他即将成为皇帝，何况还有文宗皇后卜答失里的一力坚持，现在反悔是不行了，可将之立为皇帝实在太危险。燕帖木儿犹豫不决，妥欢帖木儿回到大都几个月，都没有举行登基大典。

《元史》中描写燕帖木儿在这一阶段"心志日以瞀乱"，整日沉溺于酒色，似乎是被妥欢帖木儿的表现吓破了胆，无所适从，神智昏悖。可参看燕帖木儿以前的作为，一个猛如虎的强将权臣，一夕之间被个十三岁的小娃娃吓成了老鼠，岂不前后矛盾？为难是有的，但燕帖木儿已经开始阻止妥欢帖木儿即位的谋划。

妥欢帖木儿来到大都不久，便有太史"言帝（妥欢帖木儿）不可立，立则天下乱"。小小太史竟然敢说太后选定的皇位继承人会让天下大乱，这分明就是燕帖木儿授意制造的舆论。而在此期间，"国事皆决于燕帖木儿，奏文宗后而行之"，完全将远道而来的准皇帝抛在一边。可想而知，时间一久，风头过去，燕帖木儿完全可以推翻文宗后的决定，取消妥欢帖木儿的继承权，让自己属意的燕帖古思即位。

这样一来，妥欢帖木儿的处境比其父亲当年还要险恶了。

但人算不如天算，燕帖木儿可以掌控一切，却毕竟不能掌控天意。妥欢帖木儿来到大都不过几个月，燕帖木儿这座大山竟毫无预兆地突然崩塌了。

史载："燕帖木儿自秉大权以来，挟震主之威，肆意无忌。一宴或宰十三马，取泰定帝后为夫人，前后尚宗室之女四十人，或有交礼三日遽遣归者，而后房充斥不能尽识。一日宴赵世延家，男女列坐，名鸳鸯会。见座隅一妇色甚丽，问曰：'此为谁？'意欲与俱归。左右曰：'此太师家人也。'"

成天忙于朝廷上的勾心斗角，国家大事还要处理，回到家便陷入酒池肉林，这样的生活即使是铁打的汉子也是难以长久的。燕帖木儿终于在迎接妥欢帖木儿数月后，"体羸溺血而薨"，结束了自己的权臣时代——为何他死得如此凑巧，竟被人以为是被妥欢帖木儿吓得沉溺酒色而死，那就只能归功于历史的戏剧性吧。

燕帖木儿一死，妥欢帖木儿即位的障碍也就不复存在了。虽然燕帖木儿家族，他的弟弟撒敦和儿子唐其势仍在朝中掌握大权，但他们并没有如自己的哥哥和父亲那么重视这个注定是傀儡的小孩子，仍然奉他于至顺四年（1333）六月在上都即位，是为元惠宗，改元元统。

除了在位不过一个半月的宁宗懿璘质班，惠宗是元朝有史以来继位时年纪最小的皇帝，而且所面对的朝局也是最险恶的：他身边没有自己的藩邸旧臣，朝中也没有拥护自己的势力，自己登基也没有过硬的合法性，不过是前朝皇后和权臣的权宜之计而已。年仅十三岁的他坐在宝座上接受文武百官的朝贺时，想必惶惑不安，窘迫已极，其即位诏中所言"栗栗危惧，若涉渊冰，罔知攸济"，乃是发自真心，并非谦虚。

而文宗后卜答失里及燕帖木儿家族，还在他身上套上了四层枷锁：

其一，立文宗次子燕帖古思为太子，所谓"万岁之后，其传位于燕帖古思，若武宗、仁宗故事"——在法律上确定了自己过渡者的地位。

其二，"立燕帖木儿女伯牙吾氏为皇后"——自己的枕边人也是权臣的女儿。

其三，在即位诏书中向天下人颁布"八不沙始以妒忌，妄构诬言，疏离骨肉。逆臣等既正其罪，太子遂迁于外"——将自己被流放归罪于已经被害死的嫡母明宗正妻八不沙，而将真正的仇人文宗和燕帖木儿择得干干净净。

其四，"诏太师、右丞相伯颜，太傅、左丞相撒敦，专理国家大事，其余官不得兼领三职"——将朝政完全委托于文宗旧臣伯颜、撒敦，而且杜绝了自己靠封赏、升官笼络其他朝臣之路。

有这四个枷锁，惠宗只能老老实实，不能乱说乱动，当有朝臣向他说"天下事重，宜委宰相决之，庶可责其成功；若躬自听断，则必负恶名"这样过分的话时，他也只能"信之"，并且真的"由是深居宫中，每事无所专焉"。

不过，惠宗虽然年幼，但坎坷的生活已经锻炼他具备远超同龄人的心机。他无时无刻不在计划着，如何报父母及自己的大仇。

因自卑而倒行逆施

——权臣伯颜

历史上不乏傀儡皇帝，皇帝至高无上，权力无限，身为皇帝自然不甘于做傀儡。所以被迫成为傀儡的皇帝们都会想方设法夺回权力，元惠宗妥欢帖木儿也不例外。

深居宫中的元惠宗很快就发现，文宗留下的政治班底并非铁板一块。有人早就对燕帖木儿家族不满，这便是文宗朝仅次于燕帖木儿的另一位大功臣，伯颜。

伯颜是蒙古蔑儿乞氏，其祖父称海在蒙哥汗时代只是个百户长，在合州钓鱼城战死。有了这层战功，其父亲谨只儿成为仁宗母亲的侍卫长，总领隆福宫宿卫。而伯颜也在十五岁时便成为武宗海山的侍卫，跟随海山在西北与窝阔台、察合台两汗国作战，屡立战功，和燕帖木儿一样，属于武宗一系的铁杆心腹。在武、仁、泰定三朝，伯颜都屡任要职，到泰定帝时，任河南行省平章政事，佩虎符，节制江淮诸军。

当两都之战时，伯颜成为地方上支持文宗的最有力人物，将河南建设成文宗朝廷的大后方，囤积了大量兵马、粮草、军械，为文宗一派最终取得胜利立下了汗马功劳。

不过，毕竟扶持文宗登基的谋主是燕帖木儿，两都之战的首功者也是燕帖木儿，伯颜只能居于其次。在文宗朝，虽然也名列"广忠宣义正节振武佐运功臣"，受封浚宁王，追封三世，并先后官拜太尉、太保、中书左丞相等要职，但面对"自秉大权"的燕帖木儿，伯颜只能做个位高而权小，名惠而实虚的朝廷元老。待到文宗去世，伯颜和燕帖木儿一起成为"顾命大臣"，同受遗诏，也只能做个老二，扶立宁宗、惠宗都是燕帖木儿一力主持，伯颜只是个陪衬。

待到燕帖木儿病死，伯颜便成了硕果仅存的顾命大臣，可燕帖木儿在世时所布置的势力仍然树大根深。撒敦虽不如哥哥有权谋，但也是个厉害人物，凭借哥哥留下的根基，仍能维持其家族在朝中的独大地位。伯颜仍然只能屈居老二，这对于"弘毅深沉，明达果断"的伯颜来说，已经不可忍受。

因此，只是稍作暗示，伯颜便义无反顾地登上了惠宗的战车。

人要做事需要天时、人和，伯颜已经倒向惠宗，这是人和已备。在元统三年（1335），惠宗改元至元，随着改元，天时便也到来——撒敦病故。

撒敦是燕帖木儿的弟弟中最有才能的一个，他一死，燕帖木儿家族的掌门便落在燕帖木儿长子唐其势手中，这是一个有勇无谋的楞头青，打仗厉害却胸无城府，比燕帖木儿、撒敦差得太远。惠宗和伯颜的机会终于来了。

至元元年（1335）六月，一场事变突然降临大都。伯颜奉惠宗之命，诛除唐其势及其弟塔剌海、其叔答里等人，将燕帖木儿家族斩尽杀绝。

随着浓重的血腥气逐渐散去，踏着曾经盟友尸体上位的伯颜，隆重地拉开了属于自己的权臣时代的序幕。

燕帖木儿曾经拥有的，伯颜有过之而无不及，燕帖木儿所有的官衔是六十八个字，而他是二百四十六个字：元德上辅，广忠宣义正节振武佐运功臣，太师，开府仪同三司，秦王，答剌罕，中书右丞相，上柱国，录军国重事，监修国史，兼徽政院侍正，昭功万户府都总使，虎符威武阿速卫亲军都指挥使司达鲁花赤，忠翊侍卫亲军都指挥使，奎章阁大学士，领学士院知经筵事、太史院、宣政院事，也可千户、哈比陈千户达鲁花赤，宣忠斡罗斯扈卫亲军都指挥使司达鲁花赤，提调回回、汉人司天监、群牧监、广惠司、内史府、左都威卫使司事，钦察亲军都指挥使司事，宫相都总管府领太禧总礼院，兼都典制神御殿事，中政院事，宣镇侍卫亲军都指挥司达鲁花赤，提调宗人蒙古侍卫亲军都指挥使司事，提调哈剌赤也不干察儿、领隆祥使司事。

所有实权部门的官职，凡是能够体现位极人臣的官衔、称号几乎无所不包，就差"尚父""仲父"之类让皇帝叫爸爸的称号了——这倒不是伯颜谦虚,他其实做得更过分,竟然唆使党羽上奏请赐予自己"薛禅"封号。这是世祖忽必烈的蒙古语谥号,伯颜要是有了这个封号,惠宗等于拿他当自己的太爷爷了。幸亏奎章阁大学士沙剌班进言:"万一屈从所请,关系非轻。"惠宗这才让学士欧阳玄、揭奚斯拟定了"元德上辅"四个字代替,免去自己当臣子重孙子的耻辱。

而燕帖木儿没有的,伯颜也要拥有。燕帖木儿是个无政见的权臣,仅满足于对权力的掌握,而伯颜有自己的一整套施政纲领。

那伯颜的施政纲领是什么呢?只有四个字:倒行逆施。

在诛杀唐其势一党后不到半年,至元元年(1335)十一月,中书平章彻里帖木儿议罢科举,以参知政事许有壬为首的儒臣"廷争甚苦",但因为伯颜的全力支持,终于"不能夺"。科举从仁宗延祐年间时开始,于此中断,天下士子无不扼腕。

至元三年(1337)正月,广州增城县民硃光卿聚众造反。二月,汝宁信阳州的棒胡也造反。四月,又有惠州归善县民聂秀卿、谭景山造反。这几起变乱虽然很快便被镇压下去,但伯颜便以此为借口,奏禁汉人、南人不得执兵器,并拘刷其马匹,甚至禁农家用铁禾叉。

到了五月,伯颜让惠宗下诏"汝宁棒胡,广东硃光卿、聂秀卿等,皆系汉人。汉人有官于省、台、院及翰林、集贤者,可讲求诛捕之法以闻"——因为造反的都是汉人,所以要对政府中的汉人进行大清洗。此举一旦实施将牵扯朝廷根本,难以推行。幸亏许有壬等汉臣巧妙周旋,才让伯颜无从下手。

到了十二月,伯颜将排汉推到极致,"请杀张、王、刘、李、赵五姓汉人",这五姓是汉人中人口最多的,若真要按伯颜的意思,便是要在全国至少屠杀上千万人口,这简直比后世希特勒针对犹太人的种族灭绝都要疯狂,而一旦施行,必定会遭到全国汉人乃至各地汉官的拼死反抗,大元朝也就如同自杀。幸亏惠宗理智——"帝不从"。

元朝立国已近百年,朝廷上下早知道如何治理国家,伯颜自己在河南任平章政事时,也知道兴农安民,"宿奸顽豪尝毒民者,必深治之",怎么掌握国家实权后,行事竟然如此昏悖?

原因说复杂也复杂，说简单也简单——源于自卑。

在历史上总有一种人物，其出身低微，通过自己的努力登上权力或财富的顶峰。进取的时候也算明断有为，而一旦身居高位便将一切美德，如睿智、勇敢、坚韧等抛到九霄云外，只剩下多疑、刚愎和胡作非为。虽有种种客观原因，其根源总是不出自卑二字。

伯颜便是这样的人。

伯颜是蒙古蔑儿乞氏，这个部族曾经和成吉思汗家族有血仇，抢夺过成吉思汗大妃孛儿帖，直接造成成吉思汗长子术赤的血统悬疑，导致父子失和。其部被成吉思汗消灭后，贵族均被处死，其民则被编为奴隶。伯颜的祖父是蒙哥汗的直属奴隶，到了自己这一辈，便是蒙哥汗之子玉龙答失的孙子剡王彻彻秃的奴隶。

蒙古初兴之时，奴隶制是其根本，奴隶完全属于奴隶主，世世代代都为奴隶，难以改变命运。而到成吉思汗时代，这种制度已经有所变化，成吉思汗量才录用，并不计较臣下是奴隶还是贵族，他的开国元勋中，者勒蔑、速不台、木华黎、赤老温等均是奴隶出身。到了元朝建立，奴隶仅仅是名义上的，奴隶出身的朝廷官员，并不影响其建功立业，如世祖朝的大权臣阿合马，其出身也不过就是世祖察必皇后的陪嫁奴隶，但因为有才能，也成为宰相，权倾一时。伯颜虽然名义上是剡王的奴隶，但也不妨碍他成为武宗宿卫，建功疆场，位列封疆。

但是，毕竟出身是奴隶，这对伯颜来说始终是个耻辱。按照国法，"凡家奴称主人曰使长，贵贱不易其称"。伯颜即使位极人臣，风光无限，见到剡王彻彻秃也要尊称使长。这种耻辱让他难以自安："吾位极人臣岂尚有使长！"于是诬陷彻彻秃谋反，要求惠宗将其处死，惠宗知道剡王冤枉，又是自己的血亲，拖着不愿下旨，伯颜竟然矫诏杀死剡王及其子。这个事件虽表现了伯颜作为权臣的跋扈嚣张，但也看出其为了摆脱低微出身的迫切及显露出来的自卑。

同样，伯颜面对汉法和汉人的仇视也源于此，他不可能如燕帖木儿一般只求稳稳当当当个权臣便罢休，希望有自己的创建，以彰显与众不同，出类拔萃。可其智识有限，也拿不出什么新的政策，便只能倒行逆施。看似威风凛凛，实则外厉内荏。

有这样的权臣执掌国政，大元朝的国运可想而知。元代本就灾害频繁，再加上官府豪绅的盘剥，小民百姓生活已经相当困苦，虽然英宗、泰定帝时期施行助役法，缓解民困，但到文宗、惠宗之时已经出现弊端，"其庶人之役于官者，往往闾左之民也，而富人则有田而无役，甚或不以征，岁终保称贷而输之，至破产者无算。次其田虽近于均，而役则不均也"。因此各地民变此起彼伏，伯颜明目张胆地排斥汉人，甚至提出屠杀之议，更使得经济问题上升为民族问题，各种"建元改号"的起义频频爆发，这预示着越来越多的人已经开始无视元朝的合法性了。

身居宫中无所作为的惠宗对于此起彼伏的民变造反虽然知道，但并没有看在眼里，毕竟都是旋起旋灭不伤根本，但伯颜的专权自恣、倒行逆施却是实实在在威胁到了自己的生存。

当初二人联手剪灭燕帖木儿家族，都有自己的目的，伯颜是为了取燕帖木儿而代之，惠宗则是为了让自己的皇位稳固，伯颜的目的是达到了，惠宗所得却是不多，虽然不用再担心自己会被暴毙或被废位，可杀父仇人文宗的儿子还是名正言顺的太子；甚至自己还被伯颜强迫封文宗的皇后为"太皇太后"，直接让她从婶娘升级为祖母。

而伯颜专权以来，先是出台了一系列排汉政策，使得朝野一片混乱。之后矫诏杀害剡王，并褫夺宣让王帖木儿不花、威顺王宽彻普化的爵位——剡王与惠宗关系并不亲密，宣让王、威顺王都是当年协助文宗夺位的功臣，惠宗对他们也并无太多好感，但毕竟剡王是蒙哥汗嫡系血脉，宣让、威顺二王更是世祖直系血脉（镇南王脱欢之子）。他们在毫无罪过的前提下被伯颜无端除掉，且连请旨这个环节都省略了，这是燕帖木儿都没有做过的事。惠宗怎能不感到脊背发凉。

伯颜平日极喜欢摆谱，"自领诸卫精兵，以燕者不花为屏蔽，导从之盛，填溢街衢"，而皇帝"侧仪卫反落落如晨星"。每当散朝，文武百官"皆拥之而退，朝廷为之空矣"，倒把皇帝冷冷清清扔在宝座上。两相比较，更让惠宗郁闷难当。

对惠宗来说，伯颜还是文宗余党，绝非自己可以安心重用的股肱。当初必须除掉燕帖木儿家族，才能保命保位，而现在要成为真正的皇帝，就必须除掉伯颜。

昏君也曾励精图治

——元惠宗的更化改制

除掉伯颜，要比除掉燕帖木儿家族难得多，因为此时朝堂上，没有能与伯颜家族势均力敌的。

自从燕帖木儿家族覆灭以来，惠宗也在着力培植自己的势力。可是，伯颜对于惠宗虽然不如燕帖木儿般忌惮，看管也是很严，"帝之左右前后皆伯颜所树亲党"，努力多年，能称为心腹的只有世杰班、阿鲁两人而已。

不过，惠宗的运气非常好，就在他苦于无人可用之时，一个深有韬略、文武双全且又深得伯颜信任并掌握兵权的年轻人主动投靠到他的麾下。

这个人便是伯颜的侄儿，时任御史大夫并兼管左阿速卫兵权的脱脱。

脱脱字大用，是伯颜弟弟马札儿台之子，"生而岐嶷，异于常儿"，幼年就学于大儒吴直方，深通儒学，"日记古人嘉言善行服之终身"。他不但学问很好，且"膂力过人，能挽弓一石"。

伯颜消灭燕帖木儿家族后，也着力培养自己家族的势力，让弟弟马札儿台拜太保，分枢密院；侄子脱脱任御史大夫，太禧宗禋院使，拜御史中丞、虎符亲军都指挥使，提调左阿速卫并充任惠宗的怯薛。

脱脱自幼受伯颜抚养，恩同父子，自然备受信任。伯颜将他安排在惠宗身边是想让他监视惠宗的一举一动。岂料，脱脱与伯父不同，他自幼学习儒学，以忠君爱国为立身之本，坚决反对伯父的政策，而且深知"伯父骄纵已甚，万一天子震怒，则吾族赤矣"的利害,一直有着"曷若于未败图之"的打算。他将自己的想法告诉父亲,马札儿台虽然"复怀疑久未决",不敢支持儿子,但其人恭谨仁慈,在陕西任行台治书侍御史时,遇到关陕饥荒,能够"尽出私财以周贫民",自然也看不惯哥哥的残民以逞,对儿子的话"以为然",对其图谋睁一眼闭一眼。

伯颜不明白,在政坛混,不是光有血缘关系就能成为死党,还需要有共同的奋斗目标。燕帖木儿就是为了把持权力,其兄弟子侄都为了这一目标而奋斗,能够紧密团结在其周围。只要燕帖木儿不死,其家族内部固若金汤。伯颜最亲的弟弟和侄子却是自己的"不同政见者",岂能长久?未待政敌动手,堡垒已经从内部崩坏了。

很快,伯颜的末日便到来了。

至元六年(1340)二月,伯颜邀请惠宗去柳林打猎,惠宗托疾不去。待到伯颜离京,脱脱等人立即控制了京师。之后,惠宗下诏,将伯颜贬为河南行省左丞相,之后又流放南恩州阳春县(今属广东)。伯颜惊怒交加,病死于途中。

伯颜倒台,惠宗终于拿回了皇权,成为大元朝真正的主宰者。压在他心头的仇恨终于可以宣泄了。

伯颜死去三个月后,至元六年六月,惠宗正式下诏将文宗牌位迁出宗庙,废除其庙号,将文宗皇后卜答失里褫夺"太皇太后"之号,流放东安州。燕帖古思也被废除太子名位,流放高丽,并在途中被杀。

复仇完毕,惠宗便要开始自己的亲政生涯了。因为他是元朝的末代皇帝,所以有着昏庸无道的标签,不过,在执政初期,他曾经是励精图治的。

至元六年十一月,惠宗任命脱脱为中书右丞相,总领朝廷政务。

此时惠宗二十岁,脱脱二十七岁,继英宗、拜住这对少年君相之后,又一对血气方刚的年轻人掌握了帝国的命脉,而颇有中兴气象的"旧政更化"也随之展开。

士为四民之首,惠宗和脱脱这对重儒君臣自然先要收取天下士子之心。脱脱为相仅一个月,至元六年十二月,惠宗恢复科举。从此,科举即使在天下大乱之时仍然坚持举行,惠宗对其的认真超越了所有的前朝皇帝,有元一代共举行了十六次廷试,其中有十次是在惠宗时举行;元朝总计录取进士一千一百三十九人,而惠宗时代就录取了七百人。惠宗将国子学与科举考试相联系,对国子学积分及格生员参加廷试录取者优先照顾，从国子学积分合格生员中先后共录取正副榜二百八十四人，更是元代绝无仅有。这无疑让伯颜废除科举后，日渐散落的天下士子之心极大程度地回到了朝廷。

士最贵，农最苦，而国家的根本又在农民。天灾、战乱、贪官盘剥早已让天下农民苦不堪言，伯颜专政时又下令汉人、南人不得有寸铁，禁百姓畜马，全国农业更是遭受重创，各地民变此起彼伏。惠宗与脱脱下令罢去禁铁器、马匹之令，并时常减免赋税、负逋，让农民休养生息。针对"助役法"败坏，造成赋役不均的问题，惠宗和脱脱还在部分地区推行"核田定役"，也就是核实田产，分配徭役，避免富人将徭役转嫁于贫民。

同时，为了应付接连不断的天灾，惠宗还恢复了常平仓制度，并仿照历代旧制，施行义仓制度。但常平仓毕竟纯属政府行为，天灾频繁，还是难以招架。惠宗又广泛推行义仓，官督而绅办，征募富人粮食设义仓备灾。

仓储制度采取的是以有余补不足的方法，若有余不多，补不足就自然无从谈起。在设立常平仓和义仓的同时，惠宗和脱脱还着力于农业技术的改进。至正二年（1342）二月，惠宗下诏在全国颁布《农桑辑要》，这是由元初名臣孟祺在世祖时代编著的农书，后又由畅师文、苗好谦修订，内容引自《齐民要术》《士农必用》《务本新书》《四时纂要》《韩氏直说》等书，取其精华，弃其糟粕，分为典训、耕垦、播种、栽桑、养蚕、瓜菜、果实、竹木、药草、孳畜十门，是中国古代农书的集大成者。惠宗将此书颁布天下，作为全国农业的指导，使一些地区取得了相当的成果，如东北地区农业发展迅速，不但不再需要中央补助，还开始向朝廷输粮，开创了东北粮食南下的历史。河南的水稻种植也大有进步，朝廷专门设立水庸田使司，专管其事，解决地方的粮食问题。

在安排前朝政事的同时，惠宗也开始注重文化建设。更化开始后，惠宗便将奎章阁改为宣文阁，由大书法家巙巙主管阁事，专门负责宫廷经筵、修撰史书、翻译古籍等事。为了彰显自己以文治国，惠宗正式开经筵，遴选儒臣欧阳玄、李好文、黄溍、许有壬四人为自己五月一进讲，讲读四书五经。与此同时，他还进一步加封衍圣公孔子后裔升秩二品，下诏译《贞观政要》为蒙文，让蒙古贵族子弟认真阅读。

文宗设立奎章阁编修《经世大典》，惠宗有了宣文阁自然也想有所创建。于是，撰修辽、金、宋三史便被提上了议事日程。

三史的修撰，从世祖朝便被提起，仁宗、英宗和文宗在位时也都想把这件事情办成，但三个朝代属于并立，金、宋又是亡于元，该如何叙述三个朝代的正统，是个很麻烦的问题。因此，迁延岁月，难以开局，一直拖了下来。

此次撰修三史，脱脱被钦点为三史都总裁官，他深知皇帝编书心切，干脆一锤定音："三国各与正统，各系其年号。"然后立即着手选派史官开始修撰工程，召集汉、蒙、畏兀儿、哈剌鲁、唐兀、钦察等族的史学家参与其事，开创了各族史家合作修史的先例。从至正三年（1343）开始，到至正五年（1345）十月，一百一十六卷的《辽史》、一百三十五卷的《金史》、四百九十六卷的《宋史》相继修成。

如此短的时间修成三部史书，问题是难免的，如《宋史》卷帙浩繁为最，在史料的裁剪、编次、修饰、检校，以及文字的修饰、全书体例等方面相当粗糙。《辽史》因为隔了代，资料缺乏，更是错漏甚多，以至后世史家有"在历代正史中最为下乘"之论。相对而言，《金史》是三史中编得最好的，"首尾完密，条例整齐，约而不疏，赡而不芜，在三史之中，独为最善"，但因为编纂者大都为金朝遗民后裔，偏袒之心很重，隐恶扬善，有不少作假、矛盾之处。

不过，若不是三史修成，保留了珍贵的历史资料，经过元末大乱，后人更难修成信史，三个曾经辉煌耀目的朝代怕是要隐藏于烟幕之中。因此，三史问题再多，也是瑕不掩瑜的。

从至元六年（1340）到至正四年（1344），近四年的时间中，惠宗在脱脱的辅助之下，尽了极大的努力想将帝国从日趋崩坏的下坡路上拉回来，而他们的作为比之前代的无所作为（文宗）和胡作非为（伯颜）也显得务实、积极、富有责任感。

时人赞颂朝廷更化是"至正宾兴郡国贤，威仪重见甲寅前"，脱脱被"中外翕然称为贤相"。

既然干得好，那就应该继续干下去，真正实现中兴。

可很多事情总是事与愿违。

"开河变钞祸根源"

——元末大乱开始

至正四年（1344）五月，"更化"只是开了个头，新政的效果还没有显现，大元朝仍处在阴霾之中，中兴的阳光还没能普照大地。而在此时，中书右丞相脱脱却以"时有疾渐羸"为借口请辞相位。

脱脱的请辞并非自愿，而是惠宗逼迫的结果。

一个从小备受压抑，成为皇帝后又先后有两大权臣集团挟持，在黑暗中隐忍了十几年的年轻人，一旦掌握了帝国的最高权力，除了励精图治成为一代圣君的渴望，还有什么想法？

那便是对于权力的极端迷恋，以及对于侵夺自己权力行为的极端敏感。

脱脱虽然吸取伯父的教训，不擅权自专，一旦成了宰相，再怎么小心，也会出现"威权震海内""虽不弄权，而权自盛"的情况。这足以让惠宗感到威胁。

于是，脱脱不可避免地被"温柔"地排挤出了朝堂。

脱脱辞相后，惠宗先后任命三任宰辅，都是利用平衡牵扯之术，让左、右丞相互相掣肘而无所作为，相权处于衰弱中，大小事务都由皇帝亲自主持。

没有了宰相，惠宗也认为自己可以治理天下。从至正四年到至正九年的这五年中，他施政的重点，主要放在"修律例""定荐举守令法""遣奉使巡行天下""举逸隐士，沙汰僧尼"四件大事上。

所谓"修律例"，是修订法典，编纂了《至正条格》，这是元朝颁布的第三部也是最后一部法律，对《大元通制》进行了有益的补充，尤其对蒙古、色目人法外特权都进行了很大程度的限制；定荐举守令法，是对任命官员进行严格的考核；"遣奉使巡行天下"，则是派遣官员对全国进行巡查监督，"询民疾苦，疏涤冤滞，蠲除烦苛"；沙汰僧尼，则是限制寺庙占据过多人口土地。

惠宗做得很努力，可说事必躬亲。例如，凡选某人为官，他都亲自过问，让吏部出具履历，还要让其"皆陛辞听旨"，进行面试。每见一位官员，惠宗都要教导一番："汝守令之职，如牧羊然。饥也，与之草；渴也，与之水。饥渴劳逸，无失其时，则羊蕃息矣。汝为我牧此民，无使之失所，而有饥渴之患，则为良牧守矣。"

帝国如此广大，官员多如牛毛，这样的一一考察接见，工作量之大可以想见，惠宗的"励精图治之意"，在此时确实是货真价实。

那么，惠宗的励精图治，效果如何？五年的努力，能否使一路下滑的国势有所扭转？

答案是令人沮丧的。

脱脱刚刚罢相，至正四年（1344）五月，北方便遭遇了罕见的大洪水，大雨下了二十余日，使得黄河暴溢，白茅堤（今河南兰考东北）、金堤全部绝口，平底水深竟达二丈。北方各地州县陷入一片泽国，百姓破家殒命者不计其数。

到至正八年（1348）正月，河水又决，先是淹没济宁路，继而北侵安山（今山东东平西），汇入运河，延袤济南、河间。这不但使得连接南北的大运河有中断之虞，且河间、山东两盐运司所属几十个盐场也有被淹没的危险。

运河是大都赖以获得粮食和生活用品的主要通道，而盐税是政府的重要收入来源。滔天洪水不仅荼毒了一般百姓，即使是京城中的达官显贵也无法安生了。

天灾之下，人祸又起。水患造成了大量的饥民和游民，他们得不到官府的有力赈济，为了生存，不得不铤而走险。河南、山东等河泛区"沿河盗起，剽掠无忌，有司莫能禁"。从至正四年（1344）七月开始到至正十年（1350），山东、福建、湖南、浙江、辽东、山西、江西各地均爆发了游民起义，数量达到数百起之多。

面对巨大的失败，已经手足无措的惠宗终于放弃了自行其是，至正九年

（1349）闰七月，召回脱脱重任中书右丞相，总领国事。

再登相位的脱脱此时必须把更化、改革放在一边，集中精力做好三件大事：变钞、治河和镇压各地民变。

所谓变钞，便是变更钞法。元朝的主要流通货币是纸币，从至元后期以来，纸币发行猛增，不断贬值，以后历代大量印钞，到至正年间形成了巨大的压力，再加上伪钞横行，钞法已经败坏不堪。

至正十年（1350）四月，左司都事武琪建议变钞，吏部尚书偰哲笃支持变钞，并提出了以纸币一贯文省权铜钱一千文为母，而钱为子的方案。脱脱会集中书省、枢密院、御史台及集贤、翰林两院官，进一步商议。会上进行了激烈的争论，集贤大学士兼国子祭酒吕思诚反对最坚决，但遭到了压制。脱脱终于下决心实行变钞，上奏惠宗批准了中书省的变钞方案。

变钞的具体办法一是印造"至正交钞"（实际上是用旧的中统交钞加盖"至正交钞"字样，故又称"至正中统交钞"），新钞一贯合铜钱一千文，或至元宝钞二贯，而至正交钞的价值比至元宝钞提高了一倍，两钞并行通用。二是发行"至正通宝钱"，与历代旧币通行，使钱钞通行。

至正十一年新钞与通宝同时发行，结果很快就出现了通货膨胀。"行之未久，物价腾踊，价逾十倍"，"京师料钞十锭（每锭五十贯），易斗粟不可得"，老百姓对交钞舍弃不用，回到以物易物的原始状态，交钞成为购买力极低的废纸。原本已经衰糜的经济更是到了崩溃的边缘。

脱脱在变钞的同时，还要治河。

治河是技术活，脱脱不能躬亲，必须选择能员。他选择了一向有治河之能的贾鲁。

贾鲁，字友恒，河东高平（今属山西）人。在仁宗恢复科举之后，在仁宗朝、英宗朝两次"以明经领乡贡"，也就是中了举人，之后历任东平路儒学教授、潞城县尹、户部主事、中书省检校、检察御史、山北廉访副史、工部郎中等职。贾鲁深知黄河泛滥之害，多次主持治理黄河，并多有佳绩。

贾鲁经过实地考察，提出治河二策："其一，议修筑北堤，以制横溃，则用工省；其二，议疏塞并举，挽河东行，使复故道，其功数倍。"也就是说第一种方法是筑堤，用工节省，也不用征调大批民工，但是治标不治本。第二种方法是用疏导的方法改变河水流向，这要花费大量钱财人力，但可以数十年间不再有水患。当时惠宗已经被诸多祸事搞得焦头烂额，没有立即采纳他的建议。

脱脱复相后，专门召开治河讨论会，贾鲁以都漕运使身份再次提出自己的治河主张，并进一步强调，应该采取第二种方法："必疏南河，塞北河，修复故道。役不大兴，害不能已。"脱脱当机立断，决定立即执行。但工部尚书成遵等人持反对意见，认为："济宁、曹、郓，连岁饥馑，民不聊生，若聚二十万人于此地，恐后日之忧又有重于河患者！"

成遵是文宗朝进士，字谊叔，南阳穰县人。早年在国子学读书时，便被大儒虞集认为是有公辅器的人才。他曾任监察御史，又曾以刑部员外郎的官职外放。他深知元朝大乱将至，在这样天灾连年饥民遍地的时候进行这样的大工程，且不说钱粮花费巨大难以筹措，就是大量民工聚集，也会给别有用心者以可乘之机。

脱脱没有听从成遵等人的意见，他自然知道大规模治河会有风险，但治河若是成功，便可有效遏制饥民、流民等问题，而且他也有自信，真出了问题，他也能够处置。

于是至正十一年（1351）四月初四日，惠宗正式批准治河，下诏中外，命贾鲁为工部尚书、总治河防使，发汴梁、大名十三路民夫十五万人，庐州（今安徽合肥）等地戍军十八翼两万人供役。

贾鲁充分发挥了水利专家的专长。四月二十二日开工，七月完成疏凿工程，八月二十九日放水入故道，九月舟楫通行，并开始堵口工程。十一月十一日，木土工毕，诸埽堵堤建成。整个工期不过一百九十天，贾鲁便完成了自己疏塞并举、先疏后塞的方案，成功地完成了治河工程。

贾鲁治河，工期短，效果好，为害七年之久的河患被消除。黄泛区百姓的困苦得到了一定程度的解决，运河基本上可以顺利航行，洪水对于山东、河北沿海盐场的威胁也基本得到消弥。而且，这次工程的质量也很高，直到明清，当地百姓还把贾鲁所开河道称为"铜邦铁底"。贾鲁因此被擢升荣禄大夫、集贤大学士，后世更评价他"古之善言河者，莫如汉之贾让，元之贾鲁"。

然而，治河花费甚巨，据统计，所用木桩大约两万七千根，榆柳杂梢六十六万六千根，蒲苇杂草七百三十三万五千余束，竹竿六十二万五千根，碎石两千船，绳索五万七千根，所沉大船一百二十七艘，其余苇席、竹蔑、铁线、铁锚、大针等等物资不计其数，总计用去中统钞一百八十四万五千六百三十锭。

这几乎耗尽了元朝原本就不够充盈的国库。尤其在治河成功的同时，当初反对派的预言也实现了。就在贾鲁治河之时，白莲教教主韩山童等抓住时机，凿好独眼石人一个，预先埋于黄陵岗，散布民谣："石人一只眼，挑动黄河天下反。"五月初，韩山童与刘福通等在颍州颍上（今属安徽）发动起义，元末农民战争爆发。

后世有史家认为元朝之灭亡原因便在于贾鲁治河。然而，元朝最后的灭亡是多种原因造成的，岂能归咎于治河。贾鲁治河功在当世，利在千秋，不该因王朝的灭亡而苛责。就如隋炀帝开凿大运河，也是导致隋朝灭亡的重要原因之一，但"尽道隋亡为此河，至今千里赖通波"。这是"为后世开万世之利，可谓不仁而有功矣"！

不仁尚且有功，何况贾鲁秉承的本就是救生民于水火的仁心。

变钞、治河无论功过都完成了，但民变也演变成了弥漫全国的大起义。

至正十一年（1351），白莲教教主韩山童发动起义，虽然起义刚一发动，韩山童便被捕身死，但其部下刘福通统领其部，多至十余万。之后，彭莹玉起兵于淮西；芝麻李占领徐州；邹普胜、徐寿辉起兵于蕲州（今湖北蕲春南），取"压倒大元"之意，建立天完政权；王权、张椿等攻占邓州、南阳，称"北琐红军"；孟海马等攻占襄阳（今湖北襄阳），称"南琐红军"；定远人郭子兴等攻占濠州（今安徽凤阳东北）。

脱脱要做的三件大事，到最后，所有的事情都不得不归于军事——对各地起义军的镇压。

魂断高邮

——脱脱之死

脱脱重新主政之后，治河的成功使得灾变的损失不会再扩大，而对各地义军的征讨，也在脱脱的主持下有了次第平息的希望。

至正十二年（1352）五月，元军攻陷襄阳，南琐红军被镇压；至正十二年九月，脱脱亲自率军攻陷徐州，杀芝麻李；至正十三年（1353）十一月，江西行省右丞火你赤攻占瑞州，杀彭莹玉等；至正十三年十二月，元军合攻天完政权，攻占蕲州，擒杀天完官员四百余人，随后夺取武昌、汉阳，徐寿辉"遁去"；至正十四年（1354）正月，元军攻陷峡州，北琐红军被镇压，与此同时，濠州郭子兴与部将不和，所部分裂，势力大衰。

如果惠宗能够趁此机会重新振作，未尝不能将失败扭转，可这个时候的他，已经被种瓜得豆的残酷现实击倒，完全放弃了自己的理想，也放弃了一个皇帝的责任。他躲进深宫，开始了"怠于政事，荒于游宴"的奢靡生活。

他的身边不再有饱学之士、社稷之臣，而是一群宵小谄媚之徒，每日只知鼓动他与西域番僧学习"房中运气之术"，以至于"丑声秽行，著闻于外"。

聪明睿智的惠宗也不再致力于国计民生，而是投入"科学研究"——制造龙船、宫漏、五云车等玩具，"其精巧绝出，人谓前代所罕有"。

惠宗彻底沉沦了，但因为有脱脱主持大局，元朝还不至于迅速分崩离析。可是，惠宗的太子爱猷识理达腊也是一个从小系统接受儒家教育的人，对于父亲不顾朝政、只追求自身享乐的做派极看不惯。他挺身而出，联络多名重臣，组成"太子党"，开始谋划逼惠宗退位。惠宗历经坎坷才成为皇帝，对于权位看得比什么都重，也不可能拱手让位，忠于他的大臣组成"帝党"，专与"太子党"为难。

国家多难，朝堂之上却父子失和，局面终于不可收拾。

正当各地红巾军暂时失败之时，泰州白驹场（今属江苏东台）盐贩张士诚于至正十三年（1353）初起兵，攻破泰州、高邮。至正十四年（1354）正月，张士诚据高邮，自称诚王，国号大周，改元天佑。六月，张士诚破扬州，南北运河再次梗塞。

之前的各地起义军，除了天完政权外，无人称王称帝。如今天完政权垮台，张士诚却称王改元，这是公开与元廷分庭抗礼。于是，惠宗于九月下诏，命脱脱亲自带兵征讨。

脱脱深知，此时虽然各地义军陷入低潮，但"红巾万千"的局面并没有彻底好转。长江南北，黄河两岸，仍有诸多乱世豪杰各据一方，数十万义军仍在"杀守令，据城邑"，"荡焚城郭，杀戮士夫"。如今讨伐张士诚，不但必须成功，而且要展现出大元威势，以一战定乾坤，让所有义军噤若寒蝉。

于是，脱脱几乎将元朝可用之兵征调一空，不但诸王、诸省各翼军马齐备，而且连西域、西藩诸兵也抽调集结，声势极为浩大，史称："旌旗累千里，金鼓震野，出师之盛，未有过之者。"

脱脱镇压各地义军，屡战屡胜，这次更是以泰山压顶之势出兵，可谓胜券在握。

不过，自古以来，史书中凡是出现"出兵之盛，未有过者"之类的话，紧接着便会是一场惨败。例如，王莽时期的昆阳之战，王莽讨伐刘秀的大军史称"旌旗辎重，千里不绝……自秦汉出师之盛，未尝有也"，结果却是王莽主力丧失殆尽，新朝政权元气丧尽。隋炀帝征伐高句丽，其大军也被称为"近古出师之盛，未之有也"，结果却是惨败而回，隋朝江山彻底动摇。

脱脱这次可以例外吗？

十一月，元军抵高邮，双方战于高邮城外。张士诚自然不是脱脱的对手，所部大败，退入高邮城中不出。元军分兵破六合、盐城、兴化等地，张士诚仅剩一座孤城。

元军将高邮围得水泄不通，张士诚内无粮草外无救兵，眼看便要覆灭。

而就在此时，一纸诏书被送进了脱脱的军营。

战局关键时下发的诏书，让脱脱和他的麾下将领都明白，这道诏书一定不是好事。参议龚伯遂向脱脱进谏道："将在军，君命有所不受。且丞相出师时，尝被密旨，今奉密旨一意进讨可也。诏书且勿开，开则大事去矣。"脱脱曰："天子诏我而我不从，是与天下抗也，君臣之义何在？"于是奉诏如故。

诏书果然是催命符，朝廷下令免除脱脱一切职务，命其交出兵权并流放淮安。得知自己已经失势，脱脱拿出自己的兵甲和名马赠送诸将，安排好善后事宜，然后由敕使押送，先被安置到淮安，后被安置到亦集乃路，最后被流放到云南大理宣慰司镇西路。

脱脱被流放，元军大乱。大将哈剌答痛心疾首道："丞相此行，我辈必死于他人之手，今日宁死丞相前。"言毕，拔刀刎颈而死。其他兵卒也是人心瓦解，"大军百万，一时四散"，而且大量兵卒干脆投奔了义军，义军补充了大量生力军，实力迅速膨胀。张士诚趁机发动反攻，元军大败。

高邮之战，是元末农民大起义的转折点，经此一役，元朝政府的权威丧失殆尽，可直接受朝廷控制的军队也所剩无几，只能依靠地方军阀和地主武装与起义军交战，元朝陷入起义者和镇压起义军的军阀割据交替相攻的局面，再无回天之力。

那么，是什么原因导致这样的惨剧呢？

脱脱被贬，是朝廷中的帝党与太子党相争白热化的结果。

太子爱猷识理达腊想逼迫惠宗让位，需要获得当朝宰相，也就是脱脱的支持。而脱脱与太子原本交情很好，太子幼年在脱脱府中生活过六年，脱脱对其百般呵护，"每有疾饮药，必尝之而进"，一次在出游途中"遇烈风暴雨，山水大至，车马人畜皆漂溺"，脱脱不顾自身安危"抱皇太子单骑登山"，救下太子一命。太子原本以为脱脱必然会站在自己一边，可脱脱认为，爱猷识理达腊虽然是长子，但其母奇氏皇后是第二皇后，且是高丽人，在讲究血统的蒙古皇族中是个短处。而惠宗的第一皇后伯颜忽都皇后出身世代与皇族通婚的弘吉剌部，根正苗红，是名正言顺的国母。虽然她的儿子是次子，却是嫡出，若是立爱猷识理达腊为太子，在礼法上说不过去。

脱脱这样的迟疑，不但没能阻止爱猷识理达腊的册封，反而将自己与新太子的往日情分一笔勾销，当他再次复出为相，全力对付漫山遍野的红巾军的时候，爱猷识理达腊的暗箭已经向他射来。

当脱脱誓师出征之时，一个叫哈麻的人开始了对他的诬陷打击。

这哈麻原本是脱脱的鼎力支持者，脱脱复相，其出力甚多。然而脱脱复相后，对于他并不重用，仅仅给予宣政院使的官职，议决大事的时候，也不与他商讨。哈麻从此深恨脱脱，趁着脱脱将兵在外之机，他终于获得了平章政事的高位，成为宰相之一，于是唆使监察御史袁赛因不花等人上奏，言："脱脱出师三月，略无寸功，倾国家之财以为己用，半朝廷之官以为自随。又其弟也先帖木儿庸材鄙器，玷污清台，纲纪之政不修，贪淫之习益著。"

无论在正史《元史》还是野史的《庚申外史》中，都将这次诬陷脱脱的事归罪于哈麻。不过，脱脱出师前，哈麻仅仅是宣政院使，并不能对重大朝政指手画脚，而弹劾当朝丞相，区区几个御史的奏章如何能够直接递送到已经懒于理政的惠宗面前？

是谁让哈麻在脱脱走后立即成了平章政事，进入政府的核心决策层？又是谁将弹劾脱脱的奏章送到惠宗面前？惠宗原本深信脱脱，但奏章连续送上，终于让他起了疑心，下诏贬黜脱脱。这再三递送奏章促使惠宗下决心的人，又是谁？

没有别人，只能是皇太子爱猷识理达腊。至正十四年（1354）十一月，惠宗下诏："中书省、枢密院、御史台，凡奏事先启皇太子。"只有他能有这通天的本事，将这一切布置得妥妥当当。

父子相争，却导致朝廷栋梁的崩塌，也使得朝廷大军崩溃。脱脱被流放后，哈麻仍不放过他，矫旨遣使鸩死脱脱于云南贬所，脱脱死时年仅四十二岁。

脱脱是元朝后期少见的有见识、有能力的宰相。《元史》本传称他："功施社稷而不伐，位极人臣而不骄，轻货财，远声色，好贤礼士，皆出于天性。至于事君之际，始终不失臣节，虽古之有道之臣，何以过之。"日后朝臣总结国家败亡原因，便认为脱脱之死，使得"我国家兵机不振从此始，钱粮之耗从此始，盗贼纵横从此始，生民之涂炭从此始。设使脱脱不死，安得天下有今日之乱哉"！

然而，当脱脱在悲愤之中饮下毒酒之时，惠宗父子的内讧却愈演愈烈，大元皇朝也在这内讧之中，房倒屋塌，油尽灯枯。

末世大清洗

——元廷的父子内讧

爱猷识理达腊并非是一个败家唯恐不及的破落户，他铲除脱脱，无非是为给自己最终夺取皇位铺平道路，但铲除脱脱的代价如此惨重，还是让他始料不及。既然做了，便要做到底，否则，那些代价岂不白白付出了吗？

于是，在脱脱被贬死后，他再次利用哈麻策划对父亲的夺权行动。

至正十五年（1355）二月，哈麻决定联络朝臣，请惠宗退位："上日趋于昏暗，何以治天下。今皇太子年长，聪明过人，不若立以为帝，而奉上为太上皇。"岂料，尚未有所行动，便有人密告惠宗。惠宗又惊又怒："朕头未白，齿未落，遽谓我为老耶！"于是将哈麻和其弟罢官放逐。

有了这番教训，太子发现朝中忠于父亲的大臣还大有人在，自己要想达到目的，必须进一步在朝堂之上进行清洗。

他的下一个目标，便是时任中书左丞相的太平。

太平是元朝开国元勋贺仁杰的后裔，原名贺惟一。泰定帝时赐他以蒙古姓氏，故名太平。太平其人"资性开朗正大，虽在弱龄，俨然如老成人"，受业于大儒赵孟頫和吕弼。

至正十七（1357）年，太平被任命为中书左丞相。次年，已经在汴梁建立政权的红巾军兵分三路北伐元朝，其中东路军由山东"渐逼京都"，元朝"中外大骇，廷议迁都以避之，和者如出一口"。

在这危急时刻，太平十分沉着，"力争以为不可，起同知枢密院事刘哈剌不花于彰德，引兵击之，大败贼众，京城遂安"——对于元朝有类似日后明朝于谦的贡献。继脱脱之后，太平是另一个被称为"贤相"的人。

然而，这位贤相与脱脱一样，也成了太子爱猷识理达腊前进路上的绊脚石。太子此时已经有中书右丞相搠思监、资政使朴不花作为党羽，大踏步向着逼父禅位的目标前进。搠思监是首席宰相，朴不花则是内廷总管，如果再得到左丞相的支持，惠宗很难反抗。但是太平是个忠直之臣，对于这种行为坚决反对。朴不花向他授意，他"不答"。奇氏皇后亲自召他入宫，置酒宴款待，"举酒申前意"，他也只是"依违而已"。

于是，太子一党开始针对太平，以莫须有的罪名杀害了中书左丞成遵、参政赵中、参议萧庸等六名支持太平的大臣。太平见同僚遇害，"知势有不可留，数以疾辞位"。

太平以为辞官不做可以换来太平，可树欲静而风不止，朝中还有很多大臣上书让他为相。太子见太平如此得人心，便"欲置之死地"。终于，在至正二十三年（1363），右丞相搠思监"徇皇太子旨，构成大狱"，对"太平余党"，其实是忠于惠宗的朝臣再次进行了一场大清洗，诬陷惠宗的母舅老的沙、同知枢密院事秃坚帖木儿、太平之子也先忽都、同知太常院事脱欢，以及蛮子、按难达识理、沙加识理等大臣图谋不轨，全部逮捕下狱。除了老的沙、秃坚帖木儿逃走之外，其余众人无一幸免，"皆贬死"。

如此情形下，太平终究不能保得一命，被"安置土蕃，寻遣使者逼令自裁"，享年六十三岁。

从脱脱到太平，九年时间中，太子发起了一次又一次清洗运动，一大批股肱之臣蒙冤惨死，更是直接造成了政府军的大崩溃，使本来已经千疮百孔的元朝更加混乱衰败。一些正直的大臣，以监察御史傅公让、治书侍御史陈祖仁为首纷纷上书指责太子让"君父徒拥虚器"导致天下苍生困于水火的恶行，结果也都被贬出大都。

相对于太子一党的肆无忌惮，作为帝国最高首脑的惠宗虽任由众多忠臣含冤蒙难，对保住皇位却另有办法——获得军事集团首脑的支持。

高邮大败之后，朝廷直属军队所剩无几，但有察罕帖木儿、答失八都鲁等地方武装趁势崛起，成为朝廷主要依靠的军事力量。察罕帖木儿军团是以沈丘、罗山等地的地方民军为主干发展起来的，察罕帖木儿及其义子扩廓贴木儿都是当世名将，屡败红巾军，有攻克红巾军天完政权首都汴梁的大功。答失八都鲁军团则是以四川的政府军及襄阳等地的豪族武装为主干组成，答失八都鲁及其子孛罗帖木儿也都是难得的悍将，有攻克襄阳，消灭北琐红巾军的功劳。

以惠宗看来，察罕帖木儿出身北庭（今新疆吉木萨尔），是色目人，而孛罗帖木儿出身蒙古散只兀氏，两人虽都是自己依靠的将领，还是孛罗帖木儿关系更近，更值得信任。于是惠宗在两者之间往往偏向孛罗帖木儿，将之引为自己的外援，太子兴起诛杀"太平余党"的大狱时，老的沙、秃坚帖木儿二人便逃出大都，到孛罗帖木儿军中避难。

正是有孛罗帖木儿的支持，太子一派虽然把朝中忠于惠宗的大臣杀罢一空，却仍然迈不出最后一步，把惠宗拱下皇位。

为了达到目的，太子也开始拉拢另一个军事集团的首脑察罕帖木儿，与之"亲与定约，遂不复疑"。

两大军事集团分属父子二人麾下，朝堂上的党争演变为军事对抗也就难以避免。

至正二十一年（1361）孛罗帖木儿曾被扩廓帖木儿打败，折了手下大将乌马儿、殷兴祖，实力大损。太子看到机会，于至正二十四年（1364）言孛罗帖木儿"握兵跋扈"，有不轨行为，逼着惠宗下诏削掉孛罗帖木儿的官职、兵权。

岂料，孛罗帖木儿虽然实力下降，但仍是统兵十余万的豪强，而他也知道，一旦交出兵权，便是交出了身家性命，怎能如太子所愿。孛罗帖木儿见到圣旨，干脆破釜沉舟，以"诏令调遣之事非出帝意"为借口，命秃坚帖木儿为先锋，率大军攻向居庸关，兵锋直指大都。

见孛罗帖木儿动兵，太子连忙派大都驻军抵挡，可大都的宿卫怯薛军早已不是世祖忽必烈世代的精锐之师，成了吃空饷严重、徒有其表的弱旅，碰上孛罗帖木儿与农民军真刀真枪打出来的野战军，顿时一触即溃。孛罗帖木儿的大军顺利攻破居庸关，在清河扎下营寨，兵临大都城下。

事到如今，无法可想，太子爱猷识理达腊只能率少量侍卫连夜从光熙门逃出大都，东走古北口。

在深宫中沉溺酒色的惠宗听说孛罗帖木儿竟然率兵攻打大都，太子逃走，也是大惊失色。孛罗帖木儿虽然领兵犯阙，但打的旗号是"辩诬"，并非谋逆，见太子已经逃走，便提出要恢复官职，并让朝廷杀掉搠思监、朴不花，自己就会撤兵。惠宗命人将搠思监、朴不花绑送孛罗帖木儿军营处死，并加封孛罗帖木儿为太保、中书平章，兼知枢密院事，守御大同。

几天后，躲避在外的太子被惠宗召回大都。

经历这样的屈辱，心高气傲的太子如何能够罢休，回京不久，他便传召扩廓帖木儿率兵攻打孛罗帖木儿。

扩廓帖木儿本就和孛罗帖木儿有仇，见太子命令，自然不会怠慢，至正二十四年（1364）七月乃命麾下大将白琐住领兵三万守御京师，以貊高、竹贞为中道领兵四万，以关保为西道领兵五万，合击孛罗帖木儿于大同，自己则至太原，调督诸军。

孛罗帖木儿知道，自己现在和扩廓帖木儿硬碰硬不会有好果子吃，要想占得先机，只能挟天子以令诸侯。于是他留部分军队驻守大同，自己与秃坚帖木儿、老的沙率主力以"清君侧"名义再次攻向大都。

虽有扩廓帖木儿的军队保卫，但在孛罗帖木儿主力的攻击下，守卫大都的部队再次溃散，太子见势不妙，再次出走，逃亡太原。

孛罗帖木儿第一次兵临大都，只是想恢复官职，铲除朝中与自己作对的大臣，这一次则不再客气，直接进城，逼迫惠宗封自己为开府仪同三司、上柱国、录军国重事、太保、中书右丞相，节制天下军马，正式从地方军阀成为元朝中央政府的首辅大臣。

孛罗帖木儿主政后，也做了一些好事，如杀掉了惠宗身边的佞臣秃鲁帖木儿、波迪、哇儿祃等，他还淘汰宦官，减省钱粮，禁西番僧人佛事，并多次遣使请皇太子还朝。太子自然不愿意回大都成为傀儡，便将使者全部拘留，拒不还朝。

双方没了调解的可能，孛罗帖木儿干脆开始"谋易太子"，将奇氏皇后幽禁于厚载门外诸色总管府中，逼迫惠宗。惠宗虽然气愤奇氏和太子谋位，但他们毕竟是自己最宠爱的妻子和亲儿子，争也好斗也好，还是家里事。孛罗帖木儿以臣子身份如此放肆，触及了他的底线，惠宗于是开始谋划除掉孛罗帖木儿。

好像是为了策应父亲的行动一般，至正二十五年（1365）三月，太子在扩廓帖木儿军中传令，岭北、甘肃、辽阳、陕西各地军队共讨孛罗帖木儿。

孛罗帖木儿闻讯，派兵抵御，却先败于通州虹桥，后败于大同，麾下兵将损失惨重。惠宗看准机会，秘密安排杀手，于至正二十五年（1365）将孛罗帖木儿暗杀。孛罗帖木儿一死，其军队逃散溃灭，继脱脱之后，又一支支撑元朝存在的军队烟消云散。

离开大都近一年的太子，终于以胜利者的身份，在扩廓帖木儿大军的扈从下回到大都。

对太子来说，朝中已经没有强硬的帝党，孛罗帖木儿也已经人死军灭，而朝廷最庞大，也最为能征惯战的扩廓帖木儿军团却听命于自己，父亲除了拱手将皇位让出，还能怎么样呢？

然而，扩廓帖木儿以忠义作为信条，不愿帮助太子夺位。入朝之后，扩廓帖木儿被任命为中书左丞相，与中书右丞相撒里伯共掌朝政。以天下为己任的扩廓帖木儿想尽量在皇帝和太子之间寻求平衡，但是皇帝和太子嫌隙已深，维持中立只能两面不讨好。朝中大臣对于这个以军功起家的"无根脚"武将也多有歧视，"扩廓帖木儿居朝怏怏不乐"，很快便"即请南还视师"。

惠宗于是在至正二十六年（1366）封扩廓帖木儿为河南王，经略江淮。

此时，元朝天下"江淮、川蜀皆非我所有"，而关中则有李思齐、脱列伯、孔兴、张思道四家军阀割据，扩廓帖木儿若要攻略江淮，必须保证关中各军与自己合力，可李思齐是与察罕帖木儿一起举兵的老人，认为扩廓帖木儿是黄口孺子，根本不听调遣，其他各军也都效仿。扩廓帖木儿不得不首先攻打关中。关中四将共推李思齐为盟主抵抗其军，双方反复拉锯，难分胜负。所谓经略江淮，只能是一句空话。

到至正二十七年（1367），关中诸将逐渐抵挡不住扩廓帖木儿的攻势，向朝廷求救，惠宗令两家罢兵。可扩廓帖木儿没有遵旨，反而加紧攻势。这使得元廷疑心扩廓帖木儿有异志，剥夺了扩廓帖木儿总领天下兵马的权力。诏书一下，扩廓帖木儿军中立即出现兵变，其麾下将领关保、貊高相继叛离。扩廓帖木儿虽然经过鏖战击杀关保、貊高，并重创李思齐等部，但自己也元气大伤。

荒唐的内斗到了此时，算是到了终局。可是，在元朝不厌其烦地自相残杀时，南方群雄已经相继凋零，被一个名叫朱元璋的安徽人所消灭。朱元璋已经统一江南，建国改元，并准备大举北伐了。

豪商、官僚、军阀

——元代第一官商蒲氏家族

元朝重视商业，商人地位水涨船高，虽然很多商人一生不入仕途也能够得到士民百姓的尊重，但毕竟"官者商也，商者官也"的好处太多，很多豪商都通过各种手段进入仕途。因此，元朝因商而入仕的群体巨大，而且大多不是如后世"捐个功名"一般仅是有个荣誉头衔，而是实打实的权柄在握，威震一方。

元代官商显赫者不胜枚举，而要论显赫时间长，经历跌宕起伏，且以商为本，治世为官，乱世为军阀的，则唯有泉州的蒲氏家族。

蒲氏家族的族属，流传最广的是阿拉伯人，因为史料记载其祖先为"西域人"。1915年日本文学博士桑原骘藏写了一部《提举市舶西域人蒲寿庚之事迹》，对蒲氏的历史进行过考证，确定这个"西域人"不是中亚人，也不是波斯人，而是阿拉伯人。"阿拉伯人说"几乎成为史学界的定案与常识。

不过也有学者提出反对意见，拿出史料说蒲氏是"南番人"，并指出东南亚穆斯林来中国出使贸易时，也大多以"蒲"为姓氏，因此指出蒲氏家族不是阿拉伯人，而是占城人（占城：今越南南部，东南亚古国，明朝时被越南所灭）。

学界争论难有分晓，但有两点是可以肯定的，蒲氏家族是穆斯林，而且来中国定居前，是在占城生活。

很显然，在占城的蒲氏家族并没能发迹。北宋时，蒲氏家族迁居广州，但是时运不济，始终未能在广州打开一片天地，乃至于"家资益落"。

南宋嘉定（1208—1224年）初，蒲氏家族迁居泉州，终于时来运转。其掌门人蒲开宗通过外销泉州土特产和运入各种香料获得大利，南宋朝廷赐予其"承节郎"的官衔。同时，他又通过捐资修桥建祠获得当地百姓的好感，家族遂融入当地，成为土著。

蒲开宗去世后，其子蒲寿晟、蒲寿庚继承父业，"擅蕃舶利三十年"，专门从事海外贸易。他们努力经营，由小到大，乃至巨富，并且由商场入仕途。蒲寿晟一度出任梅州郡守。

蒲寿晟虽是长子，但并不热衷于经商，而成为一代诗人，其诗文被后世誉为"在宋元之际犹属雅音"，卸任梅州郡守后，逐渐退出了家族管理，隐居乡野，家族重担便落在其二弟蒲寿庚身上。蒲寿庚精通官商两道，以商敛财，以财谋官，使家族势力蒸蒸日上。

泉州耕地面积狭小，"本州苗额不及江浙一大县"，而人口繁盛，居民大部分都要靠海商维持生计。因此有着巨大财力的海商家族在地方上有着绝大发言权，相对而言，政府官员因为财政凋敝，反而位居其次。蒲氏家族与各海商家族通婚联姻，尤其与也是"南蕃回回"的泉州巨贾佛莲结成姻亲，遂成为足以领袖泉州海商的家族。

南宋末年，东南沿海地区常有海寇作乱，在海上劫掠往来船舶，并上岸烧杀抢夺，甚是猖獗。海寇势力之大甚至连官府的正规水军左翼军也无法抵挡。蒲氏家族的蒲寿庚则组建自己的私人武装，协助官府击退海寇，保地方平安。因为这个功劳，南宋咸淳十年（1274），蒲寿庚被任命为泉州提举市舶使，正式成为官方掌管海外贸易的官员。

蒲氏家族有着巨额财富，控制着海外贸易，领导着海商集团，有着战斗力超过官军的私人武装，又得到官方的任命。可以说，当时执掌泉州的，已经不是南宋官府，而是蒲氏家族了。

就在蒲氏家族蒸蒸日上之际，南宋朝廷却已经风雨飘摇。1276年，北方的元朝大举南下，临安的南宋恭帝投降。以陈宜中、陆秀夫、张世杰为首的抵抗派大臣于是年夏六月在福州拥立恭帝之弟益王赵昰为帝，是为端宗，改元景炎，建立了南宋流亡政府。为了笼络蒲氏家族，刚建立的政府授予蒲寿庚福建广东招抚使、总海舶之职。

宋廷给加官进爵，早已知道蒲氏家族在泉州拥有巨大势力的元廷也采取了行动，元军南下灭宋的统帅伯颜在至元十三年（1276）二月便派使者到泉州招降蒲寿庚。

此时在泉州，名义上的地方行政最高长官知州田真子，以及名义上的军事最高长官殿前司左翼军统领夏璟都主张投降，至于和蒲家休戚以共的其他豪商家族，更是希望泉州避免战火。

于是，蒲寿庚准备降元。可有个问题让他很犹豫：南宋在泉州设有南外宗正司，至宋末，赵家宗室在泉州者有数千人。他们是地方一大势力，且绝不愿意降元。

正犹豫间，至元十三年十一月，南宋流亡政府的船队来到了泉州。

毕竟自己福建广东招抚使、总海舶的官职是宋端宗封授的，蒲寿庚前往谒见，并请端宗驻跸泉州。

也许是蒲寿庚决定降元的消息有所透露，宋端宗身边的大将张世杰坚决认为不可。

如果事情到此为止，也许蒲寿庚和南宋朝廷还能"好合好散"。然而不久，因为流亡政府的人员太多，舟船严重不足，张世杰下令掠取蒲寿庚的商船四百艘，并没收船上的金银财物。同时，泉州城内心向宋廷的宗室则聚集了千人的武装，打算里应外合，协助张世杰控制泉州。

被抢船还只是钱财损失，若是泉州被张世杰控制，则有性命之忧。蒲寿庚于是宣布叛宋降元，在泉州城内大杀赵宋宗室，并紧闭城门，驱逐宋廷流亡船队出海。

蒲寿庚屠杀赵宋宗室降元，从此成为诸多士大夫口诛笔伐的对象。其实，蒲寿庚为了自保而杀人，只需要诛杀为首者即可，而他最初也是这么做的："置酒延宗室，欲与议城守事，酒中尽杀之。"之所以演变成了大屠杀，是因为泉州宋宗室长久以来一直都与海商集团有矛盾。据朱熹《朱文公文集》卷八十九《范公神道碑》载："泉地濒海通商，民物繁夥……南外宗官寄治郡中，挟势为暴，前守不敢诘。至夺贾胡浮海巨舰。其人诉于州诉于舶司者三年，不得直。"有此宿怨，海商武装趁机报私仇也就不奇怪了。

而其屠杀人数，也有"数万人""三千余人""五千余人"及"千余人"等说法。泉州赵氏宗室的人数在南宋绍定年间（1228—1233年）是二千三百一十四人，这二千三百余人中，在泉州城中居住的只有一千四百二十七人，而"外居者八百十七人"。因此到南宋末年这场屠杀时，遇难的宋宗室应该是"千余人"比较合理。

蒲寿庚降元后，立即被授予"昭勇大将军"之职，并兼管"福建广东市舶事"。至元十四年（1277），元廷在泉州设立行宣慰司兼领行征南元帅府事，并袭宋制在泉州设置市舶提举司。蒲寿庚被授以"闽广大都督兵马招讨使""并参知政事行江西省事"。至元十五年（1278）三月，福建设行省，省治福州，蒲寿庚任行省参知政事，"行中书省事于福州，镇抚滨海诸郡"。之后，蒲寿庚又先后任福建行省左丞、行省平章政事。

虽然蒲寿庚杀宋宗室降元被人诟病，但泉州也因为他而在改朝换代间得以平稳过渡，繁荣没有受到影响。加之蒲氏家族在海外诸国中享有很高的威望，"南海蛮夷诸国莫不畏服"，因此可以迅速将因战乱而避走的外国商人招徕回来。泉州港的海外贸易在原来的基础上得到空前的发展，成为梯航万国的东南巨镇，世界上最大的对外贸易港口："番货远物、异宝珍玩之所渊薮，殊方别域、富商巨贾之所窟宅，号为天下最。"

有元一代，蒲氏家族"显贵冠天下"，"熏炎"泉州"数十年"。蒲寿庚的儿子们都身居高位。长子蒲师文官至正奉大夫、工部尚书、海外诸蕃宣慰使及福建行省平章政事，次子蒲师斯"为翰林太史院官"，三子蒲均文"诏为右谕德兼中书省知制"。

尤其是长子蒲师文，不但是行省平章，奉诏"通道外道，抚宣诸夷"，并且代表元廷祭祀妈祖，赐封妈祖为"护国明著天妃"，开创了官方册封航海女神妈祖的先例。

蒲师文后，其子蒲崇谟于元仁宗皇庆二年（1313）中进士，仍任平章政事。

蒲氏家族三代皆出"平章"，地位显赫无比，加之长年经营海舶，操控海上贸易，财势亦达顶峰。蒲氏的平章府富丽堂皇，规模宏大，仅花园便有一千五百亩，其中的棋盘园，相传是蒲家人在其中划地为棋盘，以美人为活动棋子，听口令在大棋盘上移动对弈，以为娱乐。

到蒲家第三代，如蒲崇谟已经应举入仕，家族管理市舶事务的主要是蒲师文的女婿那兀纳。就在那兀纳管理家族事务期间，元朝进入末世，蒲氏家族再次面临挑战，从豪商、官宦又向割据一方的军阀转变。

中国最早的商团武装

——泉州亦思巴奚军

元末天下大乱,无论大漠南北、黄河两岸、江淮各地,乃至白山黑水、青藏雪域,几乎处处有战事。

而在泉州,这个当时世界上当之无愧的第一商贸港,便发生了一场"亦思巴奚之乱"。这场兵乱的主角,却是聚居泉州的商人所组建的商团武装"亦思巴奚军"。

泉州濒临东海和南海,扼晋江下游,是个优良的港湾,南北朝时就已经是有规模的商港。南宋时,泉州迅速崛起。入元后,泉州港的海外贸易盛况空前。《马可·波罗游记》中将泉州和地中海商业城市亚历山大港进行比较,认为"假如有一艘胡椒船开到埃及的亚历山大港或其他基督教国家,那就会有一百多艘船开到刺桐港(泉州)"。而摩洛哥大旅行家伊本·白图泰来到泉州时,看到"该城的港口是世界大港之一,甚至是最大的港口。我们看到港内停有大船约百艘,小船多得无数"。

伊本·白图泰居住在泉州的商人聚居区,他发现,"对商旅来说,中国地区是最安全最美好的地区。一个单身的旅客,虽携带大量财物,行程九个月也尽可放心"。有这样好的环境,大量的海外客商便在此定居下来。他们被称为"蕃商"。这些蕃商的居住区,被称为"蕃人巷"。

蕃商成了规模,需要有管理部门。宋代为了管理蕃人巷,"置蕃长一人",

由蕃商自己选出。蕃长的职责其一是要负责将政府的各项法令下达给商人；其二是负责代替政府对蕃商征税；其三是承办政府采买海外商品的事宜；其四是行使司法权，如果蕃商之间发生争执，由蕃长处理，中国人和蕃商发生争执，小事由蕃长处理，大事则交付中国官府。元朝也沿用这一制度。

中国称之为"蕃长"，穆斯林商人则将之称为"沙班达尔"或"亦思巴奚"。这个名称是波斯语，意为"港务长"。源于古代波斯商人行贾各地，形成许多波斯人聚居的社团，"每一个社团各有头人，在当地上以及与当局的全部交涉中，都由头人代表团体成员"，后来成为各国商人团体的通例。早期的亦思巴奚是从不同宗教信仰的外国商人中遴选，但到13世纪，因为穆斯林商人几乎垄断了各地贸易，因此各地的亦思巴奚都是由穆斯林商人担任，泉州也不例外。

而"亦思巴奚之乱"，便是蕃商的蕃长率领的商团武装所造成的动乱。

元朝末年，到处都是兵戈战火。南方的元军腐朽不堪，"世袭官军，善战者少"，甚至到了"军卒之单寡而无所于调，发钱粮虚匮而无所于征"的地步。如此局面之下，元廷只能下诏，"令郡县团结义民以自守"。

泉州作为东南最富庶的城市，自然也要自保。而泉州人数众多的蕃商便成为"义兵"的主力，他们以自己的"蕃长"也就是"亦思巴奚"赛甫丁、阿迷里丁为头领，组织了"亦思巴奚军"。起兵之后，因为蕃商集团的强大财力，亦思巴奚军成为一支很有战斗力的武装，成为元朝维持福建尤其是泉州安定的倚重力量，赛甫丁、阿迷里丁也被元廷任命为义兵万户。

然而，至正十四年（1354）年底，元军在高邮之战中惨败，从此"不复振矣"。元廷对于各地起义军，逐渐采取招抚策略，授以高官显位，听凭其割地自雄。对于各地的"义兵"，则不再有实际的支持，更无力给予恩赏，各地义兵或被起义军消灭，或归附起义军，或自行遣散，少数存留下来的也举步维艰。

在各地义兵"其后或去为盗，或事元不终"的大环境下，亦思巴奚军选择了一条与众不同之路：割据泉州，仍打大元旗号，但听调不听宣。

于是，至正十七年（1357），"义兵万户赛甫丁、阿迷里丁叛据泉州"。其实这个"叛"字是比较冤枉的，亦思巴奚军并没有背叛元廷，不过是据城自保罢了。

若亦思巴奚军占据泉州后，保境安民，那后世也就不会将其行为称为"兵乱"了。但就在割据泉州后一年，他们没有经受住诱惑，参与了元朝权贵在福建的争权战争。

原来，至正十六年（1356）元廷委任原中书省参知政事普化帖木儿到福州任福建行省平章政事。普化帖木儿初来乍到，毫无根基，实权都在福建廉访佥事般若帖木儿手中。普化帖木儿不满大权旁落，四处联络般若帖木儿的反对者为自己所用，于至正十八年（1358）邀请亦思巴奚军共同攻打福州。

普化帖木儿贿以重利，亦思巴奚军欣然出动，赛甫丁率一部配合兴化团练攻打福州，阿迷里丁则留守泉州。亦思巴奚军战力不凡，两军联手势如破竹，于至正十九年（1359）二月占领福州，扶持普化帖木儿控制了省城福州的大权。

此时，福建群雄并立，普化帖木儿虽夺了福州，却根本不能号令全闽。在福建重镇兴化（今福建莆田）便有林德隆与陈从仁两股豪族势力争斗不休。林德隆被陈从仁所杀，其子出逃，向亦思巴奚军求助。为求控制兴化，亦思巴奚军帮助林家夺回兴化，逼死陈从仁。然而，此时兴化各路豪强纷纷起兵争夺政权，林家二子屡被驱逐，阿迷里丁不得不派遣亦思巴奚军主力在兴化南征北战，维持林家的统治。这么一来，泉州的守备便空虚了。

赛甫丁、阿迷里丁是蕃长，本应受市舶司管辖，但因有军权，反而喧宾夺主，将市舶司主管蒲氏家族晾在一边。如前文所说，蒲氏家族一直是泉州的第一势力，岂能一直容忍他人踩在自己头上？如今泉州空虚，一直在冷眼旁观的蒲氏家族出手了。

至正二十二年（1362）二月，蒲氏家族的实际掌门人那兀纳发动兵变，袭杀阿迷里丁，掌控了泉州军政大权。这么一来，亦思巴奚军便分为福州的赛甫丁与泉州的那兀纳两股互相敌对的势力。

卷入福建地方豪族之争，已经是亦思巴奚军的失策，紧接着，元廷最高权力的纷争也蔓延到福建，亦思巴奚军更是卷入其中无法自拔。

同年四月，元朝委任燕只不花接替普化帖木儿任福建行省平章政事。燕只不花属于元廷"太子派"，而普化帖木儿是"帝派"。燕只不花出任福建平章，帝派自然不满，而驻守福州的亦思巴奚军首领赛甫丁既然曾帮助普化帖木儿，自然也算帝派人物，于是紧闭城门，拒绝让燕只不花进入。燕只不花调江西等地重兵围福州，围城三个月后，赛甫丁无奈开城。

赛甫丁败亡后，泉州的那兀纳主动与燕只不花合作，一面协助燕只不花三次驱逐元廷派来的官员，一面继续参与兴化内部的豪族之争，派遣部下在兴化四处攻伐。兴化各地，涵江、江口、新岭、蒜岭、渔溪、宏路均被波及，亦思巴奚军所到之处焚掠甚惨，遭到各地百姓切齿痛恨。

那兀纳四处用兵，积累了无数仇恨，而他在泉州的统治也残暴骄奢，不仅"炮烙州人，杀戮惨酷"，且"大意淫虐，选民间女儿充分其室"，原本以保境安民为宗旨的亦思巴奚军已经沦落为土匪一般的武装。

正当那兀纳在泉州作威作福之际，福建政局又起了极大变化。燕只不花失势，而陈友定强势崛起。

陈友定，字安国，福州福清县（今福州市下辖县级市）人，驿卒出身，为人沉勇，喜游侠。元末红巾军起义，福建多有响应者。陈友定招募乡勇，以五百人大败红巾军万余众，被元廷授予明溪寨巡检之职。之后，率军每战克捷，官职屡屡升迁，从延平路总管、汀州路总管一路被提拔为福建行省参政，势力逐渐做大。

至正二十二年（1362）五月，陈友定占领汀州。此时，其所控制的地域已包括福建诸路及广东潮州，于是他威逼燕只不花交出权力，自任福建平章。

至正二十五年（1365）五月，已经自立为吴王的朱元璋命大将朱亮祖、王溥、胡深率军进攻福建，被陈友定击退，朱元璋倚为"浙东一障"的儒将胡深也被陈友定俘杀。至此，福建除了兴化、泉州之外，已经全部为陈友定所控制。

而那兀纳对于福建局势的变化毫不留心，还乐此不疲地在兴化用兵。至正二十六年（1366）四月，那兀纳遣其将博拜、马合谋、金阿里等攻兴化。陈友定遣其子陈宗海率军救援，大败亦思巴奚军。亦思巴奚军三名主将全部被俘杀，逃回泉州的兵士仅四人。亦思巴奚军主力损失殆尽，莫说染指兴化，连泉州都无力据守了。

五月，陈宗海调发水陆大军数万将泉州包围。几乎无兵可用的那兀纳强征乡民为士卒守城，但他在泉州早已不得人心，千户金吉在城内打开城门放入陈军，那兀纳兵败被擒。

陈宗海进入泉州后，不但大杀蒲氏族人，而且闭门三日，将"西域人尽歼之"，蕃商遭到大清洗，甚至有的汉人因"胡发高鼻"而被误杀。大量的蕃商携带银钱外逃，从宋朝时便形成的"蕃人巷"商人社区从而解体。

陈友定据有泉州不过两年，登基为帝建号大明的朱元璋便派兵袭取了福建，陈友定忠于元廷，被俘后不屈而死。而就在陈友定被杀的同月（1368年7月），他所效忠的大元朝也走向了终结。

逃与守

——"汗八里"的末日

与元朝内部的分裂相反，南方的义军经过多年的淘汰整合，逐渐形成了陈友谅、张士诚、朱元璋、方国珍等几大势力。

而朱元璋异军突起，成为有能力问鼎天下的人物。

朱元璋是安徽凤阳人，原名朱重八，家中赤贫，以给人放牛为生。天下大乱之际，朱元璋家人均死于瘟疫，他不得不四处流浪，要过饭，做过小沙弥，饱尝人间疾苦。后来他投奔了在濠州举事的郭子兴。因为朱元璋作战勇敢，机智灵活，粗通文墨，很快得到郭子兴的赏识，成为郭子兴麾下干将。

郭子兴并非可成大器之人，与人争权夺利，难有发展。朱元璋于是自己开拓局面，回乡募兵，也成为一方军事首领。他的童年玩伴徐达、邓俞、郭英、汤和等都投奔于他，成为他麾下将领，而滁州名士李善长的加入，更让他如虎添翼。

至正十五年（1355），刘福通将韩山童的儿子韩林儿迎至亳州称帝，国号大宋，改元龙凤。利用"明王出世"谶言，称韩林儿为"小明王"。朱元璋从此奉小明王号令。

至正十六年（1356），朱元璋攻陷集庆（今江苏南京），改集庆为应天府。小明王韩林儿升朱元璋为枢密院同佥，不久又升其为江南等处行中书省平章。朱元璋在应天则设天兴建康翼大元帅府，成为一路诸侯。

朱元璋接受谋士朱升的建议，"高筑墙，广积粮，缓称王"，不急于称王建号，而是依托于龙凤政权稳步发展，逐渐开始吞并其他势力。

至正二十三年（1363），朱元璋与陈友谅决战于鄱阳湖，大败陈军，陈友谅战死；至正二十七年（1367）九月，朱元璋消灭割据浙江的张士诚；十二月招降方国珍。至此，朱元璋可谓一帆风顺，横扫六合。

其实，在江南，元朝本有着大量忠臣义旅。元朝的社会思潮上承于宋，华夷之辨的思想已经松动，而忠君观念根深蒂固。士人儒生都认为，一旦有了君臣名分，那便是"天下之定理，无所逃于天地之间"。

华夷之辨松动，忠君观念稳固，使得士人的主流都认为是否视为正统，不在于是否为中国（华夏政权）之人，而在是否奉行"中国之道"，"能用士而能行中国之道，则中国之主"。人们拿古人进行类比，指出"舜生于东夷，文王生于西夷"，但"后世称圣贤焉"，只要"谙于中国之道"，那便不能"以夷狄外之"。元朝虽然是蒙古人做皇帝，但"以天数之正，华统之大，属之我元"。

元末大乱之时，江南地区以汉人为主的士人们无不奋勇争先，为了忠于朝廷而与红巾军等队伍殊死作战。不但在任官员鲜有临难脱逃者，就算隐居乡野的士人，也认为自己有"散储蓄，聚丁壮"，以"绝奸恶滋蔓"的责任。元末乱世中，当旨在推翻元朝的起义军遍布天下之时，各地士人纷纷组织"义兵""义旅"与起义军两军对垒。

著名的义兵，有龙泉王毅义兵、徽州汪氏义兵、饶州张理兄弟"兴安义兵"、温州郭璞义兵、松江府吕良佐义兵、婺州胡嘉祐义兵、太和州胡济川义兵、徽州路休宁县人程国胜义兵，等等。这些义兵，少者千数，多者上万，一度颇有声势。

然而，元廷对这些义兵并不很重视，除了少量给予官职，大部分都采取听之任之的态度。高邮之败后，元廷对于江南各地起义军逐渐采取招抚策略，授以高官显位，听凭其割地自雄。而对于各地的义兵，则不再有实际的支持，更无力给予恩赏，各地义兵或被起义军消灭，或归附起义军，或自行遣散。

《草木子》的作者叶子奇就曾痛心疾首地评论道，地方士人"倾家募士，为官收捕。至兄弟子侄皆歼于盗手，卒不沾一命之及。屯膏吝赏至于此。其大盗一招再招，官已至极品矣。于是上下解体，人不向功，甘心为盗矣"。

各地义兵"其后或去为盗，或事元不终"，很多人便投到了朱元璋麾下，如被朱元璋称为"吾之子房"的刘基刘伯温，便是在自己的义兵失败后投效朱元璋的。在龙泉组织义兵的王毅是江南名士，弟子众多，在义兵失败后，其弟子章溢、胡深也都投效了朱元璋。朱元璋在众多人才的帮助下，势力日大，终于可以问鼎天下了。

从至正二十七年（1367）开始，朱元璋命徐达为大将军，常遇春为副将军，出兵北伐。北伐军攻入山东，元山东诸将多降，南军入济南、益都等地。

到至正二十八年（1368），朱元璋正式即皇帝位，定国号为明，建元洪武，定都南京。

朱元璋北伐的策略为先取山东，次下河南，后夺潼关，对大都进行战略包围，待取得大都后，再分兵夺取山西、陕北、关中、甘肃等地。实行这一战略的北伐军是由丞相徐达、平章常遇春率领的二十五万百战精锐。

朱元璋很看重自己的对手，他的战略无懈可击，但元朝却让他很失望。

此时的元朝，将帅不受制于朝廷，士兵毫无战心，混乱到了没有还手之力的地步，数月之间，山东、河北、河南相继丢失。

明军顺利地将大都城置于唾手可得的境地。

1368年（元至正二十八年，明洪武元年）七月二十八日，北伐军兵临通州，镇守通州的知枢密院卜颜贴木儿力战而死，通州陷落。

通州是大都城的东南门户，失守后，大都除了自身的城防之外，再也无险可倚。虽然帝国还有左丞相扩廓帖木儿，太尉纳哈出、李思齐，梁王匝拉瓦尔密等人率领的数十万军队，但要么远水不解近渴，要么冷眼旁观，私心自保，没有一个靠得住。

元惠宗束手无措，召集百官朝议，决定"避兵北行"。

危急时刻，左丞相失列门、知枢密院事黑厮等大臣力主据城死守，宦官伯颜不花甚至痛哭道："天下者，世祖之天下，陛下当以死守，奈何弃之！臣等愿率军民及诸怯薛歹出城拒战，愿陛下固守京城。"

这样的血性虽然可贵，但在没有援军可盼的情况下固守京城无异于自杀。惠宗叹道："今日岂可复作徽、钦！"——难道让我如宋徽宗、宋钦宗一样，做俘虏吗?

他命淮王帖木儿不花监国,与中书左丞相庆童同守京城,自己率皇后、皇妃、子及朝臣百余人北走上都,主动放弃了自己的京城。

皇帝出走,大都城失去了最后抵抗的希望。五天后,徐达率领的明军轻而易举地攻入城内。

被惠宗任命为监国的淮王帖木儿不花是世祖忽必烈第九子镇南王脱欢的儿子,此时已经八十三岁了。老王爷已经是耄耋之年,却比惠宗有骨气得多,虽然知道留守等于送死,却没有临阵脱逃。见明军入城,他与众留守官员率兵据守各门,拼死抵抗。可是,惠宗出逃,守城部队纷纷逃散,能够征集的不过"数百羸卒而已"。明军如潮水一般涌来,迅速将这一小群抵抗者湮没。老王爷及左丞相庆童、平章政事迭尔失、平章政事卜赛因不花、左丞张伯、御史中丞满川等大臣战死,大都城陷落。

曾经无比强大的帝国的首都,世界上最繁华的"汗八里",被马可·波罗称为"设计的精巧和美观,简直非语言所能描述"的超级大都市,就这样永远地换了主人。

惠宗北逃,只带走了很少一部分官员。而留在大都的官员们,除了和淮王战死的,也有很多人选择了守节殉国。成宗朝宰相不忽木之孙,时任翰林国史院都事的拜住,时任大乐署令的赵弘毅,时任国史院编修官的黄肸在城破之时,或投井或自缢而死。曾任中书平章政事、封爵赵国公的丁好礼,时任中书参知政事的郭庸,被明军俘虏后均不屈而死。

战死者与自尽者的鲜血映衬出了惠宗不战而逃的懦弱。因为这个懦弱,明太祖朱元璋认为他是"知顺天命","表彰"了他一个"顺帝"的名号。这虽然比"违命侯""畏威侯""负义侯"之类听起来好些,却也代表了不屑。

由成吉思汗的大蒙古国所脱胎,元世祖忽必烈苦心经营的大元皇朝,至此灭亡。

不过,所谓逆中有顺,顺中有逆,惠宗出逃虽然是懦夫之举,却也无意间成就了一个历史上的"奇迹"——入主中原百余年,在失败后竟然全身而退,回到祖先故地使国祚得以继续。

惠宗北遁之后，先后在上都、应昌等地建立"流亡政府"，调度人马想要夺回大都。他死后，太子即位，继续与明朝南北对峙。这个元朝的后续政权，便是"北元"。

　　北元的历史从惠宗出逃开始算起，延续两百六十七年，直到1635年方才被后金（后来的清朝）灭亡。元惠宗妥欢帖木儿既是元朝的末代皇帝，又是北元的开国皇帝。

　　日后，清朝皇帝一直禁止开发辽东，保护"祖宗龙兴之地"，也是想效法元朝，留个退路。可惜，世事变迁，一切只是镜花水月。

　　毕竟，奇迹不是总能发生的。

高峰后的低谷？

——元代人口到底有多少？

一般认为，元代人口高峰期有一千四百余万户，五千余万口。

宋、金时期，南北方人口则是二千余万户，九千余万口。元代比前代人口少了近一半。而且，元朝全国五分之四的人口集中于江浙、江西、湖广三省，余下近五分之一人口的一半以上居住于中原地区，陕川、辽东、岭北等行省人口稀少。也就是说，元代鼎盛时期的人口也仅有宋代的68.8%，北方人口尤其难以恢复。

这成为元朝一大"原罪"：人口大减少，始终未能恢复，可想而知当初屠杀之惨烈，以及治理之无能。

每次朝代更迭之际，都有大量的人口损失，元朝也不例外。比如西汉末年人口将近六千万，而经过王莽篡汉之后的一系列大乱，人口损耗三分之二，东汉光武帝建立东汉时，人口只剩下两千一百万。东汉末期，人口恢复到五千六百四十八万，而经过黄巾之乱与军阀战争，待到三国末期，魏、蜀、吴三国人口加起来只有七百六十万，只剩七分之一。隋朝的"开皇之治"，人口发展到四千六百多万，经过隋末大乱，到唐朝统一时，只余一千万左右，剩下五分之一。相对而言，元朝建立时，比之前朝减少了二分之一的人口，与前代相比，不算特别突出。

但要说元朝人口未能大幅增长，不但未能超过前代，且连赶上前代都未能实现，则并不是事实。

虽有明文记载，但元代官方户口的统计记载是有大量缺失的。

唯一具体记载元代户口的《元史·地理志》就存在极大缺陷。其对户口统计的范围很不完整，在全国十一个行省中，仅记有八个行省的户口数字，其中辽阳、陕西、甘肃和四川四行省，以及中书省多有残缺，不足以反映全貌。

而且，《元史》中所记载的元朝人口一共有五次，分别是元世祖至元二十七年（1290）、至元二十八年（1291）、至元三十年（1293）、至元三十一年（1294）和元文宗至顺元年（1330）。其中，最高峰是至元二十七年之时，户数一千三百一十九万六千二百零六户，人口五千八百八十三万四千七百一十一口。但这个数字的依据很有问题，其中各路府、州户口数，分别取自蒙哥汗二年（1252）、世祖至元七年（1270）及二十七年（1290）的抄籍数，钱粮户数则来自文宗至顺元年（1330），所以这是难以为凭的。

邱树森、王珽两先生的《元代户口问题刍议》一文提出，"元代实际人口数的最高年份不在至元末，而在大德末或至正初"。已有学者考证，元朝在极盛时，达一千八百三十一万户，倘按《地理志》平均每户4.47口计，则为八千一百八十五万人。

八千多万人口，不算少，但与宋金时代近亿人口相比，还是少了一千多万。不过，这只是隶属户部管辖之内的户口数字。元代不归户部管辖的还有几类人户，如岭北行省及中书省北部的蒙古部民，云南诸路行中书省的人口，山泽溪洞之民也就是西南少数民族，宣政院辖地也就是西藏及甘、青、川藏族地区人口，蒙古诸王贵族私属人口中的"投下户"及奴婢、游民等。这些人户，总数达七百二十万户。倘按《地理志》全国在籍平均每户4.47口计，则有三千二百一十八万余口。

按照王育民先生《元代人口考实》一文的考证，在元代，原南宋统治地区河南行省南部及江浙、江西、湖广、四川诸行省，元代户口最盛时，共有一千四百七十二万户。而中书省除去北方蒙古部民所在的德宁等七路一府外，当在二百七十万户，辽阳行省约在十五万户左右，陕西全省盛时五十万户，甘肃四万户，河南行省淮河以北地区二十万户。

如此算来，元代鼎盛时期全国人口当有二千三百三十五万户，一万零四百八十三万口。人口已经超过了宋金时期的水平。

　　与中国历史上著名的隋唐易代时期相比，隋朝大业五年（609）人口达到八百九十万零七千九百零四户，四千六百余万口。而唐朝人口鼎盛时的唐玄宗天宝十四年（755）是八百九十一万四千七百零九万户，五千二百九十一万九千三百零九口。唐朝在开元盛世时期，仅比隋代开皇之治的成果增加了七百万人口，而元代人口比宋金时期增加了一千余万，这个成果已经可以笑傲前人了。

　　叶子奇在《草木子》中认为元代"自世祖混一之后，天下治平者六、七十年，轻刑薄赋，兵革罕用，生者有养，死者有葬，行旅万里，宿泊如家，诚所谓盛世也矣"。

　　历史上凡是人口大为回升的时代，往往有"盛世"的称谓，叶子奇称元朝在鼎盛之时算得上"盛世"，从人口而论，并非溢美之词。

元代地球村传奇

——跨国豪商宰相孛哈里

什么人最适合生活在元朝？

答案是，商人或有志于经商的人。

元朝可算是中国历朝历代中最为鼓励商业，而且经商环境最优越的朝代。对于百姓经商，元朝讲究"其往来互市，各从所欲"，而"征商之税，有住税而无过税"，即货物在市场上交易成功才纳税，沿途运输过程不纳税。在北方，丝绸之路重新开辟，"从克里米亚到中国的道路完全畅通，没有危险"，使得"波斯老贾度流沙，夜听驼铃识路赊。采玉河边青石子，收来东国易桑麻"。而在南方，因为海运比陆运更为便利，"厘头赤脚半蕃商，大舶高樯多海宝"的情形成为常态，宋代有海外贸易关系的国家和地区为五十一个，而元代达到一百四十多个；宋代海外贸易最发达时，进口商品品种有二百多种，元代达二百五十种以上。

所以，元代是商人的黄金时代，"工商淫侈，游手众多，驱垄亩之业，就市井之末"。原本对商业嗤之以鼻的士大夫，也认为"胸蟠万卷不疗饥，孰谓工商为末艺"，大加赞赏从事商业，认为是"具四德"的事业，"曰仁、曰智、曰勇、曰断"。

黄金时代必有传奇人物，元代的商人群体，牛人辈出。亦官亦商的有泉州蒲氏家族，三代人总管泉州市舶司，而且任福建行省参政高位，"显贵冠天下"。

还有澉浦的杨氏家族，也是三代人管理庆元、上海（县）、澉浦市舶司，财富称雄浙东，"筑室招商，世揽利权"。民间巨商泉州的孙天富、陈宝生，结为异姓兄弟，轮番出海外经商，行程数十万里，虽然"百货既集"，却互相"不私一钱"，连异国人都赞叹"彼兄若弟，非同胞者，吾同胞宜何如"，将他们称为"泉州两义士"。浙江宁波的夏荣达，本是赤贫之人，迁徙到定海后开始从事海外贸易，由小到大，数年后家财万贯，"定海之言富室者归夏氏"。至于南昌人汪大渊，更是通过加入贸易船队而成为航海家，几乎走遍当时已知世界的沿海地区，甚至被人提出可能到过澳大利亚。而他以自己亲历所著的《岛夷志略》，更是成为日后郑和下西洋的参考书。

以上众人虽然都具有传奇色彩，但要说最具传奇色彩的，应当是一位外国豪商。其家世之复杂，经历之传奇，虽不能说空前绝后，却也是罕有其匹了。

此人便是马八儿国的豪商宰相孛哈里。

马八儿国，本名为注辇，马八儿是阿拉伯人所起的阿拉伯名字，又被称为"马八""麻八而"。这是阿拉伯语的音译，意思是"渡""滩头""渡口"，宋元之交中国人称其为西洋国，其地在今天南印度东海岸科罗曼德尔海岸。《元史》中称其"足以纲领诸国"，"比余国最大"，从泉州出发至其国"约十万里"，其地出海至波斯湾，只需"十五日"。

马八儿在印度南部，挨近赤道，气候极为炎热。因此，其居民"皆裸体往来，仅以片布盖其下体，男妇贫富皆然，国王亦若是"。国王与百姓的区别，只是用一百零四颗宝石串成项链带着，以彰显华贵。虽然上下都几乎赤身裸体，但马八儿可不是未开化的落后之地。其国处在西亚和东亚水路贸易的咽喉，商贸极为繁盛，本地不仅出产象牙、犀牛角、珍珠、宝石之类，而且是棉纺业大国，纺织的棉布"绝细，莹洁如纸"，是各国供不应求的抢手货。

元朝建立后，元世祖忽必烈向海外诸国要求朝贡，但初期并不顺利，还出现了日本、安南这样打都打不服的国家。世祖失去耐心，打算干脆出兵征讨暹罗、马八儿等国。此时，"通天竺教及诸国语"的畏兀儿人迎鲁纳答思劝谏道："此皆蕞尔之国，纵得之，何益？兴兵徒残民命，莫若遣使谕以祸福，不服而攻，未晚也。"于是世祖"纳其言"，派出使臣前往诏谕。

这一诏谕，便引出了一代奇人孛哈里。

孛哈里本是阿拉伯人，原名叫撒亦的，也就是阿拉伯人常见的名字赛义德。他家族"世为商贾"，其父也叫孛哈里，举家从阿拉伯半岛迁到马八儿居住。因为累世经商，对于南亚、西亚乃至东亚的商贸极为熟悉，因此得到马八儿国王的宠幸，不但任其为宰相，还将其收入王室，列于自己五个王子之后，称为"六王子"。从此，孛哈里家族在马八儿权倾一时，富贵无边，"总领诸部，益贵富，侍妾至三百人，象床、黄金饰相称是"。马八儿是印度教国家，尊奉印度教诸神，"每日应对其偶像祷颂一百零四次"，却可以让伊斯兰教徒孛哈里当宰相入王室，可见其开放包容。

老孛哈里当了多年宰相，寿终正寝。他的儿子撒亦的继承其位，国王"益宠"，让他继承其父亲的名字，仍称孛哈里，于是便以孛哈里王子之名行于世。孛哈里继承父亲事业，继续操持海商，忽必烈的弟弟旭烈兀在西亚建立伊儿汗国，还未等一切安定，孛哈里的商船便已经成为伊儿汗国的常客。马八儿向西方通商，主要贸易伙伴是伊儿汗国，而东方主要贸易国便是南宋。元至元十三年（1276年），元朝消灭南宋，接管了南宋的海上贸易。元世祖忽必烈得了宋地，在第一时间下诏："诸蕃国列居东南岛屿者，皆有慕义之心，可因蕃舶诸人宣布朕意。诚能来朝，朕将宠礼之。其往来互市，各从所欲。"

虽然马八儿远在万里之外，但这场改朝换代仍对孛哈里有着强烈震撼。他的商船东西航行范围极大，而现在无论东方西方，竟然都在蒙古皇室的统治之下，如此广大的帝国，是孛哈里从未听说过的，他不禁有"圣人混一区宇"的感叹。而这时，元朝的使臣前来诏谕，他立即以马八儿宰相的身份表示了"益往归之"的意愿，代表马八儿国王向元朝称臣纳贡。

从元至元十六年（1279）开始，马八儿的贡使几乎不间断地前往元朝，大象、犀牛、珍珠、异宝、缣段无所不贡，而且"凡朝廷二邸之使涉海道，恒预为具舟栈，必济乃已"，就是说凡是元朝和伊儿汗国的使臣到马八儿，孛哈里都免费为之提供船舶和一切给养。

这样的态度，自然让元世祖忽必烈极为满意，对于这位孛哈里王子深为宠信，专门派使臣"赐玺书"封其为官。孛哈里家族也因此更上一层楼，生意做得更大，财富滚滚而来。

但是，福兮祸所倚，孛哈里光想着如何和元朝搞好关系，却忽略了自己国王的感受。当初他通使元朝，本是背着国王干的，国王虽然不得不承认既成事实，可也对他大为不满，再加上孛哈里仗着有元朝撑腰，跋扈擅权之举恐怕也不会少，君臣之间的矛盾日益加深。

至元十八年（1281），孛哈里和他的国王之间便爆发了严重冲突，国王没收了孛哈里的"金银、田产、妻孥"，而且还要处死他。毕竟孛哈里在马八儿国树大根深，总算"诡辞得免"。但经此一难，孛哈里在马八儿国的处境便日益艰难了，他不得不谋划自己的退路。

到了十年后的至元二十八年（1291），孛哈里与马八儿国王的矛盾再次爆发。虽然史料没有明确记载，但肯定已经不是"诡辞"可以免罪的了。不过，这么多年的经营，孛哈里已经让元朝"熟其诚款"，于是趁着元朝使团来访归国之机，"捐妻孥、宗戚、故业，独以百人自随"，跟着使团逃往元朝。

十几年的交情，虽然孛哈里从国家权臣成了流亡者，可元朝仍然待之很够意思。孛哈里到达元朝后，居住在福建的泉州，元世祖"大加慰谕，赐以锦衣及妻，廪之公馆，所以恩遇良渥"。

孛哈里逃亡时，没能带走妻子，世祖则赐给他一个妻子蔡氏。这个蔡氏可是大有来头，她是高丽王国大臣蔡仁睽的女儿，这位蔡仁睽在高丽王国任右承宣、同知密直司事、都佥议中赞，也算得一位重臣。高丽国王是元世祖的女婿，高丽也是元朝最为亲近的藩属之一，其大臣宗室也经常会把自家女儿送到元朝，与元朝的达官显贵结亲。至元二十四至二十八年（1287—1291）之间，元朝最有权势的宰相是吐蕃人桑哥，蔡仁睽便将自己的女儿于1289年送到元朝，嫁给桑哥为妻。

岂料，桑哥为相，推行的各种政策得罪了几乎所有既得利益集团，终于在1291年遭到各派弹劾，罢官被杀。可怜的蔡氏才享受了两年宰相夫人的尊贵，便被丈夫连累，成为罪人之妻。

如果不是孛哈里逃亡，蔡氏的结局注定会很悲惨。桑哥倒台和孛哈里的到来几乎在同时，蔡氏在监牢里没过多少日子，便被婚配给孛哈里。可能元世祖觉得，蔡氏是前宰相之妻，孛哈里也是马八儿国前宰相，两人正好般配。

在元朝重建家庭的孛哈里又过上了荣华富贵的生活，还生了一个儿子和两个女儿。因为娶了蔡氏，孛哈里算是和高丽成了亲戚，还专门派人给高丽王送了不少礼物，按照《高丽史》记载，计有"银丝帽、金绣手箔、沉香五斤十三两、土布二匹"。

安居泉州的孛哈里继续发挥自己的商业能力，为元朝的海商贸易出力献策。元世祖去世后，其孙子铁穆耳即位，是为元成宗。元成宗对这位大商人也极为宠信，"特授资德大夫、中书右丞、商议福建等处行中书省事"，各种赏赐"以矩万计"。元大德三年（1299），成宗召孛哈里入朝，可能水土不服，来到大都的孛哈里一病不起，于是年病故，享年四十九岁。

孛哈里死后，元成宗"恻然久之"，感叹道："彼远人，今若是，良可嗟悼。"下诏将之归葬泉州，赐钞两万五千缗治丧，并赠荣禄大夫、司空之衔，谥号为"景义公"。元代著名文学家，时任翰林直学士、国子祭酒的刘敏中奉旨撰写了《景义公不阿里（孛哈里）神道碑铭》。

自己是阿拉伯人，在印度教国家当宰相，控制东西贸易十数年，逃亡元朝后，又得信宠，娶了高丽贵妇为妻，继续自己的海商事业，死后哀荣备至。孛哈里这位七百多年前的豪商，其人生经历即使放在今日地球村时代，也难有人能够做到。说其是传奇中的传奇，应该是不过分的吧。

元人真发现了澳大利亚吗?

——儒生旅行家汪大渊

说起中国的大航海时代,人们首先便会想到明朝初年的"郑和大航海"。三保太监郑和率领空前庞大的船队七下西洋,其威仪排场让各国瞠目结舌,那场面让国人至今都激动不已。而原本认为大航海是自己专利的西方人,也对郑和十分痴迷,各种研究演绎层出不穷,甚至有郑和发现新大陆的宏论出现。

不过,实事求是地说,郑和大航海已经是中国航海的尾声,而且是一片凋敝中的一枝独秀。明太祖朱元璋严厉海禁,不许民间海外通商,"片板不许下海"。明成祖朱棣虽然让郑和下西洋,却也坚持民间海禁,曾经笑傲世界的中国海商凋敝达一百九十三年。郑和的航海,只是皇家对外展示财力武力的一场大秀,后人想象的百舸争流千帆竞发的大航海时代,正是结束于斯。

中国真正的大航海时代,是在宋元时代。

两宋时,经商便已经成为社会潮流,皇帝会为"商贾不行"而"引咎责躬",士大夫也争相"纡朱怀金,专为商旅之业者"。到了元朝,因为善于经商的回族人在政治上极有地位,再加上两宋流风所及,商业更被大力提倡。商税仅"定三十分取一之制",且"征商之税,有住税而无过税"。为了鼓励商业,还经常实行"置而不征"的减税政策。因此,海商贸易持续繁荣,沿海各地,从泉州到庆元,从上海到澉浦,乃至广州、温州、杭州,到处都是"商舶往来,物货丰溢""招集舶商,番舶华萃于此"的景象。

元代商业繁荣，不仅世界各地的蕃商络绎不绝，中国本土的商人也纵横四海。宋代的海船制造水平已经十分高超，元代青出于蓝，"华船之构造，设备、载重皆冠绝千古"，海船的形状"殆为四角形，下侧渐狭尖如刃，以便破浪"，而且船体巨大"船之大者，乘客可千人以上云"。为了应对海风，海船"普通四桅，时或五桅、六桅，多至十二桅云"。在宋代，从中国到故临（元代的俱蓝，印度西南部）都乘坐中国船，再往西去，就要换乘大食（阿拉伯人）的船只。到了元代，不再需要换乘，中国商船已成为波斯湾和非洲各大海港的常客了。

大航海时代，畅通的商路上，除了富商巨贾，也会有大量旅行家、探险家不绝于途。元代西方有大量的旅行家来华，著名的如马可·波罗、伊本·白图泰、鲁布鲁克、拉班·扫马等，他们的各种《游记》《行记》让后人了解那个神奇刺激的时代。可因为他们都太有名了，给人的印象似乎那时都是西方人周游世界，而中国本土没有旅行家。

这当然是不对的，在元代，中国不但有很多商人乘桴浮于海，而且还有一位出身儒生的旅行家，一边经商一边旅行，环游当时的已知世界，并留下了精彩的游记。

他，就是汪大渊。

汪大渊，字焕章，江西南昌人。汪大渊的生年，史学界尚有争论，计有1308年、1309年、1310年、1311年几种说法，现在普遍采用1311年。这一年，也就是元武宗至大四年，汪大渊出生于江西南昌。因为他的生平事迹大多遗失，只能推测其家庭应是书香世第之家。他的字"焕章"，便是取自《论语》中的"焕乎其有文章"。可见其父亲是一位儒生。

元朝设立户计制度，职业都要编户，如匠户、猎户、军户等，儒生也被编户，称为"儒户"。各个户计都有自己的权利和义务，儒户的主要工作是"就学"，也就是在书院里教书学习，并且在国家遴选吏员的时候参与考试。而儒户履行就学备选的义务，便享有免除兵役、劳役，以及领取奖学金性质的"廪金"的权利。

汪家是儒户，没有各种差役的烦扰，而且家中应该薄有资产。所以汪大渊的童年是在平静安逸中度过，他饱读诗书，"少负奇气"，希望能如司马迁一样，周游天下。

二十岁时,汪大渊来到了当时中国乃至世界上最大的商贸城市福建泉州。泉州濒临东海和南海,又扼晋江下游,是个优良的港湾,南北朝时就已经是有规模的商港。南宋时,泉州迅速崛起,成为与三十多个国家和地区贸易的大型港口城市。

汪大渊来到泉州的目的,自然是如他自己所说,想从泉州出海"为司马子长之游"。不过,当时虽然出海容易,却没有如今日一般的旅游公司,汪大渊想要出海,首先应该是参与到经商活动中。

元至顺元年(1330),汪大渊实现了自己童年的梦想,乘船出海,开始了第一次旅行。

这次航行,按照汪大渊的记录,船队从泉州出发,经海南岛,过占城,至马六甲、爪哇、苏门答腊、缅甸,然后到达印度、波斯、阿拉伯、埃及,之后又到达索马里,折向南到莫桑比克,再横渡印度洋回到斯里兰卡、苏门答腊、爪哇,再到加里曼丹岛,又经菲律宾群岛,于元元统二年(1334)夏秋返回泉州。

这一次航行,时间长达五年之久,汪大渊不仅饱览各地风土人情,通过经商积累财富,而且"所过之地,窃尝赋诗以记其山川、土俗、风景、物产之诡异,与夫可怪可愕可鄙可笑之事"。而作为有着史笔情节的文士,汪大渊的游记十分严谨,记录的都是自己亲身经历之事,"皆身所游焉,耳目所亲见,传说之事则不载焉"。

第一次航海回国后,汪大渊修整了三年,一是要调理因为航海透支的身体,二是对自己的游记进行整理。三年时间转瞬即过,已经养精蓄锐的汪大渊抑制不住再次航行的冲动,于元至元三年(1337)冬再次从泉州出发,开始了第二次旅行。

这一次旅行,与第一次的航线相差不多。这是因为当时的航海还需要依靠信风,汪大渊不能随心所欲。所谓信风,是从副热带高压区吹向赤道低压区的风,北半球从东北吹来,南半球从东南吹来,在许多地方,信风极有规律,尤其在海上。元人航海,都是利用信风的这个特点,每年乘东北顺风下海远航,而航线也是需要追随信风的。

第二次航行历时三年,1339年(元至元五年)夏秋,汪大渊再次回到泉州。

两次远航，前后八年之久，以一介平民身份，凭借一己之力，几乎航行了当时已知世界的沿海地区，这在今天来看，实在算是了不起的传奇。在汪大渊生活的年代，如他一样远航世界的中国人不知凡几，但因为都仅是为了经商谋生而没有文字传下来，所以都泯灭无闻。

而汪大渊是个文士，对于自己的航行，他都详细付诸笔墨，予以记载。在他回国之后，正赶上泉州路的达鲁花赤（监治官）偰玉立看到《清源前志》散失，决定编写《清源续志》。清源便是泉州，而泉州是市舶司的所在地，既然编写地方志，就需要把与泉州有贸易往来的各个国家简介编写进去。偰玉立听闻汪大渊旅游海外，熟知"蕃情"，便请他将自己撰写的游记作为附录编入《清源续志》。有官方帮忙出版保存自己的著作，汪大渊自然求之不得，于是将自己的游记整理完成，名为《岛夷志略》，附于《清源续志》之后，于元至正九年（1349）刊刻完毕。

《岛夷志略》是元代记载海外地理最详尽的汉文著作，全书共有一百个条目，记载了二百多个地名。在《岛夷志略》之前，也有很多记录海外国家的著作，如南宋周去非《岭外代答》、赵汝适《诸蕃志》等，不过周、赵的著作，都是在听闻的基础上编撰，属于"采访"。汪大渊的《岛夷志略》则是自己的亲历，记载更为准确，少了很多道听途说。元代诗人张翥在为《岛夷志略》作序时写道："汪君焕章，当冠年，尝两附舶东、西洋，所过辄采录其山川、风土、物产之诡异，居室、饮食、衣服之好尚，与夫贸易赍用之所宜，非亲见不书，则信乎其可征也。"

汪大渊第二次远航结束六十六年后，郑和开始了自己的远航，而远航的主要参考书便是《岛夷志略》。追随郑和下西洋的通事（翻译官）马欢便言道："余昔观书《岛夷志》，载天时气候之别，地理人物之异，慨然叹曰：普天下何若是之不同耶！……余以通译番书，亦被使末，随其所至，鲸波浩渺，不知其几千万里，历涉诸邦，其天时、气候、地理、人物，目击而身履之，然后知《岛夷志》所著者不诬。"

到了近代，《岛夷志略》历经沈曾植、藤田丰八、柔克义、夏德及冯承钧、苏继庼等各史学大家的研究，到1981年苏继庼《岛夷志略校释》出版，书中多数地名业已可以与现实地名对照无误。

不过，各家在研究《岛夷志略》时，也有很多争论。比如有学者提出汪大渊并未到达书中所记载的很多地方，其远航并非如书中所记的那么遥远。有的学者还论定，汪大渊最远只到达了斯里兰卡，至于波斯、埃及及东非等地，只是汪大渊通过传闻记载下来的。

如果这个论断准确，那么汪大渊所说"传说之事则不载焉"可就大有问题了。这不能不说是一个遗憾。

除了远航的范围学界有争论外，在汪大渊身上还有一个公案很有意思，那便是他是否到过澳大利亚。

在《岛夷志略》中，有"麻那里""罗婆斯"两条，被人认为便是今天的澳大利亚。"麻那里"中记载，其地"周围皆水"，便是达尔文港以东一大片沼泽地，而"有壕如山立"，则是指澳洲西北高峻的海岸附着很多牡蛎。其地有种"仙鹤"，"高六尺许，以石为食，闻人拍掌，则耸翼而舞，其容仪可观，亦异物也"，被认为这就是澳洲特产鸸鹋。"罗婆斯"一条记载，其地"奇峰磊磊，如天马奔驰，形势临海"，被认为是澳洲北部海岸的安亨半岛和高达八百米的基培利台地。至于那里的人们"男女异形，不织不衣，以鸟羽掩身，食无烟火，惟有茹毛饮血，巢居穴处而已"，更符合澳洲没开化的情况。

汪大渊发现澳洲，比英国人库克船长早了近200年，这个说法确实让人兴奋。可是，如果仔细看看《岛夷志略》，便可发现这说法大有问题。且不说以上证据有些似是而非，就是"麻那里"一条中，有"地产骆驼，高九尺，土人以之负重"的记载，便可看出"麻那里"绝不可能是澳洲。因为澳洲本地没有骆驼，骆驼是十九世纪英国人引进的。汪大渊的时代即使真的到过澳洲，也是见不到骆驼的。至于巨大的"仙鹤"被认为是鸸鹋，其实被认为是鸵鸟亦无不可。

学者们的考证，"麻那里"应该是在东非，具体是在布腊瓦和蒙巴萨之间的马林迪，也就是今天的肯尼亚。至于"罗婆斯"，则是尼科巴群岛，位于孟加拉湾与缅甸海之间的南部。

其实，汪大渊的航行是按照当时经商的路线，到达波斯、埃及乃至东非都是没有问题的，但走一条从没有走过的航线，去一个完全没开化的新大陆，这对于汪大渊来说，确实勉为其难了。在《岛夷志略》的后记中，汪大渊说过，自己航海，是因为看到"中国之往复商贩于殊庭异域之中者，如东西州焉"，这才要亲身经历一番，真正感受一下"适千里者，如在户庭；之万里者，如出邻家"的感觉，这与日后西方开辟新航路的探险式航行，还是大有不同的。

完成两次航海，撰写出版了《岛夷志略》，汪大渊结束了自己的航海生涯，回到了故乡南昌。两次航海经商，让他积累了不菲的财富，于是买屋置产，购得宋末元初人王义山的东湖君子堂，从此安居下来。

完成夙愿，飘然隐居，汪大渊的人生算得完满。他后半生的经历史无可考，而在《岛夷志略》刊刻出版的元至正九年（1349），元朝已经开始进入动乱，北方水灾泛滥，民变四起。仅三年后的至正十一年（1352），红巾军风起云涌，大元皇朝再无宁日，而此时年仅四十岁出头的汪大渊，能够在自己的君子堂中安居吗？

如果汪大渊能够活到六十岁后，他会看到元明易代，会看到明朝的全面海禁。曾经畅游四海的他，听到"片板不许下海"的皇命，心中会有何等滋味？也许，他会怅然若失，感叹《岛夷志略》成为绝响吧。